增補漢字西譯

DICTIONNAIRE

ÉTYMOLOGIQUE

CHINOIS-ANNAMITE LATIN-FRANÇAIS

PAR G. PAUTHIER

孔子曰。'女爲君子儒。無爲小人儒。

(Lûn yû. Vid. Col. 102 , n° 730).

1re LIVRAISON, comprenant les 10 premiers radicaux,
ou chefs de classes.

PARIS

TYPOGRAPHIE DE FIRMIN DIDOT FRÈRES, FILS ET Cie,

IMPRIMEURS DE L'INSTITUT DE FRANCE, RUE JACOB, 56.

Imprimé avec les types chinois divisibles gravés sur poinçons d'acier
par feu Marcellin Legrand, sous la direction de l'auteur de ce Dictionnaire.

1867

大法蘭西國巴利京師長活板鐫行

大法國舊自主君似日西儒子輯著

Nota. — Pour donner aux lecteurs un aperçu de la différence qui existe entre le Dictionnaire du P. Basile de Glemonà, publié par Deguignes fils, en 1813, selon l'ordre des Radicaux ou Clefs, et celui dont on publie aujourd'hui la première livraison (comprenant les dix premiers Radicaux), on se borne à reproduire ici *textuellement* la *première page* de ce même Dictionnaire (les additions en *français* ne sont pas du P. Basile, mais de l'éditeur). On peut en faire la comparaison.

PREMIÈRE CLEF.

Clef de l'unité, de la priorité et de la perfection : un, unité, parfait.

у
(1) Clavis unitatis, prioritatis et perfectionis : unus, primus. Ty'-x, primus, perfectum, æquale, simile; *x-tá,* cœlum; *x sēng,* per totam vitam; *x-sīn,* toto corde; *x-.x,* singillatim.

CARACTÈRES JOINTS A LA CLEF.

1 TRAIT.

Porter, fort, robuste.

Ting
(2) Gestare, fortis, robustus, substituere loco alterius, littera temporaria inter *chў-kǎn* *Min-x,* plebs; *ping-x,* milites : *ling-x,* pupillus omnibus destitutus; *x-kiēn,* triennii tempus quo filii ob mortem parentum cessant a muneribus publicis; *tching-x,* complere annum ætatis 16 vel 18; *x-hiāng,* carophyllum.

Sept.

Ts'ў
(3) *Ty'-x,* septimus. Septem, numerus septimus.

2 TRAITS.

Dix mille.

Oúan
(4) Decem millia.

Mesure de dix pieds chinois.

Tcháng
(5) Mensura decem pedum sinensium. *x-foú,* maritus; *x-jīn,* vel *yŏ-x,* socer; *fang-x,* Bonziorum domus; *tà-x,* mutuò pugnare.

Trois.

sän
(6) Numerus tres. *Ty'-x,* tertius; *tsáy-x,* repetitis vicibus seu efficaciter. Legitur etiam *sán,* iterùm; *x-sé,* diù cogitare; *tsáy-x,* multoties.

En haut, dessus, suprême, parfait, aller.

Cháng
(7) Suprà, superior, nobilis, rex, altus, ascendere, pluris æstimare, ire. *Táy-x,* supremus; *hoáng-x,* imperator; *x-pèn,* libellum imperatori porrigere; *x-chў',* olim; *x-oú,* meridies; *x-tў',* cœli moderator. Legitur etiam *Chàng,* à loco inferiori ad superiorem ascendere : *x-ching,* tonus tertius.

— L'explication de ces *sept* premiers caractères chinois, qui comprennent la *première page* du Dictionnaire grand in-folio, publié en 1813, en prend presque *trois* dans le nôtre; et le dernier caractère expliqué dans cette livraison, le n° 813, n'est que le n° 582 dans celui qui a été publié par Deguignes fils. Il y a donc, dans cette *première livraison,* 231 caractères de plus expliqués que dans la même partie de l'in-folio.

NOTRE DICTIONNAIRE COMPREND :

1° Environ tous les caractères chinois usuels du Dictionnaire impérial de Khâng-hi, au nombre de 31,214, dans l'explication desquels on a reproduit la plupart des définitions des 9,520 caractères compris dans le *Hán-tséu-sì-ī* du P. Basile de Glemonà, définitions revues sur les textes originaux et considérablement augmentées

2° La reproduction en *caractères chinois* des *expressions composées* et des *phrases explicatives ;* caractères omis dans les manuscrits du P. Basile que l'on possède, et dans l'édition in-folio de 1813 ;

3° Les *étymologies* des caractères expliqués, tirées des lexicographes chinois les plus estimés, principalement du Choŭe-wên ;

4° La *prononciation* des caractères expliqués, selon celles de la langue *mandarine,* de la langue *annamite,* des dialectes de *Canton,* de la province du *Fou-kien* et du *Japon ;*

5° Un *Index* des principaux mots français, avec renvois aux caractères chinois expliqués, etc.

DICTIONNAIRE

ÉTYMOLOGIQUE

CHINOIS-ANNAMITE LATIN-FRANÇAIS.

PARIS. — TYPOGRAPHIE DE FIRMIN DIDOT FRÈRES, FILS ET COMPAGNIE,
Imprimeurs de l'Institut de France, rue Jacob, 56.

增補漢字西譯

DICTIONNAIRE

ÉTYMOLOGIQUE

CHINOIS-ANNAMITE LATIN-FRANÇAIS

PAR G. PAUTHIER

孔子曰。'女爲君子儒。無爲小人儒。

(Lùn yù. Vid. Col. 102, n° 730).

1re LIVRAISON, comprenant les 10 premiers radicaux,
ou chefs de classes.

PARIS

TYPOGRAPHIE DE FIRMIN DIDOT FRÈRES, FILS ET Cie,

IMPRIMEURS DE L'INSTITUT DE FRANCE, RUE JACOB, 56.

Imprimé avec les types chinois divisibles gravés sur poinçons d'acier
par feu Marcellin Legrand, sous la direction de l'auteur de ce Dictionnaire.

—

1867

大法蘭西國巴利京師長活板鐫行

X

AVANT-PROPOS.

Les personnes qui s'occupent des langues orientales en France, ou qui voudraient s'en occuper (principalement de la langue chinoise), désiraient depuis longtemps la publication d'un Dictionnaire chinois propre à faciliter leurs études, et expliqué dans une langue qui les dispensât d'en apprendre préalablement une ou plusieurs autres pour pouvoir se servir utilement de ces instruments de travail qui sont expliqués dans des langues étrangères, et que, de plus, on trouve difficilement en Europe dans le commerce de la librairie.

Cette pénurie des dictionnaires chinois se comprend d'ailleurs facilement par cette considération que, depuis quelques années, les relations politiques et commerciales entre l'Europe, les États-Unis et l'extrême Asie, ont pris un développement qui s'accroît de jour en jour, et que la langue chinoise est la langue officielle, non-seulement du vaste empire de la Chine, qui renferme une population industrielle de plus de quatre cents millions d'âmes, mais encore : de la Cochinchine, ou Empire d'Annam, dont trois provinces appartiennent aujourd'hui à la France ; du royaume de Corée, et même, à un certain point, du Japon, qui a emprunté sa civilisation à la Chine, et où l'on réimprime constamment les livres canoniques, historiques, scientifiques et littéraires de cet empire, ainsi que les meilleurs dictionnaires chinois, en les expliquant en japonais.

Il peut donc paraître étrange qu'un pays comme la Chine, dans la capitale duquel résident un ministre plénipotentiaire français, et des consuls français dans ses ports ouverts au commerce ; un empire de cette étendue, avec lequel nous avons contracté des traités, ne puisse communiquer avec nos nationaux que par l'intermédiaire d'une langue qui leur est étrangère, et que la France soit presque la seule des grandes puissances européennes qui manque encore du plus utile et du plus indispensable des moyens de communication intellectuelle entre deux peuples : un Dictionnaire dans les deux langues de ces mêmes peuples.

Dès les premières années de sa fondation, la Société asiatique de Paris conçut le projet de pourvoir à ce besoin avec les moyens dont elle pouvait alors disposer : la *lithographie.* M. Abel-Rémusat, l'un de ses plus illustres fondateurs, disait dans un *Rapport* lu à la Société le 2 mars 1829 : « Une nouvelle édition du Vocabulaire du P. Basile (celui-là même qui « avait été publié en 1813) est un besoin réel que l'on reconnaît surtout « quand on se livre assidûment au travail de la traduction; mais il faut « que cette édition soit plus exacte, plus correcte, plus complète que la « première; que l'ordre de l'original y soit mieux observé; que les super- « fluités en soient élaguées, et surtout que la forme matérielle en soit telle « qu'on puisse commodément la consulter, la feuilleter, la porter d'un « endroit à un autre, sans éprouver cette lassitude physique (l'édition en « question forme un volume grand in-folio) qui nuit à la rapidité des re- « cherches, à la facilité des vérifications, et, par conséquent, à la diffusion « des connaissances élémentaires. »

Dans un *Prospectus-spécimen* publié en juin 1837, cinq ans après la mort de l'éminent professeur, *celui qui écrit ces lignes* disait déjà : « Ce que M. Abel-Rémusat, auquel l'étude de la langue chinoise est redevable des progrès qu'elle a faits depuis quelque temps en Europe, avait si souvent formé le projet d'exécuter, et qu'il encourageait de tous ses efforts; ce que plusieurs essais infructueux n'avaient pas encore permis de réaliser, nous osons l'entreprendre aujourd'hui, avec des moyens d'exécution infaillibles (1), qui dépassent même tout ce que l'on aurait pu espérer il y a quelques années; et si les encouragements que M. Rémusat savait si bien mettre à la disposition des personnes zélées, pour favoriser les progrès de l'étude du chinois, ne nous manquent pas, la typographie française aura bientôt doté le monde savant d'un monument que l'on n'aurait jamais attendu d'elle; car nous donnons beaucoup plus, dans l'édition du Dictionnaire annoncé ci-dessus, que le savant professeur n'en demandait à la *litho-*

(1) Ces moyens étaient les *nouveaux types chinois gravés sur poinçons d'acier* par feu M. Marcellin Legrand, graveur de l'Imprimerie royale, sous la direction de l'auteur de ce Dictionnaire, d'après un système de séparation des *éléments séparables* de l'écriture chinoise.

graphie. Toutes les *expressions chinoises composées*, les *phrases chinoises* citées seulement en lettres latines dans les divers manuscrits du P. Basile de Glemonà, et dans l'édition in-folio publiée en 1813 par ordre de Napoléon, seront *reproduites en caractères chinois* dans notre édition (voir le *Spécimen*), ce qui lui donnera un avantage immense et inappréciable pour l'étude européenne de cette langue figurative, dont on ne peut acquérir l'intelligence que par les yeux : les expressions syllabiques de la langue parlée, au nombre seulement de 450 (portées à 1,203 par la variation des accents), devant servir à articuler, et par conséquent à *transcrire en lettres européennes alphabétiques* les *trente* à *quarante* mille caractères figuratifs et idéo-phonétiques de la langue chinoise écrite. »

Le Dictionnaire que j'annonçais ainsi en 1837 était expliqué en *latin* seulement, et *sa publication ne reçut pas d'encouragement*. Le savant illustre qui avait décidé la Société asiatique de Paris à publier à ses frais une nouvelle édition *lithographiée* du Vocabulaire du P. Basile (dont les premières feuilles seulement ont été exécutées); qui favorisait avec tant de désintéressement tout ce qui pouvait contribuer au progrès des études chinoises, dont il est encore et restera le plus glorieux représentant; l'éminent professeur qui attirait à son cours si instructif du Collége de France des auditeurs de tous les points de l'Europe, M. Rémusat, n'était plus là pour encourager une publication qu'il avait tant désirée : il était mort depuis cinq ans, et avec lui le grand et honorable enseignement de la langue chinoise en France.

En mai 1840, je publiai le *Prospectus-spécimen* d'un autre dictionnaire intitulé : *Dictionnaire étymologique chinois-latin-français*, avec la prononciation, des caractères expliqués, en *annamite*, et dans les dialectes de *Canton*, du *Fou-kien* et du *Japon*. Cette seconde tentative n'eut pas plus de succès que la première. La même personnalité malfaisante qui avait fait échouer la première fit aussi échouer la seconde.

J'entreprends donc aujourd'hui pour la TROISIÈME fois (et certainement pour la dernière) une publication qu'aucun devoir public, aucune fonction salariée, ne m'imposaient. Mais je ne pouvais m'empêcher de regretter chaque jour de voir la France rester en arrière des autres nations pour la publication d'un Dictionnaire (1) dans lequel notre langue, autrefois la

(1) En fait de *Grammaires chinoises*, celle du P. Prémare (*Notitia linguæ Sinicæ*. Malaccæ, 1831, in-4°, et traduction anglaise par J. G. Bridgman, Canton, 1847, 1 vol. petit in-8°), qui est un vrai trésor; et celle de M. Abel-Rémusat (*Éléments de la Grammaire chinoise*,

plus répandue dans le monde civilisé, tiendrait une grande place, et pourrait alors pénétrer au milieu de ces populations de l'extrême Orient, où elle est restée jusqu'à ce jour presque complétement inconnue.

Et cependant, c'est la France qui a fondé l'étude du chinois en Europe ; c'est l'ancienne monarchie qui, depuis Louis XIV, avait le plus encouragé les grandes publications relatives à la Chine ; c'est elle aussi qui avait créé à Paris, en 1814, le premier enseignement public de la langue chinoise, aujourd'hui si déchu. Enfin, c'est aussi sous Napoléon Ier, et par son ordre, que le premier Dictionnaire chinois-européen a été publié. Si, depuis plus de trente années, mes efforts persévérants et désintéressés pour favoriser l'étude du chinois, par la création d'un corps spécial de caractères de cette langue, accueilli partout avec faveur, excepté en France (1), et par la publication de nombreux ouvrages sur la Chine ou relatifs à la Chine, n'ont pas obtenu les résultats que j'avais peut-être le droit d'en attendre, je pourrais en faire connaître ici la cause. Mais je laisse à l'avenir le soin de rendre à chacun la justice qui lui est due.

La première *Livraison-spécimen* du *Dictionnaire étymologique chinois-annamite latin-français*, que je publie aujourd'hui, comprend (à quelques caractères près) les *Dix premiers Radicaux* de la langue chinoise. J'ai ajouté aux caractères chinois expliqués et aux expressions composées, à la suite de la *prononciation mandarine*, la *prononciation annamite*, à cause de nos nouvelles possessions de la Cochinchine, où la langue chinoise est, depuis deux mille ans, la langue officielle administrative, et dont le Code est celui de la Chine aujourd'hui même en vigueur. Il n'y a de différence qu'un petit nombre d'articles modifiés et ajoutés pour approprier ce Code, rédigé en pur chinois, à la population de la contrée. Cette livraison peut suffire pour faire apprécier mon travail. Si le public l'accueille avec quelque faveur, j'en continuerai l'impression. Dans le cas contraire, j'abandonnerai à d'autres la tâche longue et pénible que j'ai entreprise avec mes propres forces, sans aucun secours étranger, et sans m'aveugler sur son succès.

Je dois ajouter toutefois que, depuis longtemps, je n'ai rien épargné pour me procurer tous les moyens d'arriver en Europe à une connaissance

---

Paris, 1822), qui est un chef-d'œuvre de clarté et de logique, peuvent dispenser d'en désirer de meilleures, à moins que l'on ne préfère certains *Exercices pratiques* (publiés en 1842, avec d'autres pamphlets grossiers et mensongers du même auteur), dont celui qui écrit ces lignes et l'honnêteté publique ont fait depuis longtemps justice.

(1) Voir la *Note additionnelle* à la fin de cet *Avant-Propos*.

approfondie de la langue et de la littérature chinoises. Pour ne parler ici que des Dictionnaires rédigés dans cette langue, j'en ai pu faire successivement l'acquisition, à très-grands frais, de plus de vingt, dont je donne ici l'énumération par ordre d'ancienneté, parce qu'elle pourra intéresser le lecteur.

1. 爾 雅 *Eùlh yà.* « Recueil des expressions admises par l'usage ».

C'est le plus ancien recueil des caractères chinois, disposés par ordre de matières, dans le genre de l'*Amara-kôcha* pour la langue sanskrite. Il est attribué par les Chinois au prince Tchéou-koûng, qui vivait dans le onzième siècle avant notre ère, et qui fut, avec son père Wên-wâng, le premier interprète des *Koùa* de Foùh-hî, l'inventeur des premiers linéaments de l'écriture chinoise. — Trois éditions différentes avec commentaires.

2. 說 文 解 字 *Choŭe wên kiàï tsèu.* « Dictionnaire explicatif des « caractères », par *Hiù-chín*, qui le termina, selon la date de sa préface, l'an 121 de notre ère. Édition en 12 volumes ou *pèn* chinois, et 40 *kioùan* ou sections, comprenant les commentaires de Siu.

C'est ce dictionnaire dont Prémare a dit (*Notitia linguæ Sinicæ*, p. 7) : « Diu mul- « tumque terendus est ille liber omnibus qui veram litterarum analysim scire cupiunt, « sed a paucis intelligitur. » — Deux éditions différentes.

3. 六 書 故 *Loùh choù koù.* « Les causes de formations des six « classes de caractères. »

Ouvrage en 33 livres, composé par *Taï-toùng*, qui vivait sous le règne de la dynastie mongole, et publié pour la première fois en 1318. Ouvrage très-remarquable.

4. 六 書 精 薀 *Loùh choù t'sìng hoén.* « Recueil choisi des six « classes de caractères », composé par 'Weï-kiao, et publié en six livres. Édition de 1540.

Le P. Cibot, qui l'a eu en sa possession, dit de ce livre : « J'ai fait encore beaucoup « d'usage du *Lieou tsing hoen*, qui est un chef-d'œuvre d'érudition et de critique, « j'ai presque dit de morale et de philosophie. »

5. 五 車 韻 瑞 *Où tch'è yún soùï.* Dictionnaire rédigé par ordre de *tons* et de *consonnances finales*, et publié en 1397.—20 *pèn* ou volumes.

Les exemples perpétuels d'*expressions composées* de *deux* et de *trois* caractères qui y sont donnés (tirés des *King*, des *Historiens*, des *Poëtes*, des *Philosophes*, classés par ordre), seraient fort utiles pour composer un grand dictionnaire du même genre. Il a servi de base au *Peï-wên-yún-fou*, dont il sera question ci-après.

6. 五 車 韻 府 *Où tch'é yún foù*. Dictionnaire rédigé par ordre de *tons* et de *consonnances finales et initiales* d'un nouveau système.

C'est celui que le Rév. Morrison (1) dit, dans la Préface de son *Dictionnaire tonique chinois-anglais*, avoir pris pour base, en le comparant à celui de Khāng-hî et au « Dic- « tionnaire alphabétique des missionnaires catholiques (du P. Basile de Glemonà). » Il fut publié en 1708, en 22 volumes, et il a été longtemps introuvable en Chine. J'en possède un autre exemplaire manuscrit copié à Pé-king, d'une très-belle et très-élé- gante écriture. — 22 *pèn* ou vol. in-8°.

7. 正 字 通 *Tching tseú t'oūng*. « Explication des caractères exac- « tement formés ». — 32 *pèn* ou vol. in-8°.

Dictionnaire rédigé selon l'ordre des 214 Radicaux ou Chefs de classes (*poù*), par Tchāng Tsé-liĕh, qui vivait sous les Mîng. Édition publiée en 1671, 32 vol. in-8°. Ce dictionnaire est un des plus savants de tous ceux qui ont été composés par des Chinois; il peut être d'un très-grand secours pour expliquer les livres bouddhiques traduits ou rédigés en chinois.

8. 諧 聲 品 字 箋 *'Hiái ching p'in tseú t'siēn*. Dictionnaire rédigé aussi selon l'ordre des *consonnances* classées d'après les *groupes phonéti- ques*. — 18 *pèn* ou volumes.

Il fut composé par Yú Hiên-hî et Yú Hiên-tĕh, son fils, qui le publia en 1677. Il comprend 32,895 caractères, les seuls usités de la langue chinoise, accompagnés d'ex- cellentes définitions très-utiles pour bien connaître les mœurs et coutumes de la Chine. C'est un de ceux dont le P. Basile de Glemonà s'est servi avec le plus d'avantage pour la composition de son dictionnaire.

9. 增 補 字 彙 *T'sêng poù tseú 'wéï*. « Le Dictionnaire *Tséu 'wéï* (Recueil de caractères expliqués) augmenté » ; composé en 1615 par Meï Tan-seng, et classé selon l'ordre des 214 Radicaux. — 14 *pèn* ou vol. in-8°.

10. 玉 堂 字 彙 *Yŭh t'āng tseú 'wéï*. Abrégé du dictionnaire pré- cédent. Édition de poche, de 1736. — 4 vol. in-12.

11. 篆 字 彙 *Tchouàn tseú 'wéï*. Dictionnaire des anciens carac- tères de forme *tchouàn* ou ancienne, composé par Toung 'Weï-fou, et pu- blié en 1691. — 12 *pèn* ou vol. in-8°.

_____

(1) A Dictionary Chinese and English, arranged alphabetically. Macao, 1819, 2 vol. in-4°.

12. 御定康熙字典 *Yú tíng Khãng-hî tséu tièn*. Dictionnaire impérial de Khãng-hî, rédigé selon l'ordre des 214 Radicaux, par trente des principaux membres de l'Académie des Hán-lìn. Édition de 1716, 40 *pèn* ou vol. in-4°. — Autre édition en petit format, 32 vol. in-12.

C'est sur un exemplaire de choix, de la grande édition impériale de ce dictionnaire (publiée sous les yeux de Khâng-hî, avec une Préface de sa main), et offrant cette grande élégance de formes que présentent les éditions impériales exécutées sous son règne), qu'ont été *calqués et réduits* les *types chinois* gravés par M. Marcellin Legrand. Aussi on peut affirmer qu'ils représentent les formes les plus belles et les plus élégantes de la typographie chinoise.

13. 御定佩文韻府 *Yú tíng Péí wên yún foù*. Grand Dictionnaire de la littérature chinoise, rédigé par ordre impérial. — Édition de 1711, 130 *pèn* ou vol. in-8°.

C'est un vrai « Trésor de la langue chinoise », rempli d'une multitude innombrable d'exemples, et d'une impression très-compacte, rédigé par ordre du célèbre empereur Khâng-hî, avec une préface de sa main. Il est d'un prix très-élevé et rare en Europe.

14. 御定駢字類編 *Yú tíng P'ing tséu loüï piēn*. Grand Dictionnaire encyclopédique des expressions composées, rédigé par ordre impérial. — 130 *pèn* ou vol. in-8°. Publié en 1726.

Ce magnifique ouvrage, chef-d'œuvre d'impression (tirage spécial à l'usage de l'empereur, et dont aucune publication européenne ne peut donner l'idée), porte en tête une *Notice* manuscrite de la main du P. Amiot, ainsi conçue :

« 1° Ce livre est un Dictionnaire dans le goût de Robert Étienne pour le latin, et de « celui de l'Académie pour le français (c'est-à-dire, la première édition, dans laquelle les « mots sont classés par *familles*). Mais comme les caractères chinois ne peuvent être « rangés par ordre alphabétique, on les a rangés ici par ordre de classes des choses : « le Ciel, les Astres, les Météores, la Terre, etc.

« 2° Ce dictionnaire est le seul où l'on trouve la signification des caractères accou-« plés, c'est-à-dire qui acquièrent une signification nouvelle qu'ils n'ont ni l'un ni « l'autre (dans leur état de séparation). Faute de la connaître (cette signification nou-« velle), ceux qui croient savoir le mieux le chinois peuvent se tromper à chaque « phrase et traduire d'une manière ridicule.

« 3° Cette édition est du règne de Young-tching (fils de l'empereur Khâng-hî qui « en avait ordonné la rédaction), de l'impression du palais, et un *chef-d'œuvre de ty-« pographie chinoise*. Cet exemplaire est un de ceux qui ont été présentés à l'empe-« reur ; c'est tout dire pour le *papier*, l'exactitude, etc. Il serait inutile d'en demander « un second ; l'occasion qui a procuré celui-ci ne revient pas deux fois.

« A Pé-King, ce 20 septembre 1767. »

15. 埶文通覽 *Yi wên t'oŭng làn.* « Examen général des caractères classiques ». — 4o *pèn* ou vol. in-8°. Publié en 1805.

Dictionnaire classé selon l'ordre des 214 Radicaux, par Châ-moŭh, qui passa, dit-on,
trente ans de sa vie à le rédiger. Il présente les formes classiques anciennes et modernes
de chaque caractère expliqué, et fut terminé en 1798. L'impression en est fort belle.
C'est, avec le Dictionnaire impérial de Khâng-hî, celui que j'ai suivi de préférence. Il a,
sur le premier, l'avantage d'être dégagé d'une foule de choses peu essentielles ; d'avoir
des définitions nettes et claires que je me suis attaché à reproduire en *transcription*
(comme preuves justificatives des *significations données*), et d'offrir, à la suite de
l'explication de chaque caractère, les différentes formes anciennes en *tchouàn* de ces
mêmes caractères, avec l'indication des livres et des inscriptions anciennes d'où
ces formes ont été tirées.

16. 埶文備覽 *Yi wên pi làn.* Nouvelle édition du Dictionnaire
précédent, publiée en 1806. — 4o *pèn* ou vol. in-8°.

17. 四音釋義 *Szé yin chïh i.* « Sens expliqué des caractères compris dans les quatre tons ». Édition de 1821. — 12 *pèn* ou vol. in-8°.

Ce Dictionnaire donne seulement une brève explication des 9,550 caractères classiques, rangés selon l'ordre des 214 Radicaux, compris dans le *Pëi wên yin foù*, en
ndiquant minutieusement les *tons* dont ils sont affectés, et en renvoyant, pour de plus
amples explications, à ce même Dictionnaire énoncé ci-dessus, auquel il sert d'Index.

18. 御製增訂清文鑑 *Yù tchi t'sêng ting t'sìng wên kian.*
Dictionnaire mandchou-chinois par ordre de matières, avec la prononciation figurée des caractères chinois, en *mandchou*, et des mots mandchous
en *caractères chinois.* — 6 vol. in-4°. Édition de 1771.

19. 四體合璧文鑑 *Szé t'ĭ 'höh pĭh wên kian.* Dictionnaire
mandchou-mongol-tibétain-chinois, par ordre de matières, avec la prononciation du chinois en mandchou. — 10 *pèn* ou vol. in-4°.

20. 三合便覽 *Sàn 'höh pien làn.* Dictionnaire synoptique man-
dchou-chinois-mongol, par ordre de matières. — 12 *pèn* ou vol. grand
in-8°. Édition de 1792.

21. 五方元音 *Où fâng youên yin,* Vocabulaire systématique des
cinq tons chinois. — 2 vol. in-8°.

22. 虛字註釋 *Hiŭ tséu tchoŭ chĭh.* Traité des *mots vides*, c'est-à-dire, des *particules chinoises* qui constituent les rapports des mots entre eux dans la grammaire chinoise. Manuscrit copié à Pé-king. — Ce traité important rentre dans la lexicographie.

23. 漢字西譯 *Hán-tséu sĭ yĭh.* « Sinicorum characterum Europea « expositio ». « Caractères chinois traduits et expliqués en langue euro-« péenne ». — Manuscrit in-f°, écrit à Pé-king dans les années 1714-1715.

Copie très-soignée du Dictionnaire chinois-latin du P. Basile de Glemonà, de l'ordre des Frères mineurs de l'Étroite Observance, natif du Frioul vénitien, et qui fut vicaire apostolique de la province du Chen-sî, où il mourut vers la fin de l'année 1704.

Ce Dictionnaire est disposé selon un ordre alphabétique européen, basé sur les initiales et finales phonétiques des caractères chinois expliqués, au nombre de 9,520. C'est le même Dictionnaire qui a été imprimé en 1813, en un volume grand in-folio, sous le nom de Deguignes fils, d'après une *copie* dite du Vatican (où elle était conservée), après en avoir disposé les caractères chinois expliqués, selon l'ordre des 214 Radicaux, et en y faisant des additions, le plus souvent fort erronées, empruntées à différentes autres copies que l'éditeur avait à sa disposition.

Ce Manuscrit a appartenu à M. Abel-Rémusat, qui en a donné une description détaillée (sous le n° 1) dans son *Plan d'un Dictionnaire chinois* (Paris, 1814, et *Mélanges asiatiques*, t. II, p. 81). Comme dans toutes les autres copies connues du même Dictionnaire (qui pendant plus de cent ans a été à peu près le seul en usage dans les missions de Chine, où il est encore très-recherché), les caractères chinois des *expressions composées* et des *phrases citées* n'y sont donnés qu'en *transcription*. Cette lacune peut n'être pas d'un bien grand inconvénient pour l'usage de ces *expressions* dans la conversation; mais il en est tout autrement pour la lecture et l'interprétation des livres chinois.

Tel qu'il est toutefois, le travail consciencieux du P. Basile de Glemonà a été très-utile aux auteurs de tous les Dictionnaires qui ont été publiés en Chine par des Européens, depuis un demi-siècle, et dont le Dictionnaire du P. Basile a servi de base. Il en a été fait un grand usage dans le Dictionnaire actuel, mais après en avoir vérifié les explications dans les Dictionnaires chinois d'où elles avaient été tirées.

24. DICTIONNAIRE FRANÇAIS-CHINOIS, par le P. d'Incarville. Manuscrit autographe, rédigé à Pé-king pendant les années 1732-1752. Il comprend 1362 pages très-compactes; petit in-4° à deux colonnes, sur papier de Chine.

Cet important dictionnaire manuscrit provient de Sir Georges Staunton (dont il porte la signature, avec la date de 1798), qui se l'était procuré à Pé-king, où, avec son père, il avait accompagné lord Macartney dans son ambassade près de l'empereur Khien-loung. C'est un *Dictionnaire phraséologique* très-détaillé de la langue chinoise *parlée*, dont il existe à ma connaissance plusieurs copies textuelles (en plusieurs volumes in-4° et in-f°) en Chine et en Europe, sans indication du nom de l'auteur, mort à Pé-king en juin 1757, après avoir écrit plusieurs *Mémoires* qui ont été insérés dans ceux des

Savants étrangers correspondants de l'Académie des sciences de Paris, et auquel, jusqu'à ce jour, personne n'avait attribué un aussi important travail.

Je dois dire, toutefois, que ce Dictionnaire, quelque bon qu'il soit, ne m'a été d'aucun usage pour la rédaction de mon propre travail; d'abord parce que je ne le possède que depuis très-peu de temps (depuis le 22 juin 1866), et parce qu'il est consacré exclusivement au *langage de la conversation chinoise*, tandis que celui que j'offre aujourd'hui au public l'est principalement à celui des *livres*, quoiqu'il comprenne un assez grand nombre d'expressions composées du langage moderne. Un autre Dictionnaire *français-latin-chinois* a été composé récemment par M. l'abbé Perny, des Missions étrangères, Provicaire apostolique de Chine, où il a passé vingt ans. La publication de ce Dictionnaire, qui serait très-utile, est préparée.

Ce sont les numéros 12 et 15 des dictionnaires chinois énumérés ci-dessus que j'ai pris pour base de mon travail. Le premier, le Dictionnaire impérial de Khàng-hî, renferme l'explication de 49,030 caractères chinois différents, dont 1,995 sont des formes primitives tombées en désuétude, de sorte que le nombre en est réduit à 47,035.

Mais, de ces derniers, il faut encore retrancher (pour avoir le chiffre réel des caractères chinois en usage, et employés dans tous les bons auteurs, y compris les Kîng), les *formes incorrectes, inusitées*, etc., signalées comme telles dans le Dictionnaire impérial (et non comprises dans celui de Châ-moŭh, le *I-wên-t'oŭng-làn*), au nombre de plus de 6,000 ; ensuite les caractères sans *significations bien déterminées*, qui s'élèvent à plus de 4,000 ; il n'en resterait donc qu'environ 36,000. Encore sur ce dernier chiffre y en a-t-il un grand nombre qui sont des *formes archaïques*, employées seulement dans les *anciens King*, ou ne se rencontrent que dans quelques anciens auteurs ; dans les écrivains hétérodoxes, comme ceux de la secte bouddhique ; de sorte qu'en définitive, le nombre total des *caractères classiques* expliqués dans ce Dictionnaire (y compris même un grand nombre de *synonymes homophones*) est de 31,214 (le *P'in-tséu-t'siēn* n'en renferme que 32,895). Et ce nombre est encore bien au-dessus de celui qui comprend le matériel courant de la littérature chinoise. On pourra s'en faire une idée quand on saura que, dans le grand Dictionnaire par ordre tonique cité précédemment (le *Pëi wên yŭn foŭ*, nᵒ 13, qui embrasse toute la littérature chinoise classique), le nombre des caractères différents qui s'y trouvent expliqués ne s'élève qu'à 10,362 , encore y en a-t-il 812 qui ne diffèrent des autres que par la prononciation tonique, ce qui en réduit le nombre réel à 9,550. Et cependant, ce grand Dictionnaire est rempli d'innombrables citations d'expressions composées de *deux, trois* et quelquefois *quatre* caractères, tirées de tous les ouvrages de la littérature chinoise, en vers et en prose, dans lesquelles expressions entre toujours le caractère expliqué, comme cela a lieu aussi dans le Dictionnaire n° 14, le *P'ïng tséu loüï piēn*. On voit donc combien les chiffres de 80,000, 100,000 et autres, que l'on a l'habitude de donner comme étant ceux qui forment le matériel de la langue chinoise, sont exagérés (1).

Le Dictionnaire dont je présente aujourd'hui au public la première livraison comprendra environ 30,000 caractères chinois expliqués (tous ceux du Dictionnaire impérial de Khâng-hî, à peu d'exceptions près), tandis que le Dictionnaire grand in-folio, publié en 1813, sous le nom de Deguignes, n'en contient que 13,316. En outre, aucun des caractères chinois qui devaient entrer dans les explications ne s'y trouve reproduit, tandis que, dans celui que j'ai entrepris, non-seulement presque tous ces caractères qui forment les *exemples* et les *expressions composées* ont été insérés, mais, de plus, un grand nombre d'autres, tirés de sources le plus souvent indiquées. On verra, dans ces exemples de *citations* et d'*expressions composées*, un emploi inattendu d'une partie des *éléments* constituant environ les *trois quarts* de tous les caractères chinois : les *éléments* ou *groupes phonétiques*, redevenus ainsi, pris *isolément*, des caractères *entiers*, ayant une signification primitive *idéographique* propre, et formant alors (dans les *types chinois divisibles* gravés par M. Marcellin Legrand) un *second corps* de caractères, d'*un tiers moindre* en grosseur que les caractères expliqués ; ce qui, pour un certain nombre d'entre eux, permet même de les employer dans les lignes, sans inconvénients typographiques.

Quelque peine que je me sois donnée pour rendre mon travail le moins défectueux possible, personne mieux que moi ne saura reconnaître tout ce qu'il laisse à désirer. Craignant de donner à ce travail une étendue démesurée, j'ai dû restreindre beaucoup le nombre des *expressions composées* et des *citations* servant d'exemples ; je me suis borné aux principales, et le plus souvent à celles que me fournissaient les dictionnaires chinois classi-

(1) Selon le *Où Kïng wén tséu*, il n'y aurait dans les Cinq King canoniques que 3,335 caractères différents, et 4,754 en y comprenant les *Ssé-choŭ*, ou Quatre Livres classiques. La collection dite des Treize King (*Chĭh sán Kíng*), qui comprend en sus : le *I-lì*, le *Tchéou-lì*, le *Hiáo Kíng*, les grands Commentaires de *Ko-liang* et *K'oung-yang* sur le *Tchun-t'sieōu* de Confucius, et le *Eǔlh-yà*, ne comprend également que 6,544 caractères différents ; encore, dans ce dernier Recueil, y en a-t-il 928 qui ne se rencontrent que dans le *Eǔlh-yà*, ou le Vocabulaire par ordre de matières. Il reste donc moins de 6,000 caractères différents qui constituent toute la langue chinoise pour l'époque de Confucius. C'est à peu près le même nombre que l'on trouve dans toute la Bible, comme, d'ailleurs, dans les autres monuments des civilisations primitives.

ques, que j'ai suivis de préférence. Cependant j'en ai admis aussi tirées d'autres sources, quand elles m'ont paru utiles à reproduire. Dans mes deux premiers *prospectus-spécimens*, les formes anciennes des caractères *primitifs* et *figuratifs*, si importantes à connaître pour obtenir une intelligence exacte et approfondie de ces mêmes caractères, étaient représentées (comme on peut le voir au Radical 9, et aussi dans mes SINICO-ÆGYPTIACA, 1842); mais la mort de l'habile graveur, qui me secondait alors dans mon entreprise, ne me permet pas aujourd'hui, à mon grand regret, de les reproduire (1).

Quand on connaît les nombreux et grands travaux lexicographiques que les Chinois ont faits sur leur langue, les Européens doivent se résoudre, dans les leurs, à n'en donner qu'une bien imparfaite idée. Il faudrait une association de plusieurs personnes, et plusieurs vies d'homme, pour pouvoir publier en Europe un *Trésor de la langue chinoise* à l'instar des Dictionnaires nᵒˢ 13 et 14 énoncés ci-dessus, dont la traduction d'un seul formerait bien 40 à 50 vol. in-folio comme ceux de la dernière édition du *Thesaurus linguæ græcæ* publiée par M. Amb. Firmin Didot. On pourra juger de ces proportions quand on saura que l'explication, dans le *Pëï-wén-yún-foù* (nᵒ 13), d'un seul caractère : 神 *chin*, ' Esprit, génie ', avec les citations des expressions composées de *deux*, *trois* et *quatre* caractères (au nombre de 256), dont fait partie celui qui est expliqué, a pris, dans la traduction anglaise faite par M. W. H. Medhurst, 78 pages in-8°. Et ce missionnaire estimait que la traduction complète du même Dictionnaire exigerait bien 140 volumes in-8° de 1,000 pages chacun! Dans le *P'ing tséu loù piён* (nᵒ 14), le seul caractère 天 *T'iën*, ' Ciel ', occupe 428 pages, dont la traduction exigerait bien un volume in-8° aussi d'environ 1,000 pages compactes. Quand de pareils dictionnaires, et les innombrables ouvrages qui y sont continuellement cités, seront mis à la portée de ceux qui écrivent sur l'histoire, les idées, les mœurs, les coutumes et la civilisation des Chinois, ces écrivains pourront en parler avec quelque assurance.

---

(1) Toutefois, cette omission des *formes anciennes et figuratives* des caractères chinois, toute regrettable qu'elle soit au point de vue de l'histoire et de la paléographie de l'écriture chinoise, ne diminue en rien les moyens d'apprendre la langue dans les dictionnaires où ces formes anciennes manquent (et c'est le plus grand nombre, ceux ordonnés par Khâng-hi lui-même sont dans ce cas), tous les livres écrits anciennement en *koù-wén* ayant été, dès le commencement de notre ère, transcrits dans les formes modernes.

Paris, le 4 d'octobre 1866.

NOTE ADDITIONNELLE

SUR LA GRAVURE DES NOUVEAUX TYPES CHINOIS

EMPLOYÉS DANS CETTE PUBLICATION.

————

Dès l'année 1832, j'avais formé le projet de publier plusieurs ouvrages des anciens philosophes chinois, en les accompagnant de deux traductions : l'une *latine littérale*, et l'autre *française*, avec des extraits nombreux des commentaires originaux. N'ayant pu obtenir de les faire imprimer à l'imprimerie du gouvernement (qui d'ailleurs ne possédait que des types chinois démesurés et grossiers), je proposai à M. Marcellin Legrand, l'habile graveur de cette imprimerie, d'entreprendre sous ma direction la gravure d'*un corps de caractères chinois sur poinçons d'acier*, d'après un système qui réduirait le nombre de ces *poinçons* d'environ les *cinq sixièmes*, ce qui permettrait, avec *quatre à cinq mille types différents*, de reproduire par l'impression les *trente à trente-deux mille* caractères usuels différents du Dictionnaire impérial de Khàng-hî.

Cette proposition fut accueillie, et quelques années après, en 1837, je publiais, comme je l'ai dit ci-dessus, le *Prospectus* d'une nouvelle édition (revue sur plusieurs manuscrits et sur les textes originaux) du *Dictionnaire chinois-latin* du P. Basile de Glemonà, paru en 1813, sous le nom de Deguignes fils, et je publiais aussi en *chinois*, en *latin* et en *français*, à l'aide des *nombreux types* ainsi gravés, le premier des livres politiques et moraux de Confucius (le *Tá 'hiŏh*, ou la ' Grande Étude'), avec la traduction complète du commentaire du célèbre philosophe Tchou-hi ; et la première livraison, aussi en *chinois*, en *latin* et en *français*, du *Livre* de Lao-tseu, le *Táo-tĕh-king*, avec la traduction de nombreux commentaires. Si les autres livraisons de ce dernier ouvrage n'ont pas été imprimées depuis, on peut en connaître la cause dans mon *Supplément* aux Vɪɴᴅɪᴄɪᴀ Sɪɴɪᴄᴀ, paru en 1843.

Aussitôt après ces deux publications, faites à mes frais, l'attention des personnes qui, en Europe et en Asie, s'intéressaient aux progrès des études chinoises, se porta sur les *nouveaux types chinois* avec lesquels ces publications avaient été imprimées. Dès 1840, M. Alexandre de Humboldt, m'ayant consulté au sujet de ces mêmes *types*, en assura une *frappe* de M. Marcellin Legrand, laquelle fut livrée l'année suivante au gouvernement prussien, sur un *Certifié conforme* portant la date du 1er mars 1841, qui m'avait été demandé.

Quelques années après, en 1844, une autre *frappe* plus complète de ces mêmes *types chinois divisibles* fut livrée à la Mission presbytérienne des États-Unis établie en Chine. Depuis cette époque, cette mission s'en est servie pour imprimer un grand nombre d'ouvrages écrits en chinois, et d'autres destinés à l'enseignement de cette langue; et ces éditions font l'admiration des indigènes (1). Une imprimerie de Macao possède aussi ces caractères.

Cependant, dès avant 1844, plusieurs Lettrés furent si frappés de l'apparition en Chine de ces *nouveaux types* que les auteurs d'un grand *Traité de géographie historique universelle* (2) (la Chine exceptée), publié la même année par Lin, gouverneur général ou Vice-Roi des deux Kouâng (les provinces de *Kouang-toung* et de *Kouang-si*), en font une mention spéciale. On m'y désigne nominativement comme étant le promoteur de ces nouveaux *types*, et on ajoute que « des hommes de Prusse (M. de Humboldt sans doute et le roi de Prusse Frédéric-Guillaume IV) avaient encouragé l'entreprise de leurs deniers (par l'achat d'une *frappe* de M. Marcellin Legrand) (3). »

(1) Dès 1845, cette « nouvelle imprimerie en *types chinois divisibles* » publiait à Ning-po *The Chinese Speaker*, en chinois et en anglais, de R. Thom, d'une grande beauté typographique, et ensuite le *Pentateuque* traduit en chinois, puis une quantité d'autres ouvrages aussi traduits ou écrits en chinois, dont le nombre aujourd'hui s'élève à plus de cent. L'Université d'Oxford s'est aussi procuré une *frappe* encore incomplète des caractères de M. Marcellin Legrand, car, en 1863, il est sorti de ses presses une Grammaire de la langue chinoise (*A Handbook of the Chinese language*), par le Rév. James Summers, et imprimée avec les types en question ; et la même Université a commencé l'impression d'un « Dictionnaire manuel chinois-anglais, » du même auteur, en employant aussi les mêmes types.

Le Rév. Medhurst, qui a publié tant de bons ouvrages, entre autres un Dictionnaire chinois-anglais, *lithographié* à Batavia en 1842 (2 vol. in-8º), et un Dictionnaire anglais-chinois (Changhaï, 1847, 2 vol. in-8º), disait dès 1888 (*China, its State and Prospects*, p. 566) :

« Un essai de fondre des *types mobiles chinois* « a été fait à Paris, sous la direction de M. Pau- « thier, membre de la Société asiatique de cette

« ville. D'après quelques spécimens qui ont été « publiés, *ces types chinois sont, sous le rapport* « *de la finesse des traits et de l'exactitude des* « *proportions,* SUPÉRIEURS A TOUS CEUX QUE « LES OUVRIERS ASIATIQUES POURRAIENT PRO- « DUIRE. *Ils sont extraordinairement nets et beaux* « (they are exceedingly neat and handsome). »

Le témoignage d'un laborieux et savant missionnaire, qui avait passé la plus grande partie de sa vie en Chine, et qui s'était tant occupé de la publication de grands ouvrages sur la langue chinoise, peut faire juger de la valeur des objections faites en France contre les types en question.

(2) Le *Hải koûe t‘où tchi*, en 50 *kiouan* ; liv. 49, éd. de 1844. Bibl. imp. de Paris ; n° 1236.

(3) Dans la 3e édition du même grand *Traité de Géographie historique*, avec cartes, augmenté de 50 livres et publiée en 1853, que je possède, la même mention est reproduite (L. 81, f° 6, r°). C'est la *Germanie* et la *Prusse* qui y sont signalées comme les pays d'Europe qui ont produit le plus de sinologues (ce qui est loin d'être vrai). On y dit de moi : « Il y a aussi Pao-ti-a, *natif* « *de la Germanie* (ce qui est aussi une erreur « géographique et historique), *qui est fixé main-* « *tenant dans le royaume de France*, où il a « fait graver des *caractères chinois mobiles* du

Ainsi ce sont des étrangers, et les écrivains chinois le constatent, qui seuls ont encouragé une entreprise qui devait faire honneur à la France ! Je me trompe : le Jury international de l'Exposition universelle de 1855 décerna à M. Marcellin Legrand une médaille de première classe, en disant de lui (*Rapports du Jury*, t. II, p. 591-592) :

« Graveur particulier de l'Imprimerie impériale, qui lui a confié l'exécution « de ses plus beaux types modernes.

« De plus, inventeur et ayant apporté des perfectionnements importants à la « fonderie à la machine.

« M. Marcellin Legrand a des relations étendues dans les différentes parties « du monde, où ses *caractères chinois, japonais* et autres, sont très-recherchés. « Il est le premier fondeur du commerce qui ait fait des dépenses considérables « pour la gravure des caractères orientaux ; il a, à ce titre, exercé une grande « influence sur la bonne exécution des ouvrages imprimés dans ces langues, « dont l'étude tend à se répandre de plus en plus. »

Eh bien ! ce graveur qui avait passé plusieurs années de sa vie à graver *un corps de caractères chinois sur poinçons d'acier* comme il n'en avait jamais été et comme il n'en sera pas de longtemps gravé ; cet artiste si habile, qui, à ses frais et à ses risques et périls, avait cru faire une chose honorable pour son pays et pour l'avancement des études chinoises en France, est mort après avoir vu le grand établissement, auquel il avait consacré la plus grande partie de son existence, repousser constamment ses *types chinois*, parce qu'ils ne convenaient pas (pour certaines raisons) à un homme qui, depuis plus de trente ans, s'est adjugé sans mandat le monopole du chinois en France (qu'il prétend seul connaître), où rien ne se fait officiellement en chinois et concernant le chinois que selon son bon plaisir !

Et voilà pourquoi le premier et le plus ancien grand établissement typographique de l'Europe, l'Imprimerie impériale de France, en est réduite à ne pas pouvoir imprimer une page de chinois.

Denique quid verbis opus est? Spectemur agendo.

(Ovide.)

« royaume du Milieu. Des hommes de la Prusse « ont aussi fourni des fonds pour l'aider à ache- « ver son entreprise (*yeóu yeòu* Ye-ma-ni *tchí* « PAO-TI-A , *hien tsaï* Fo-lang-si-*koùe, tiào*

« Tchoùng-koùe *hŏh-tséu pàn;* Pou-lo-sse *jìn* « *yìh tch'oùh t'saï tsoù tch'íng k'í szé).* »

Voilà comment les écrivains chinois font un *Allemand* du *seul Français* qui leur soit connu !

DICTIONNAIRE

ÉTYMOLOGIQUE

CHINOIS-ANNAMITE LATIN-FRANÇAIS.

— 部　　1er RADICAL.

NOTA. *Les Chinois ont rangé sous ce Radical ou Signe générique et sous plusieurs de ceux qui suivent, des caractères qui n'en dérivent ni étymologiquement ni logiquement, mais qui ont seulement une dérivation apparente ou graphique du Radical sous lequel ils ont été placés pour la facilité des recherches lexicographiques.*

— **I, yĭ** Annamite *nhát*; Cantonais *yat*; (1) Foŭ-kien *yit*; Japonais *itsz*. Explication : *Unum. Primus arithmeticæ numerus. Idem. Parum. Æquale. Perfectum.* — L'Un, l'unité. (Choŭewèn). Le 1er nombre de l'arithmétique, le dernier terme des choses. (Koŭang-yŭn). Le même ; le tout. (Li-ki ; Sse-ki). Peu. Simple et indivisible. (Y-King. Lao-tseu). Égal et juste. (Thŭng-choŭ). Parfait, au sens moral. (Tchoŭng-yoŭng). — Exemples de ' phrases ' et ' d'expressions composées ' :

天一地二　le Ciel (est) le nombre 1, la Terre le nombre 2. (Y-K.).

道生一丨生一　le Tao (ou la Raison suprême) produisit 1, 1 produisit 2. — Pris comme ' verbe ', au ton', il signifie : *unifier.* (Laò-tseu).

合二音而一之　*ex duabus vocibus facit unam.* Réunir deux sons voyelles et n'en faire qu'un (dans la prononciation).

第丨 ti—, *primus.* 大丨 tá —, *Cœlum, totum.*
　　 d'e—, premier. 　　 *d'ai* —, le Ciel, tout.
太丨 taï —, *Magnum Unum; Cœli Spiritus.*
　　 thoï —, le Grand Un ; l'Esprit du Ciel.
De plus : Petites étoiles près α du Dragon.

三丨 Sàn—, *Cœlum, Terra et Magnum Unum.*
　　 tam —, Les trois UN, c.-à-d. : le Ciel, la Terre et le Grand Un auquel les anciens Chinois offraient des sacrifices en immolant un bœuf. Le Grand Un était, selon eux, le Souffle ou Air primordial *Khî*, avant la séparation des deux premiers. (Dictionnaire impérial de Khàng-hi).

一丨 ĭ —, *singuli, singillatim.* (Lun-yu. Meng-ts.).
　　 nh'ät —, l'un... l'autre ; séparément, par division.
丨夾一 laï, *primò, primum.* (Koŭan hoá). [sion
　　 lo'ï, d'abord, premièrement. (Style mod.).
丨生一 sèng, *per totam vitam.*
　　 sin'h, pendant toute la vie.
丨心一 sìn, *toto corde.* (Meng-tseu)
　　 tâm, de tout son cœur, de toute son âme.
丨國一 koŭe, *unum, vel, totum imperium.* (M. ts.).
　　 quóc, tout le royaume. (Meng-ts.).
事丨 tchoùan—, *toto animo operi incumbere.* [objet.
　　 chuyên,— appliquer toute son attention sur un

萬丨 wáu —, *decies mille unum.*
　　 ván —, probablement ; une fois pour toutes.
一向丨 ĭ hiàng, *toto tempore elapso; mox ut.*
　　 nhát hiang, tout le temps écoulé; aussitôt que.
丨夜 —yé, *totá nocte.*
　　 —*d'a*, pendant toute la nuit.
丨齊 —tsé, *uno tempore. Semel.*
　　 —*thú*, en un seul et même temps.
齊丨 —thsî, *unà, simul.*
　　 —*tày*, ensemble, en même temps.
面丨 — mién, *modò nunc.* (litt. *unà facie*)
　　 —*d'ién*, seulement maintenant.
切丨 — thsĭeh, *unà divisione.* (Gr. A. Rém. 157)
　　 —*thiet*, tout à la fois, en résumé.
發丨 — fäh, *uno producto.* (Ib.). *Multo magis*
　　 —*phát*, bien plus, à plus forte raison.
定丨 — ting, *certè, profectò.*
　　 —*d'inh*, certainement, assurément.
經丨 — king, *quàm primum.* [de 1859].
　　 —*kinh*, aussitôt que. (Édit de Hien-foung
樣丨 — yáng, *eodem modò. Idem.*
　　 —*d'ang*, de la même manière.
起丨 — khì, *simul. Unà.*
　　 —*khí*, en même temps. [deorsum.
上丨下 —chàng,—'hia, *nunc sursum, nunc*
　　 —tàntôt en haut, tantôt en bas.
到就死丨 — táo,tsiéou ssè, *mox ut pervenit*
　　 statim mortuus est.
天丨 thiên —, nom d'une étoile qui est χ du Dragon.

Ce caractère est lu *hí* et *khí* dans le Chi-King ou ' Livre des vers ', anciens chants populaires. — Répété en tête des paragraphes, dans les préfaces et autres exposés de sujet, il remplace tout autre signe énumératif.

DÉFINITIONS. Dans l'origine des choses, il n'y avait que le 道 TAò (ou la Raison primordiale suprême) qui subsistait dans le — UN (ou l'UNITÉ) dont elle forma, en le divisant, le Ciel et la Terre, et avec lequel elle donna l'existence à tous les êtres. (Dict. Choŭe-wên, de Hiu-chin).

« Le TAò (la Raison primordiale) produisit 1, 1 produisit 2, 2 produisit 3, 3 produisit tous les êtres. » (Lao-tseu, Tao-te-King, ch. 42).

« La voie dans laquelle le saint (ou l'homme accompli . *ching jin*,) marche, est l'*Unité*, *tching*, selon l'interprétation du philosophe Tchou-hi. » (Tchoŭng-yoŭng, ch. 28).

« Le UN (ou l'UNITÉ ——) est le *substratum* universel (*thoŭng thĭ*) du 道 *Táo* (ou de la *Raison* primordiale suprême); c'est l'essence sim-

A

ple, incorporelle (*chùn*) de la vertu céleste (*thiæn tĕ*) ; c'est l'origine ou la source primordiale de l'élément éthéré 气 *khí*, lequel donne naissance à la forme corporelle; 氣 c'est la racine des nombres; c'est l'élément actif du grand principe mâle (*yàng*) ; c'est, en un mot, la Raison primordiale embrassant tout ce qui n'a pas de formes visibles. Le GRAND UN (TAï ï) se nomme aussi : force puissante expansive (comme celle d'un arc : *kiáng*); comment pourrait-on le figurer? Il a produit le Ciel : 天 *thiæn;* il a produit la Terre; tous les êtres de la nature procèdent de ce grand UN incompréhensible. Les quantités numériques que ce *Un* ou cette *Unité* produit ne peuvent être énoncées; c'est par la réduplication qu'elles sont créées; il n'est rien qui ne tire son origine de l'Un (ou de l'Unité). C'est pourquoi on le figure sortant du Non-Être : 无 *wou*, avec la forme de l'Être : 有 *yeòu.* Les Koùa de Foü-hi, les caractères graphiques de Thsang-kie procèdent de l'Unité représentée par un seul trait — · Mais ce Un, cette Unité, d'où procède-t-elle? De l'élément vital incompréhensible qui constitue notre propre intelligence. C'est par l'étude, la méditation, que l'on parvient à cette Unité, que l'on remonte jusques aux traces ou vestiges du Non-Être : 无 *wou,* que l'on découvre que le Un, ou l'Unité, ——, est la grande mère des caractères de l'écriture (ou signes graphiques chinois). C'est aussi la mère de tous les traits du dessin et de la peinture. Les traits supérieurs sont comme la forme du Ciel qui nous couvre ; les traits inférieurs sont comme la forme de la Terre et de ce qu'elle renferme ; ceux du milieu sont comme la forme de l'homme qu'elle renferme. » (Dict. Loù chou thsing hoèn. K. 1, fol. 1-2). [Jap. *tì, tei.*

丁 **Tǐng.** An. *d'inh.* Cant. *ting.* Fok. *tĕng.* (2) *Littera temporaria inter* Chĭ-kăn *quarta. Substituere loco alterius. Agricola vectigalia solvens. Nomen proprium.* — Caractère cyclique, le 4ᵉ dans la série de 10. Substituer à la place d'un autre. Fort, robuste. Agriculteur payant l'impôt. Nom propre.

門| — kién, | *triennii tempus quo filii ob mortem*
　　— nhàn, | *tem parentum cessant à muneribus publicis.* Temps de deuil de trois ans, pendant lequel les fils qui ont perdu leur père ou leur mère se retirent des fonctions publiques.

成| tching —, *complere annum ætatis* 16 *vel* 18.
　 thành —, compléter sa 16ᵉ ou 18ᵉ année; avoir atteint l'âge viril.

家| kià —, *mancipia.*
　 gia —, esclaves domestiques.

白| pĕh —, *infima multitudo.*
　 bach —, la dernière classe du peuple.

工| koûng —, *mechanicus.*
　 công —, ouvriers dans les arts mécaniques.

烏| woù —, *theæ Sinensis species.* [mou.
　 ǒ —, espèce de thé. Voir le Pen thsao khang

寧| — ning, *valdè commendare.*
　 — ninh, recommander fortement. Enjoindre.
零| ling —, *pupillus omnibus destitutus.*
　 linh —, orphelin dénué de tout. Trompé [dans ses espérances.
民| mín —, *Plebs.*
　 d'àn —, population contribuable.
兵| ping —, *miles, milites.*
　 binh —, soldats non contribuables.
農| noûng —, *agricola.*
　 nông —, agriculteur, cultivateur.

Loü-ting, nom d'un génie chez les Tao-sse Lutin (?). *Tíng-toŭng,* onomatopée : tintement: bruit produit par le choc de corps sonores. *Joü-ting,* ulcère. *Kiĕ-ting,* espèce de vers. Employé aussi comme *Groupe phonétique.*

ÉTYM. Ce caractère représentait dans l'origine la forme d'une épine ou d'un clou servant à fixer les objets : 个 Sa signification de ' fort, robuste, dur ', lui vient de là, de même que celle de ' marquer le temps ' dans le cycle de dix. En parlant de l'année, c'est le ' milieu du printemps et de l'automne ', époque où l'on offre des sacrifices à Confucius et à d'autres lettrés célèbres.

丂 **Khào.** A.*khoai.*F.*k'hó.* J.*ko...* [Car. fig.] (3) Souffle, vapeur, exhalaison condensée qui semble s'évaporer difficilement —+ *Gr. phon*

亡 **Hō.** L'opposé du précédent. (3ª) Forme primitive du caractère 兩

七 **T'sï.** A. *thất.* C. *ts'at.* F. *tc'hit.* J. *sitsi.* (4) *Septem. Numerus septimus. Nomen proprium.* Sept. Nombre sept; celui du premier principe mâle Yàng. Nom propre.
第| tí —, *septimus.* [nombres ordinaux.
　 d'è —, septième. Le caractère *tí* forme les
三| săn —, *nomen plantæ medicinalis.*
　 tam —, nom d'une plante médicinale.
政| — tching, *septem potentiæ.*
　 — chành, les sept pouvoirs gouvernants, qui sont : le Soleil, la Lune et les Cinq Planètes. (Choù-King).

ÉTYM. Caractère combiné, et *Groupe phonétique.*

2 TRAITS (en sus du Radical).

万 **Wa'n.** *Decem millia.* Dix mille. 萬 (5) Forme abrégée du caractère 萬
丈 **Tchàng.** A. *tru'o'ng.* C. *tcheung.* (6) *Mensura decem pedum Sinensium. Viri in senectute denominatio.* Mesure de dix pieds chinois (3ᵐ,55ᵐᵐ). Qualification honorifique donnée aux personnes âgées. + Qualification honorable appliquée à des amis.
量| — liàng, *metiri.*
　 — li'o', mesurer par quantités cubiques.
夫| — foù, *sponsus.* 人| — jin, *socer.*
　 — phu, époux. 　　— nho'n, beau-père
方| fàng —, *Bonziorum Domus.*
　 pho'ng —, demeure des Bonzes de Föh.
百| pĕh —, *funis quo navis trahitur.*
　 —, câble pour haler les bateaux.

ÉTYM. Ce caractère est composé d'une main qui tient le signe + dix. On ajoute ordinairement une ' goutte ' à ce caractère, ce qui est une faute (Ch. w.). + *Groupe phonétique.*

二 三 **Sān.** A. *tam.* C. *săm.* F. *sám.* J. *san.* Syn. 参
┃ (7) *Numerus tres.* Nombre trois.

Ti-săn, troisième. Lu *săn, iterum,* de nouveau.

┃綱 — *kāng, tres vincula.*

┃ — *cang;* les trois liens sociaux : 1. entre le prince et ses ministres; 2. entre un père et ses enfants; 3. entre le mari et la femme.

┃寶 — *pào, tres pretiosi.*
— *báŭ.* Les trois termes de la triade bouddhique : Bouddha, la Loi (*Dharma*) et l'Assemblée (*Sanga*).

┃才 — *ts'ái, tres potentiæ.*
— *tái,* les trois puissances de la nature, qui sont : le Ciel, la Terre et l'Homme.

┃光 — *kouàng, tres luminaria.*
— *quang,* les trois corps lumineux, le Soleil, la Lune et les Étoiles.

┃思 — ssé, *ter meditari (et posteà agere.* Tá-hiŏ).
— *tŭ,* méditer trois fois (avant d'agir).

再┃ tsái —, *repetitis vicibus, seu efficaciter.*
tai —, à plusieurs reprises, efficacement.

Défin. Le nombre *trois* est la voie ou la Raison (*táo*) du Ciel, de la Terre et de l'Homme (Ch. w.). Les nombres commencent à 1, se terminent à 10, et sont parfaits à 3. (Sse-ki). Le nombre 1 a produit 2; 2 a produit 3; 3 a produit toutes choses. (Láo-tsèu).   [J. *j'oo.*

上 **Chǎng.** A. *thu'o'ng.* C. *chĕung.* F. *siǎng.*
(8) *Suprà, superior. Nobilis. Altus. Pluris æstimare; venerabilis. Ascendere. Nom. propr.* En haut; supérieur par son rang. Noble. Élevé. On nomme 'supérieur' (*chǎng*) celui qui occupe une position digne de respect, parce qu'on n'ose pas se permettre de lui donner la qualification de *tsŭn,* 'vénérable' (réservée aux personnes d'une vie sainte et vénérable). (Dict. de Khǎng-hi). — Au ton ' *chǎng :* s'élever, s'avancer. Figurément : Estimer à un haut prix. Anc. formes :

┃ ┃ — ┃下 — *'hiá, suprà et infrà; sursum, deorsum.*
— *ha,* en haut, en bas. *Méth.* Plus ou moins.
┃帝 — *ti, Cœli moderator.*
— *d'é,* le Suprême ordonnateur des choses.
[« Virtus in cœlo prædominans, cæca Sinensium deitas. » Basile ms.]

┃本 — *pèn, libellum imperatori porrigere.*
— *bo'n,* présenter un mémoire à l'empereur.
┃朝 — *tchào, invisere aulam. Imperatorem adire*
— *tráo,* aller à la cour.   [*officii causâ.*
┃古 — *koŭ, remotissima antiquitas.*
— *cŏ,* l'antiquité la plus reculée. (Ma-t.l .).
┃世 — *chí, olim, tempus remotum.*
— *th'é,* autrefois, dans l'ancien temps.
┃日 — *jĭh, primæ lunæ prima dies.* (Ch.-King).
— *nhát,* le premier jour du premier mois.
┃旬 — *siún, prima mensis decas.*
— *tüàn,* première décade du mois.
┃學 — *hiŏh, adire scholam.*
— *hoc,* aller à l'école, au collége.
┃京 — kĭng, *ire civitatem regiam*
— *kinh,* aller à la capitale.
┃平 — *p'ing, ascendere lances.*
— *binh,* peser dans la balance

┃午 — *woù, antè meridiem.*
— *ngo,* avant l'heure de midi.
太 ┃ tái —, *supremus.*
to'ĭ —, le très-élevé. Dénomination honorifique donnée à Lao-tseu par ses sectateurs, et au ' père décédé ' de l'empereur régnant.
皇 ┃ *hoàng* —, *imperator.*
hoàng —, nom donné à l'empereur de la Chine et aux souverains de la France, dans les traités de 1844 et 1860.
親 ┃ *thsin* —, *consanguinitate superior*
thân —, d'origine haute, céleste. (Y-K.).
自下而┃ tséu 'hiá eŭlh —, *ex imo ascendit in altum.* Il monte d'un lieu inférieur à un lieu supérieur. *Yün chàng yü t'iān,* les nuages ' s'élèvent ' vers le ciel. (Y-King).

Nota. Les rédacteurs du Dictionnaire impérial de Khang-hi font remarquer, à propos du caractère
上 *chǎng,* que l'on devrait l'affecter du ton ' lorsque sa signification implique l'idée de *repos,* et du ton ' lorsqu'il implique l'idée de *mouvement.* Ce principe est généralement appliqué, par les grammairiens et commentateurs chinois, au très-grand nombre de caractères qui passent d'une qualification ' nominale ou qualificative ' à une signification ' verbale '. Le caractère ci-dessus fait exception.

上 *chǎng,* en construction, se place *après* son régime. On lit dans Meng-tseu :
王立於沼上 *wáng lǐ yù tchào chǎngs Rex stabat ad stagnum suprà.*
Le roi était sur son étang. (I. I, § 2).
Loú-chǎng, iter ingredi. Entreprendre un voyage. — *Chàng-loú, ex itinere procedere,* arriver de voyage — *Chàng-koùng, arcus nervum arcui aptare.* Mettre une corde à son arc. — *Chàng-chéou, dies natali donum alicui offerre.* Offrir un présent à quelqu'un le jour de sa naissance.
Étym. Ce caractère est l'opposé du suivant; il est *indicatif.*

下 **'Hiá.** A. *ha.* C. *há.* F. *hăy.* J. *ka.* A. F. ——
(9) *Infrà; inferior. Secundarius Vilis. Infimus. Subditus. Descendere. Decidere. Abire.* Inférieur, l'opposé du précédent. Secondaire. Bas. Vil. Infime. Sujet, par position, comme un ministre à l'égard de son souverain, un prince feudataire à l'égard de son suzerain. (I-li). Au ton *kiù* ' : Descendre. Déchoir : *i koŭeĭ hiá tsián,* de l'état noble (*koŭeĭ*) il descend à celui de vilain (*tsián*). (Y-K.). Tomber en bas. En parlant des ' herbes ' on dit *ling;* en parlant des 'feuilles' on dit *lŏ.* (Eulh-ya). Disparaître. (Tcheou-li). Coup de marteau sur un timbre; une heure sonnée. Numérale des coups frappés.

下 ┃ *'hiá* —, *descendere ad inferiores.*
ha —, descendre parmi ses inférieurs.
惠 ┃ *hóeĭ* —, *inferioribus benefacere.*
huê —, faire du bien à ses inférieurs.
心 ┃ *sĭn* —, *in mentem habere.*
tâm —, avoir un projet dans l'esprit.
親 ┃ *t'sĭn* —, *consanguinitate inferior.*
thân —, d'origine inférieure, terrestre. (Y-K.).
足 ┃ *tsoŭ* —, *pedibus infrà.*
túc —, *fig.* pronom Toi, Vous, dans le style   [élevé.

身 | chín —, *partes verendæ.* [secrètes.
| thán —, les parties du corps inférieures ou
手 | chèou —, *subditus, subjectus.*
| thú' —, sujet. (litt. homme sous la main).
| 手 — cheòu, *operi manus adhibere.*
| — thú', mettre la main à l'œuvre.
| 馬 — mà, *ex equo descendere.*
| — ma, descendre de cheval.
| 次 — tséu, *alia vice.*
| — thú', une autre fois, une seconde fois.
| 問 — wén, *ab inferioribus inquirere.*
| — ván, s'enquérir auprès de ses inférieurs.
| 氣 — khí, *deponere molestiam.*
| — khí, rejeter, oublier ses chagrins.
| 月 — yoûeï, *proximo mense.*
| — nguyet, le mois prochain.
| 呈 — tching, *munus quod itinerantibus offertur.*
| — trình, présent offert aux voyageurs par
l'hôte qui les reçoit.

自上而 | tséu chàng eúlh —, *ex alto des-
cendit infrà.* Il descend de haut
en bas. — *Fáng-'hiá, deponere.* Déposer. *'Hiá-yù,*
pluere. '*Hià-siûé, ningere.* Neiger. '*Hia-
tán, ova parere.* Pondre des œufs.
ÉTYM. Ce caractère est indicatif. (Ch. w.).

不 **Poüh.** A. *bất.* C. *pat.* F. *put.* J. *fots.*
(10) *Non. Non posse. Non volere. Non*
equidem. Minimè. Particule négative marquant
quelquefois une interrogation dubitative. Non;
non en effet. Point du tout. Au ton *p'íng,* lue *feoü*
particule dubitative. Au ton *khiu ',* lue *feoü,*
verbe négatif : Ne pas pouvoir. Au ton *jïh,* synonyme de *féh,* ' non '. Au ton *chàng,* particule interrogative.

| 然 — jàn, *sin minus. Minimè.*
| 日 — nhién, nullement; pas du tout.
| — jïh, *intra non multos dies.*
| — nhat, dans un petit nombre de jours.
| 如 — joù, *non sicut; non est melius quam.*
| — nhú', ce n'est pas à comparer.
Cette expression marque dans la phrase la supériorité de la chose qui suit sur celle qui précède
| 要 — yáo, *ne velis, non debes.*
| — yeú, expression prohibitive.
| 敢 — kàn, *non audeo.* [défendre de faire qqc.
| — càm, expression de courtoisie pour se
| 可 — khò, *non potest,* id est : *non licet.*
| — khá, cela ne convient pas, ne peut pas
| 必 — pïeh, *necesse non est.* [être.
| — t'át, il n'est pas nécessaire.
| 是 — chi, *non est, non ita est.*
| — thi, cela n'est pas ainsi
| 亦 — ï, *nonne?* (Lùn-yù).
| — diec, n'est-ce pas? Négation dubitative.
| 曾 — tsèng, *nondum.*
| — tang, pas encore. Adverbe de temps.
| 得 — tëh, *non posse agere.*
| — d'ac, ne pas pouvoir se déterminer à.
| 知 — tchî, *non scire, volere.*
| — tri, être dans l'indécision.
| 及 — kïh, *non attingere, vel assequi.*
| — cáp, ne pas atteindre un but proposé.

— koúo, *non superandum.* [du superlatif.
| — quá, qui ne peut être surpassé. Formule
| 成 — tc'hïng, *non-ne perfectum?*
| — thành, n'est-ce pas vrai? Expr. finale.
| 時 — chi, *semper* (litt. *sine tempore*). [jours.
| — thí, sans temps déterminé, c.-à-d. tou-
| 十日 — chî jïh, *non decem dierum.*
| — thán nhat, dans moins de dix jours.
ÉTYM. « L'ancien caractère représentait les ailes
d'un oiseau qui *ne peut* se retourner en volant pour
redescendre en bas. La ligne supérieure figure le
ciel qui lui forme obstacle. » (Ch. w.).

与 **Yù,** *idem ac* Rad. 134, 8 tr.
(11) forme abrégée du caractère 與

丏 **Miên.** A. *miên.* C. *mín.* F. *bien.* J. *fen.*
(12) *Parvus paries ad declinandos sagit-*
tarum ictus. Mœnium corona. Mur pour se préserver des projectiles ennemis. Créneaux. Qui ne se
laisse pas voir. (Ch. w.). Caractère figuratif.

丐 **K'ái.** A. *cái.* C. *koi.* F. *k'oi.* J. *kats.*
(13) *Mendicare. Accipere. Dare.* Mendier
Recevoir. Donner
| 子 | 人 — tsèu; — jín, *mendicus.*
| — thú'; — nho'n, mendiant. [tchou

丑 **Tchèou.** A. *Su'u'.* C. *tc'hao.* F. *t'ieou.* J.
(14) *Littera temporaria à primâ horâ us-*
que ad tertiam post mediam noctem Heure secunda
matutina. Nomen spiritûs. Caractère horaire marquant le temps qui s'écoule entre 1 heure et 3
après minuit. Fer de lance. Javelot. Nom d'un
Esprit ou Génie.

且 **Thsiè.** A. *tha'.* C. *tc'hï.* F. *tc'hia.* J. *Syô*
(15) *Adverbium, Sed, Cæterum, Item, Et,*
Istud, Modò, Particula adversativa; v. g. pŏu-lán,
non solum... thsiè, sed etiam. Est littera auxilia-
ris; sæpe est principium clausulæ, nihil significans :
keü-thsiè, inconsideratè operari; thsiè-mán, pro
nunc ne properes. Particule auxiliaire, dans le
discours, laquelle a un grand nombre d'accep-
tions. (Voir le *Hiù tseü tchù chï*). Mais. Aussi. En
outre. De plus. Et. Aussitôt; immédiatement.
(Ssé-ki). Pronom démonstratif Ceci (Chi-K.).
Particule explétive initiale et finale. Placée *devant*
un verbe, elle marque une intention impérative
ou une recommandation :
| 愛 — 'ái, *ama.* | 住 tchú, *siste gradum*
| — ngu'o'i, aimez. | chú, arrêtez-vous.
| 漫 — mán, *non ita properes.*
| — man, ne vous pressez pas tant.
Agir inconsidérément. (Tchouang-tseù). Dans le
Livre des vers c'est souvent, à la fin des vers, un
caractère purement *explétif* et pour la rime.
| 夫 然 — foù, jàn —, *et tamen, insuper*
| — phù, niên —, et cependant,
quand même. Expressions qui indiquent comme
une réponse anticipée à une objection présumée.
ÉTYM. L'ancienne forme figurait une table
dont les supports avaient deux traverses et portaient sur le sol. (Ch. w.). C'était une table dont
on se servait dans les sacrifices. Les inscriptions
gravées sur les vases et sur les cloches représentent ce caractère sous une forme pyramidale avec
un point au milieu.

不 **P'éi.** A. *phi*. C. *p'i*. F. *phi*. J. *fi*. [fig. s.]
(16) *Magnum. Valdè. Offerre. Nomen montis.* Grand. (Choŭ-K.). Extrêmement. Offrir (une loi au Ciel). Nom de montagne.

ÉTYM. Caractère figurant la forme et le son.

世 **Chi'.** A. *th'é*. C. *chai*. F. *si.J.sei*. Syn. 生
(17) *Tempus. Sæculum. Vita. Triginta annorum spatium. Hereditarius. Nomen proprium.* Temps. Siècle. Vie. Une génération d'homme, une durée de 30 années. Héréditaire. Nom propre.

| 界 — kiái, *mundus. Sæculum.* [temps.]
| — giai, le monde. [Litt. les limites du [temps.]
| 法 — fáh, *sæculorum omnium exemplar.*
| — phap, le modèle de tous les siècles.
| 家 — kià, *nobilis familia.*
| — già, famille noble, héréditaire.
| 會 — tsŭn, *sæculorum honoratissimus.*
| — t'ŏn, le plus vénéré des siècles. Titre donné à Foh ou Bouddha par ses sectateurs; en sanskrit *lôkadjit*, le ' conquérant ou vainqueur des mondes '.

| 主 — tchŭ, *mundi dominus.* [de Bouddha.
| — chu', le Seigneur du monde. Autre nom
| 事 — ssé, *sæculorum negotia.*
| — sú, les affaires du siècle, du monde.
| 伐 — tái, *hominum generatio.* [30ᵉ d'années.]
| — dai, une génération, comprenant une
| 人 — jîn, *sæculorum homines.* [tion.]
| — nho'n, les hommes du siècle, la généra-
此 | thsè —, *hæc vita, hoc sæculum.*
| thu' —, cette vie, ce monde-ci.
來 | lâï —, *vita advenienda, futura.*
| lai —, vie à venir, vie future.
一 | ï —, *totum vitæ tempus.*
| nh'ăt —, tout le temps de cette vie.
上 | cháng —, *sæcula præterita.*
| thu'o'ng —, les siècles passés.
名 | ming —, *bona fama semper duratura.*
| dén —, renommée séculaire.
當 | táng —, *in tempore præsenti.*
| d'ang —, dans l'âge actuel.
出 | tchŭh —, *in sæculo nasci.*
| xu'ăt —, naître en ce monde.
去 | k'iŭ —, *exire sæculo; mori.*
| khú' —, sortir de ce monde; mourir.
前 | thsiàn —, *pristina vita.*
| ti'én —, vie précédente, antérieure.

土 無 官 官 事 無 攝

ssé woŭ chi kouăn; kouăn ssé woŭ chi'; litterati ne-habeant hereditaria officia; publicorum-officiorum negotia ne cumulentur. « Que les lettrés « (c.-à-d. ceux qui sont aptes à occuper les em-« plois publics) n'aient pas de fonctions héredi-« taires; qu'ils ne *cumulent* pas différents em-« plois. » (Meng-tseu, K. VI. Kao-tse, 'hia, c. 7, § 3). Mencii secundus interpres ait (part. 2, p. 168); Gallicè . *Que la même personne ne cumule pas deux places à la fois.* [Hoc præceptum ille supra-dictus interpres jam diù oblitus esse videtur.]

ÉTYM. Ce caractère est composé du signe 十 *dix*, répété trois fois, et portant avec lui sa pro-nonciation. (Ch. w.).

丘 **K'ieou.** A. *kheo*. C. *yāo*. F. *k'ieou*. J. *kō.*
(18) *Terra elevata ('t'u chï hāo tchè). Collis seu parvus mons. Locus circumcirca eminens et in medio declivis. Magnum. Vacuum. Nomen proprium.* Tertre élevé sans la main de l'homme. Colline ou lieu élevé de tous côtés avec une dépression au milieu. (Kh. hi). Grand (en parlant de parents auxquels on doit du respect) Nom propre.

圜 | youên —, *terra elevata et rotunda ubi Cœlo hoàn —, sacrificium offertur.* Tertre rond et élevé où l'on offre des sacrifices au Ciel.
方 | fāng —, *terra quadrata ubi Terræ sacrificatur.*
| phu'o' —, Tertre carré où l'on sacrifie à la Terre.
尼 | ni —, *nomen montis ubi Confucii parentes ni —, filium rogaverunt.* Nom d'une colline où le père et la mère de Khoung-tseu, (Confucius), demandèrent une grâce à leur fils. [tales.
三 | săn —, *locus ubi habitant homines immor-tam —,* lieu où habitent les immortels, ou anachorètes divinisés.
比 | pí —, (transcription du mot sanskrit *bhik-tï* —, (chou, qui signifie 'mendiant '. C'est le nom donné à certains religieux bouddhistes qui font profession de mendicité. « Les Sàng-mên, ou religieux Tao-sse, se retirent dans l'intérieur de leurs communautés; les Pi-khieou (*bhikchous*, religieux bouddhistes) pratiquent la mendicité. » (Weï-choŭ).
里 | li, dix familles de dix personnes chacune, réunies au même lieu, et pratiquant les mêmes usages. (Tchouâng-tseu).

Nom propre servant à former beaucoup de noms composés, comme Tso Khieou-ming (contem-porain de Confucius, l'auteur du *Tso-tchouan*), Loung-Khieou, Hian-Khieou, etc.— Petit nom de KHOUNG-TSEU, ou Confucius, que les lettrés chi-nois, par respect, prononcent *Meoŭ*, en lisant les Livres classiques. Plusieurs dictionnaires chinois offrent ce caractère entouré d'un *cartouche* hono-rifique que nous avons imité dans celui-ci. Le *I-wăn pi lăn* laisse en *blanc* la place que ce caractère 丘 *khieou* devait occuper, et il le définit ainsi : NOM POSTHUME DU PREMIER INSTITUTEUR DES HOMMES, DU SUPRÊME SAINT, OMIS PAR RES-PECT. Les lettrés chinois ne se permettent pas d'écrire ce caractère pur; ils le remplacent 阝 par un autre qui a la même prononciation.

ÉTYM. Le Choŭe-wên dérive ce caractère d'un signe supérieur ' nord ' et du signe horizontal in-férieur indiquant la ' terre '. Ceux qui habitent la colline sont fixés sur le côté méridional. Il est de la classe des signes ' figuratifs ' (la première). C'est aussi un *Groupe phonétique.*

丙 **Ping.** A. *binh*. C. *ping*. F. *peng*. J. *fei.*
(19) *Nomen cyclicum. Piscium cauda. In oppositis* : suprà *et* infrà, anteà *et* posteà ; *ad si-gnificandum* suprà, *vel* anteà *usurpantur* : kiá, ï; *ad significandum verò posteà et* infrà *utuntur* ping, tïng. Le 3ᵉ caractère du cycle, série de 10. Queue de poisson (que figurait sa forme ancienne). Brillant (Tseu-weï). *Ta-ping*, nom d'un esprit ou d'un génie. (Khang-hi). 十 *Groupe phonétique.*

DE 5 A 10 TRAITS

丙 **Thièn.** A. *thiém.* C. F. *t'hiém.* J. *ten.*
(20) *Lambere. Adunco trahere.* Lécher.
traîner avec un crochet (en forme de langue).

丞 **Tchīng,** A. *thu'á.* C. *ching.* F. *sin.* J. *jŏo.*
(21) *Unum alteri connectere. Opitulari.*
Sustentare. Liberare. Offerre. Accipere. Lier une
chose à une autre. Continuer. (Yu-pien). Aider.
Seconder (en qualité de ministre, ou autrement).
« L'empereur Yao avait neuf 'aides' (ou ministres :
tsó) ; Chun avait sept auxiliaires 'amis' (*y-eòu*). Yu
avait cinq 'assistants' (*tching*) ou ministres.
(Koŭe-tseu). Assister (par des secours). ' Aider ' le
peuple à cultiver les mûriers. » (Khang-hi.). Dé-
libérer. Offrir. Recevoir. Dans ce dernier sens il
est pris pour ' synonyme ' de *tc'hing* : 承

| 相 — siàng, *primus minister.* (Hoeï-tien).
— *tu'o'ng,* premier ministre aidant l'Emp.

| 中 tchoŭng —, *medius adjutor.*
| *trung* —, grand officier du palais (grand
chambellan?) qui a le privilége d'écrire à l'empereur.

| 石 chĭ —, *basis columnæ lapideæ.*
| *thach* —, base d'une colonne de pierre.
| 奉 foúng —, *adulari, blandiri.*
| *phong* —, aduler, flagorner.

ÉTYMOL. Le Choŭe-wèn dérive ce caractère de
la figure de ' deux mains ' (anc. forme) qui reçoivent le *tsĕe* ou signe du pouvoir, espèce de
sceau qui leur est accordé par le prince + *Gr.*
phonétique.

丢 **Tiêou.** A. *d'aŭ.* C. *tiŭ.* F. *teòu.* J. *tsiŏ.*
(22) *Abjicere.* (Componitur hæc littera ex

去 *k'iu* et — ĭ, significans : *semel abjicere ut*
amplius non repetatur). Repousser ; rejeter de manière à ne pas être obligé de recommencer. —
Siên-tieòu, modicum quid.

兂 Ancienne forme du car. Ciel : 天
Voy. le Rad. 37, 1 trait.

並 **Ping.** A. *tính.* C. *ping.* F. *peng.* J. *fei*
(23) *Conjunctio : Et. Cum. Simul. Singuli.*
Omnes. Conjonction : Et. Avec. Ensemble.
Chacun. Tous. — Forme vulgaire de 竝

| 非 — fëi, *nullo modo.*
| *phi,* d'aucune façon.

| 行 — hìng, *per eamdem viam incedere.*
| — *hành,* marcher dans la même voie.

| 力 — lĭ, *totis viribus.*
| — *lu'c,* de toutes ses forces réunies.

| 命 — mĭng, *sese morti, ut alius moriatur,*
| — *minh,* exponere.* S'exposer soi-même à
la mort pour causer celle d'un autre. Au-dessus
est la figure d'une ' colline ', ce qui indique que
cet emblème de l'autorité est porté ' haut '.
+ *Groupe phonétique.*

甼 **Tèou.** F. *toe.* J. *to. Vas vini quo utun-*
(24) *tur in sacrificiis.* Vase à vin dont on
se sert dans les sacrifices. (Chi-K.). Le Choŭe-wèn
joint ce caractère au Rad. de l'*or* (金 R.167) ; ce

---

qui ferait supposer que les vases en question
étaient composés de ce métal.

| 部 **2ᵉ RADICAL.**

| **Koŭen.** A. *c'on.* C. *kouan.* F. *kwun.* J. *kon.*
(25) *Superioris et inferioris inter se res-*
pectum indicat. Indè in libris et præcipuè in Dic-
tionariis, character ille, de quo agitur, hoc signo
indicatur. Caractère indiquant une communication
de haut en bas. (Ch. w.). Il sert dans les livres,
et surtout dans les Dictionnaires, à indiquer ou
' représenter ' le caractère cité immédiatement,
ou dont on donne l'explication, afin de ne pas le
' répéter ' chaque fois, ce signe en tenant lieu.
Nous l'employons avec la même signification dans
ce Dictionnaire, à l'exemple des Chinois ; comme
le sigue — représente aussi la ' prononciation '
du caractère absent.

屮 **Kieòu.** F. *kieou.* J. *kiŏ. Paulatim in lon-*
(26) *gum protrahere. Contorquere.* Pousser
graduellement des rejetons. Entrelacer comme
pour faire une corde. L'ancien caractère était *fi-*
guratif. + *Groupe phonétique*

个 **Kó.** A. *cá.* C. *kó.* F. *kŏ.* J. *ka.* Var. 個箇
(27) *Particula universalis pro numeris*
Ille qui. Particule numérale pour tous les cas et
les genres, les personnes et les choses. Ainsi on dit .

一 | 人 — jîn, *unus homo.*
| *nhất* — nh'on, un homme.

二 | 人 — eùlh — jîn, *duo homines.*
| *nhì* — nho'n, deux hommes.

一 | 件 物 — une chose quelconque. Ici *kiàn*
est une numérale spéciale individuelle et partitive
La première *variante,* avec le Rad. *homme* (9),
s'emploie, quand on le vent, pour les ' personnes ' ; et la seconde, avec le Rad. *bambou* (118)
pour les ' choses '

若 有 一 | 臣 *jŏh yeòu ĭ kó tch'in,* « O ! si
j'avais un ministre habile ! »
(Chou-K.). — Aile orientale et aile occidentale
d'un palais. « Au premier mois du printemps, le
fils du Ciel (l'empereur) habite l'aile gauche
(*tsò kó*) qui fait face à l'orient ; au troisième mois
de la même saison, il habite l'aile droite (*yeòu*
kó). » (Li-Ki, *yŭei-ling*).

丫 **Ya.** A. *gia.* C. F. *á.* J. *a. Furca et quod*
(28) *libet in duas partes sic dividitur ad*
instar ipsius litteræ. Extremum manûs inter digitum
et digitum. Fourche, branche d'arbre qui se bi-
furque ; dans le Kiâng-nân on appelle *ya* les branches des arbres. (J.-w. p. l.). Extrémité fourchue
des objets, comme celle de deux doigts de la main
écartés.

| — yà-theòu, *ancilla, famula.*
| — gia dàï, servante, domestique

3 TRAITS.

中 **Tchoŭng.** A. *troung.* C. *tchoung.* F.
(29) *tioung.* J. *tchiou. Quod ad nullam*
declinat partem, nec excedit, nec deficit, dicitur
' *tchoŭng* ' (*p'ù p'iēn, poŭ i eùlh woŭ koúo, poŭ*

kĭ; tchi veï ' tchoŭng '). (Pin-tseu-tsien). *Rectitudo naturalis; semina·virtutum in homine à Cœlo indita. Intus, intrà, in. In medio. Dimidium. Perfectum. Plenum. Æquale. Nomen·proprium. Tono* ' : *Scopum attingere. Approbari in certamine.*

Milieu parfait. (Chou-K. Tchoŭng-y.). Droiture naturelle. (Tchéou-li). « Les anciens empereurs « Yao, Chun, Yu, Wen-wàng et Wou-wàng, « Tcheou-koung et Khoung-tseu (Confucius) se « transmirent successivement cette doctrine, que « l'étude du cœur de l'homme était tout entière « dans la connaissance de ce ' milieu ' ou ' droi- « ture naturelle '. (Tseu-weï). « Ce milieu, dit « l'auteur du Pin-tseu-tsien, qui n'incline d'aucun « côté, qui ne reste pas en arrière du but ni ne le « dépasse, n'est pas un corps, une substance (une « ligne) déterminée; ce sont les temps et les cir- « constances qui le déterminent (*soŭi chi eŭlh* « *tsaï*). » — Au milieu, dans le sein de. « Au « printemps, c'est ' dans le sein ' du principe « mâle (*Yǎng*, le soleil) que toutes les choses nais- « sent, se produisent; en automne, c'est ' dans « le sein ' du principe femelle (*Yīn*) que toutes « les choses prennent leur complet développe- « ment. » (1ᵉʳˢ Han, dans Khang-hî). — Moitié. (Lie- tseu). Parfait. (Li-Ki). Contenant tout. (1ᵉʳˢ Han). Égal. Nom propre. — Au ton ', il signifie : Atteindre le but en tirant à la flèche. Être reçu dans ses examens (atteindre son but, au *figuré*). De plus : Rendre manifeste; produire au grand jour. (Tchouang-tseu). Résumé sommaire. (Tchéou-li). Correspondre à, concorder avec. (Li-ki.Tso-tch.).

人 — jìn, *mediator, intercessor.*
人 — nho'n, médiateur, négociateur. [*perius.*
jìn —, *faciei pars inter nares et labrum su- nho'n —*, partie du visage entre les narines
國 — koŭe, *Sinarum imperium.* [et la lèvre sup.
— *qu'óc*, le royaume du milieu, la Chine.
意 — i, *votis conforme.*
— *ý*, conforme à ses vœux.
庸 — yoŭng, *medium immutabile.*
— *dong*, l'Invariabilité dans le milieu. Titre du second des Quatre Livres classiques.
心 — sìn, *cor sincerum, rectum.*
— *t'âm*, cœur droit, sincère. (Chi-K.).
閒 — kièn, *in medio. Numerale cubiculorum.*
— *nhan*, dans le milieu.Numérale des ch. à c.
風 — foŭng, *ex venti inclementià infirmus.*
— *phong*, rendu infirme par l'infl. du vent.
當 — táng, *regni administer; regi à decretis.*
— *dang*, ministre d'État.
書 — choù, *amanuensis à secretis.*
— *tho'*, secrétaire intime ou particulier.
相 — siáng, *adjutor in consiliis regiis.*
— *tu'o'ng*, assistant du conseil privé.
軍 — kiùn, *armorum minister secundarius.*
— *qu'ân*, ministre de la guerre en second.
正 — tching, *magistratuum civilium præses.*
— *chính*, directeur de l'Intérieur.
丞 — tching, *adjutor secundarius.*
— *thuá*, assistant du ministère de l'Intérieur.
年 — nièn, *homo triginta annos natus.* [âge.
— *nièn*, homme arrivé au milieu de son

興 — híng, *promovere bellum; rebellare.*
— *hu'ng*, susciter une révolte intérieure.
用 poŭ —yoŭng, *non est usui.*
不 *bât—dung*, cela ne sert à rien.
Étym. Ce caractère est formé d'une figure géométrique à ' angles droits ' partagée d'une manière égale par une ' ligne droite '; il est de la classe indiquant la chose. + *Groupe phonétique.*

丰 **Khái.** F. *haï.* J. *koui. Gramen, herba.*
(30) Herbe, plantes herbacées croissant pêle-mêle et en confusion. (Ch. w.).

丰 **Foŭng.** A.*phong.* C.*fung.* F. *hong.* J.*bŏ.*
(31) *Herba luxurians. Facie pinguis; facies venusta.* Herbe luxuriante. Au fig. Visage plein; d'un aspect agréable. (Chi-K.). Caractère anciennement figuratif. + *Groupe phonétique.*

卯 **Kouán,** A. *quán.* C. *tch'un.* J. *kouan.*
(32) *Capillos nectere in formam duorum cornuum, quod est proprium parvulorum. Juvenis qui jam nectit capillos. Adolescens.* Nouer ses cheveux sur la tête de manière à former deux cornes à la façon des adolescents chinois. Fig. Adolescent. Dans la langue vulgaire, on nomme ces deux cornes *tsoŭng-kiŏ.* — Car. *figuratif* [J. *kouan.*

串 **Tch'uán.** A.*quán.* C.*tch'un.*F.*tch,ouan.*
(33) *Filo trajicere, in lineam cogere. Numerale rerum in lineam coactarum, ut rosariorum, monetarum Sinensium.* Enfiler. Particule numérale des choses enfilées ensemble, comme des grains de chapelets, des pièces de monnaies chinoises.

貫 — kouán, *filo inserere (ut monetas).*
— *quán*, faire une enfilade de monnaies.
子 — tsèu, ⎱ On appelle aujourd'hui ainsi les
— *tu'*, ⎰ bons ou cédules des mandarins préposés à la garde des greniers publics.
文意不貫 *wên i poŭ kouán* —, style incohérent dont les idées ne sont pas bien agencées entre elles. Lu *kouán*, il signifie *assuetus*, accoutumé à : « Il s'est accou- « tumé (*kouán*), en voyageant, aux mœurs et cou- « tumes des barbares. » (Chi-K. Tá-ya).
Étym. Caractère indicatif. + *Gr. phonétique.*

弗 **Tch'án.**A.*sán.* F.*tch'wan.*J. *san.*[C. fig.]
(34) *Veru. Instrumentum ad carnes assandas.* Gril. Ustensile pour rôtir les viandes.

﹨ 部   3ᵉ RADICAL.

﹨ **Tchù.** A. *chu'.* C. *tchü.* F. *tchù.* J.*tchou.*
(35) *Princeps. Dominus.* Prince, souve- rain, maître. [*Sæpè in libris· nihil aliud quam punctum significat.*]
Étym. Ce caractère figurait anciennement une flamme 丿 : « C'est, dit le Choŭe-wèn, ce qui se tient 丨 droit, détaché de tout support, et qui a le savoir en partage. » Chǎ-moŭ fait observer à ce sujet que « cette flamme est celle qui gouverne le corps : 丨者一身之丿宰也 TCHU *tchè, ǐ chìn tchǐ* TCHU *tsàiyè.* Cette flamme intelligente ou lumineuse, continue-t-il, a son siége

originaire dans l'intérieur du cœur : 丨心丨 *sin*. Elle est droite, ne penchant d'aucun côté. Le cœur lui-même (ou l'organe du sentiment) appartient à l'élément igné : 丨心丨 *hŏ*. Cet organe du sentiment est de la nature des intelligences lumineuses (*sin tchí, chín míng yè*). Le feu appartient originairement à ce qui est rouge. Le cœur (ou l'organe du sentiment) est aussi rouge, mais sans mélange de faux. Cette flamme intelligente ou spirituelle et lumineuse, qui a pour base la droiture, est le principe dirigeant de toutes les actions (*tsài wén ssé tchè yè*). (*I-wén-pi-lan*). » Ce caractère est *figuratif*; il représente la flamme qui brûle au-dessus d'une lampe. » (Loŭ chŏŭ tching 'o.).

丶 (35 *b*). Ces trois gouttes ou flammes, répétées sous cette forme, se prennent, dans les anciens livres bouddhiques traduits en chinois, pour le caractère 伊 *ǐ* (nᵒ 187), pronom démonstratif des personnes 彳 éloignées ; et dans l'écriture *thsào* ou cursive, c'est le caractère 下 '*luǐ*. Ces mêmes trois gouttes ou flammes ont, dans le livre bouddhique intitulé *Niĕ-pán King*, sur le *Nirván'a*, ou ' cessation de l'existence mortelle ', le sens d'une triade suprême, figurée aussi par *trois yeux* et trois étoiles, et sur lesquels signes les écrivains bouddhiques sont loin d'être d'accord. (Voir le *Tching-tseu-thoung*, *sub voce*). Ces signes y ont un sens tout particulier que nous ne pouvons exposer ici.

凡 **Houán.** A. *hoàn*. C. *ün*. F. *wán* J. *gouan*. (36) *Orbiculus. Pilulæ medicinales. Rotundum.* Globule. Pilules médicinales. Rond. On nomme ainsi, en général, toute chose ronde comme un œuf, ou roulante. (Kh. h.). Nom propre.

+ *Groupe phonétique.* Forme vulgaire 凢

3 TRAITS.

丹 **Tân.** A. *do'n*. C. F. *tân*. J. *tan*. (37) *Color rubeus. Rubrum. Cinnabaris nativa. Minium.* Rouge. Couleur rouge. Cinabre natif. Vermillon. Nom propre.

丨心丨 — *sin, sincerus, sine falsitate.*
— *t'âm*, sincère, sans fausseté.

丨砂丨 — *chā, arena rubra.*
— *sa*, terre ou poussière rouge.

移丨 *î —, totam alicujus sontis familiam delere.*
di —, anéantir toute la famille d'un criminel.

牡丨 *mèou —, nomen montis, florum, regni.*
maŭ — nom d'une montagne, de certaines fleurs et d'un royaume. C'est le nom d'une fleur célèbre dans les poésies chinoises : la *pæonia mèou-tán*.

丨詔丨 — *tcháo, imperatoris mandatum.* [rouge].
—tchieŭ, édit impérial (marqué du pinceau

Étym. Caract. *figuratif*. Hiu-chin dit que le signe qui représente l'ouverture d'un puits avec un point, ou une autre goutte au milieu, en figure la forme. C'est la ' pierre philosophale ' des sectateurs du Tao. + *Gr. phonétique.*

主 **Tchù.** A. *chu'*. C. *tchu*. F. *tchoŭ*. J. *chou*. (38) *Dominus ; dominari, præesse. Rex.*

Quod in aliquá re est præcipuum. Nomen propr. Maître, seigneur. Chef. Dominer, diriger, gouverner. Nom propre. « Celui qui fait de grandes actions et qui répand au loin ses bienfaits; qui « est éclairé et instruit, et dont les pensées sont tou- « jours dignes d'admiration; qui aime le peuple « et se plaît dans la société des hommes instruits « (les lettrés), celui-là peut être appelé un véri- « table seigneur et maître (*ĭ tchù : justitia, veri- « tatis dominus*). » (Auteur cité dans Khang-hi.).

Tchŏù est une qualification que l'on donne aux ministres du rang de *Tá-foŭ*. On appelle *tchŏù* celui qui reçoit quelqu'un comme un hôte, en opposition à celui qui reçoit, à qui l'on nomme *pin* :

賓爲賓焉。主爲主焉。 *pin wéï pin yán; tchù weï tchù yán.*

« Que l'hôte qui est reçu se comporte comme un hôte reçu; que l'hôte qui reçoit se comporte comme un hôte recevant. » (**Li-Ki**).

丨賓丨 —, *pin, excipiens hospes dicitur* tchù;
—, *t'án, exceptus hospes dicitur* pin.

Tchŏù-pin, comme terme composé, signifie aussi hôtes en général, sans distinction.

丨宰丨 —, *tsàï, gubernare, regere.*
— *tĕ'*, gouverner, diriger.

丨守丨 —, *chèou, custodire, servare.*
— *thŭ'*, garder, conserver.

丨意丨 —, *ĭ, voluntas, intentum.*
— *y'*, volonté, dessein, intention.

丨祭丨 —, *tsì, qui præest sacrificiis ; sacrificus.* [teur.
— *t'ĕ*, qui préside aux sacrifices : sacrifica-

丨自丨 —, *tscŭ, liberum arbitrium.* [mème.
tu' —, libre-arbitre, volonté maîtresse d'elle-

丨恩丨 *'án —, benefactor.* [*Qui beneficia in aliquem*
án —, bienfaiteur. [*contulit*].

丨公丨 *koûng —, filiæ regis, vel imperatoris.*
cóng —, filles du souverain. (Kh. hi.).

長公丨 *tcháng koûng —, regis sorores.*
truo' công —, les sœurs de l'empereur.

神丨 *chin —, tabellæ in templis defunctorum.*
th'án —, tablettes des défunts, etc.

天丨 *thiên —, Cœli dominus.*
thiên —, le Seigneur du Ciel. (Terme employé par les missionnaires catholiques pour signifier ' Dieu ' en chinois).

家丨 *kià —, pater familias.*
gia —, père de famille, maître de maison.

店丨 *tién —, stabularius.*
d'ién —, chef des écuries de l'empereur.

Étym. Ce caractère représente un support ou chandelier au-dessus duquel brille une mèche de feu. Dans l'ancienne forme, ce signe est placé dans une habitation, un temple. Il est *figuratif*. + *Gr. phonétique.*

丼 **Tsìng.** A. *tĭnh* C. *tsing*. F. *tam*. J. *tan*. (39) *Puteus. Nomen proprium.* Puits. Nom propre. Ce caractère, que l'on remplace maintenant par sa forme moderne (R. 7, 2), représentait anciennement la distribution de *huit* familles rangées autour du puits commun placé au centre, et dont la goutte figurait la cavité. (Ch. w.). Dans la forme moderne, cette goutte a été supprimée + *Groupe phonétique.*

丿 4ᵉ RADICAL.

丿 **P'ïëh.** A. *phï'ét*. C.*p'it*. F. *p'iet*. J. *bets*.
(40) *Res curvatæ ad sinistram.* Incliné à gauche et comme figurant une direction à gauche. (Ch. w.). Lu *i.:* parvenir à.

乀 **Fëh.** [Car. fig.]. *Res curvatæ ad dextram.*
(41) Incliné à droite. (Ch. w.). L'opposé du précédent.

丿 **I.** *Ducere; inducere. Clarum.*
(42) Conduire; mener comme par la main. Clair, manifeste.(Ch. w.). L'ancienne forme était figurative.

乀 **I.** *Fluere* Couler. (Ch. w.). Ces trois der-
(43) niers caractères ne sont pas employés actuellement, quoiqu'ils soient cités dans quelques dictionnaires.

乂 **Yi'.** A *nghé*. F. *ghéy*. J. *ghei. Herbas*
(44) *præcidere; metere. Aptè disponere. Gubernare; regere. Cæteros virtute et habilitate excedere. Sapientum appellativum. Legitur etiam* ngái *in eodem sensu.* Faucher, moissonner. (Ch w.). Mettre en bon ordre; diriger, gouverner. (Eulh-ya). Dénomination de ceux qui surpassent les autres par leurs talents et leurs vertus. Lu *y'* et *ngái*, avec le Rad. 140, même sens. Car. *figuratif.*

ナ **Tsò.** F. *tchò.* J. *sa. Manus sinistra.*
(45) Main gauche. Côté gauche. Ancienne forme de 左. Voir pour l'explication de ce caractère le Rad. 48, 2 traits.

乃 **Nâï.** A. *ndï*. C. F. *nai.* J. *nai.* [Car. fig.]
(46) *Littera conjunctiva : Certè. Equidem. Idcircò. Ergo. Id est. Sed. Tunc. Scilicet. Littera pronominalis : Tu, tuus; Vos, vester.* Particule explicative, copulative et conjonctive, ' reliant la partie de phrase qui suit à celle qui précède'. (Eulh-ya). C'est-à-dire. En effet. Ainsi. Mais. Alors. A savoir.

丨命羲和 — *ming Hi Hò;* A savoir (Yao) ordonna à Hi et à Hò. (Choù-King). Quelquefois c'est une particule explétive. Pronom de la 2ᵉ personne dans le Choù-King. Nom d'un certain fruit. Nom de lieu.

ÉTYM. L'auteur du Choüe-wên dit que cette particule (dans son ancienne forme) dénote « la « difficulté d'exprimer sa pensée, et que sa forme « représente le souffle qui sort difficilement de la « bouche. » + *Gr. phonétique.*

乂 (47) Forme ancienne du caractère 五 *oü*, cinq. Cette forme est maintenant employée pour le chiffre 4 dans l'écriture commerciale. *Gr phonétique.*

2-4 TRAITS

久 **K'ïéou.** A. *cu'u.* C. *kao.* F. *kéou.* J. *kiô.*
(48) *Diù. Longo tempore; diutiùs; sine intermissione. Jamdudum. Jamdiù.* Longue durée. Depuis longtemps. Caractère qui exprime (dans le Y-King et le Tchoúng-yoúng) une durée permanente et sans interruption; dans Lao-tseu : ' l'in-

fini en espace et en temps '. C'est l'opposé de *tsán*, ' récent '. Attendre. 　　　[*tus.*

刖 丨別 — *pïh, à longo tempore separatus; sejunc-*
卬 *biét,* séparé (de vous) depuis longtemps.
— *yàng, à multo tempore exspectatus.*
— *ngu'ong,* (je) désire (vous) voir depuis longtemps. [Ces expressions de politesse sont très-fréquentes dans le style épistolaire chinois].

ÉTYM. Selon le Choüe-wên, ce caractère représente dans sa forme les ' deux jambes ' d'un homme qui s'appuie par derrière sur un support. + *Groupe phonétique.*

乇 **Tsëh.** Racines de plantes et d'arbustes
(49) dont les pousses, sorties hors de terre, semblent s'appuyer sur elle. De là le sens de : ' s'appuyer sur ' qu'il a qqf. + *Gr. phon.*

之 **Tchï.** A. *chi.* C. *tchï.* F. *tchi.* J. *si, chi.*
(50) *Littera auxiliaris; postposita ' nominibus ' facit genitivum; ' verbis ' facit relativa, participia. Pronomen : Ille, iste; suus. Item : Progredi. Pervenire ad. Mutare.* Particule auxiliaire, d'un usage très-étendu en chinois. Placée après un *nom*, elle indique que celui qui la précède est dans sa dépendance, ou au cas que nous nommons *génitif;* placée après les caractères qui peuvent avoir une signification *verbale*, elle les rend *actifs*, en fait des *participes*, ou devient elle-même un *pronom relatif.* Pronom démonstratif Lui, Elle, Eux, Ceux-ci, Ceux-là, etc. Elle signifie aussi *A l'égard de, en ce qui concerne.* (Voir l'exemple du Li-ki, cité ci-dessous). De plus, elle est aussi prise *verbe de mouvement :* Aller d'un lieu à un autre; parvenir à. Passer de... à. Et encore : Négliger (*i yè*). Changer (*pién-yè*). Un écrivain chinois, cité dans le dictionnaire de Khang-hi, dit que « toutes les fois que ce caractère est employé « dans le langage, il indique : ou un rapport de « ' dépendance (*yèou ssò choü*) des personnes et « des choses; ou un rapport de ' détermination ' « (*yèou ssò tchï ssè*), ou enfin un rapport de ' mou-« vement vers ' (*yèou ssò wàng*). C'est, dans les « trois cas, une particule de ' relation '. Tchou-hi a dit :

知之之至 *tchï tchï tchï tchï,* sciebat (Confucius) *hoc : pervenisse-ad apicem;* « il savait (Confucius, à l'âge de 60 ans) qu'il était parvenu au sommet de l'expérience des choses. » (Comment. sur le Lùn-yù, K. 1, ch. 2, §4).

故民之從 *koù mín tchï 'soúng tchï. Ideò populus hic sequitur eum.* C'est pourquoi tout *ce* peuple *le* suit.

之其所親愛而辟焉 *tchï 'ki ssò t'sïn 'ài eulh p'ïh yén;* « A *l'égard de* ses parents et de ceux que l'on aime, on est souvent partial. » (Li-ki, et Tá-hiŏh, c. 8).

Le caractère 之 *tchï* est aussi pris dans une acception presque synonyme (*thoüng*) de 至 *tchï,* « se rendre en un lieu éloigné, » tandis que le premier signifie « se rendre dans un lieu rapproché « de celui où l'on se trouve. » (Khâng-hi). Ce même dictionnaire cite des exemples à l'appui de son dire, et ajoute que, dans l'un et l'autre cas, le *sens* et le *son* de *tchi*, comme prononciation, sont les mêmes. Cette observation expliquerait pourquoi il y a dans la *langue graphique* des Chinois tant de caractères qui sont pris comme ‘ synonymes ’, à cause de la seule ressemblance du ‘ son ’, la ‘ forme ’ n’en ayant aucune ; et pourquoi aussi il y a tant de caractères dans cette même ‘ langue graphique ’ qui ne représentent que le ‘ son ’ de certains mots de la ‘ langue parlée ’, à l’exclusion de toute signification ‘ graphique ’.

ÉTYM. Ce caractère figurait primitivement des roseaux sortant de terre. (Ch. w.).

乍 **Tchá** A. *sa.* C. *tcha.* F. *tchay.* J. *sa.*
(51) *Derepentè. Statim. Inopinatò. Brevi tempore. Initium.* Tout à coup. Soudain ; inopinément. Commencement.

|然 — *jân, derepentè.*
|蒸 — *nh'in,* soudain.
|見 — *kién,* voir tout à coup.

乎 **Hoû.** A. *hồ.* C. F. *oủ.* J. *ko.* Syn. 呼 虖
(52) *Littera in fine interrogativa; in clausulæ medio denotat et significat* ‘ ad ’, vel ‘ in ’ ; *dativum etiam facit.* Particule interrogative, dubitative à la fin de la phrase ; dans le contexte elle signifie : A, Dans. Elle exprime aussi le rapport du datif. Quelquefois particule ‘ explétive ’.

宜|î —, *an justum est?*
|*nghi' —,* est-ce juste? cela convient-il?
可|*khò —, licet-ne?*
|*kha' —,* cela se peut-il? cela est-il permis?
幾|*k'î —, forsitan.*
|*co' —,* peut-être ; il peut arriver que.

ÉTYM. Selon le Choŭe-wên, l’ancien caractère « figurait le son » s’échappant dans l’air et y prenant une forme. + *Groupe phonétique.*

乏 **Fáh.** A. *phap.* C. *fat.* F. *hwat.* J. *fồ.* Gr. ph.
(53) *Defectus (khiŭe k‘ién yè). Vacuum. Egestas. Necessitas. Lapsus.* Dénué de toute qualité ou attribut. Abandonné. (Tchouang-tse). Manquer de. Insuffisant. Las, fatigué.

Lu *féï,* ce car. a le sens de verbe actif : *abjicere, destruere, perdere,* renverser, détruire, perdre.

困|*khoŭen —, valdè fatigatus.*
|*khón —,* très-fatigué.
窮|*khioŭng —, pauperrimus.*
|*kùng —,* très-pauvre, dénué de tout

乑 **Tsè.** C. F. *tché.* J. *chi, si.* Gr. *phonétique.*
(54) *Morari.* S’arrêter, demeurer. On le confond souvent avec le même gr. + le Rad. 38.

5 A 6 TRAITS.

厎 **P‘aï.** F. *phái.* J. *pai.* [*Caract. figuratif*].
(55) *Fluminis brachium.* Bras de fleuve ou de rivière. Cours d’eau qui se divise en coulant. (Choŭe-wen).

月 **I.** F. J. *i.* — *Groupe phonétique.*
(56) *Reverti.* Retourner. (Ch. w.). Ce caractère, peu usité, représente le corps de l’homme ‘ retourné ’ en arrière

---

臼 **Toŭï.** A. *dồï.* C. F. *tuy.* J. *tai.*—Gr. ph.
(57) *Agger, acervus ; terræ cumulus.* Amas, monceau de terre. Ce caractère est d’anc. forme.

乖 **Koŭaï.** F. *kwai.* J. *koai.* — Gr. phonét.
(58) Forme vulgaire du caractère suivant. (Tching-tseu-thoung). [*phon.*

乖 **Koŭaï.** A. *quai.* C. F. *kwai.* J. *kouai.*—Gr
(59) *Perversus. Malus. Callidus* Pervers, méchant, rusé. Étrange.

|— *lì, perversus, malus.*
|— *lě,* pervers, malintentionné, méchant.
巧|— *khiảo, vafer, astutus, ingenio promptus.*
|— *saỏ,* rusé, astucieux, adroit.

乘 **T‘ching.** A. *thang.* C. *ching.* F. *séng.* J. *jồ.*
(60) *Regere ; gubernare currum quatuor equorum. Ascendere. Opportunitatem arripere. Tono ‘ : Quadriga. Binarium rerum numerale. Item : Quaternarium equorum, sagittarum, avium numerale. Agger in quo quatuor eminent colles.* Gouverner ; diriger des chevaux attelés à un char, à un quadrige. Monter sur. (Y.-K.). Saisir l’occasion favorable. (Meng-ts.) Au ton ‘ : Char, quadrige. Particule numérale des choses binaires ; des choses ou couples quaternaires ; des chevaux ; (Li-ki) de flèches et d’oiseaux. Terre où dominent quatre collines. En arithmétique : Multiplier.

不 如 | 埶 *poŭh joŭ — chi, non sicut arripere occasionem, opportunitatem.* Il n’y a rien de tel que de saisir l’occasion. (Meng-ts.).

時|— *chi, opportunitatem arripere.*
|— *thì,* saisir l’occasion opportune.
風|— *foŭng, secundum arripere ventum.*
|— *phong,* saisir un vent favorable.
馬|— *mà, equum conscendere.*
|— *ma,* monter un cheval.
家|*kiā —, genealogia particularis familiæ. Ligia —,* généalogie d’une famille. [*bri historici.*
千|*之國 t‘siản — tchi koŭeh.* Un royaume de mille chars de guerre.

Le caractère *tching,* dans les livres bouddhiques, sert à désigner métaphoriquement les divers ‘ chars ’ ou ‘ véhicules ’ de la loi de Bouddha, en sanskrit *yâna,* qu’ils disent être au nombre de cinq. (Voy. *Foĕ koŭe-ki,* p. 10). [fig.].

乑 **Tc‘hoŭï.** A. *thủy.* C. F. *suy.* J. *soui.* [Car.
(61) *Pendere. Propriè dicitur de herbis et arboribus quæ, nimis fructibus onustæ, ramos inclinant.* Pendre. Il se dit proprement des plantes et des arbres qui, étant très-chargés de fruits, inclinent leurs tiges ou leurs branches vers la terre. Voir le même car. dans sa forme mod., R. 32, 5

5ᵉ RADICAL.

乙 **I, yǐh.** A. *ăt.* C. *ŭt.* F. *it.* J. *its.* Syn. ﹀
(62) *Littera temporaria, intra decem secunda. Unum. Primum. Curvum, inflexum. Piscium cauda. Litteras omissas in scripto annotare. Idem etiam cum* ﹀ *ĭ. Nomen proprium.* Caractère cy-

clique, le second dans la série de 10. 1, *premier,* dans certaines énumérations ou séries ; 2, *second,* pris comme caractère du cycle. Courbe, penché. Queue de poisson. (Eulh-ya). Suppléer des carac-tères omis dans un texte Nom pr. Syn. de ——

| 烏 — niào, *hirundo.*
| — d'ieú, hirondelle.

| 甲 | k'iăh —, *primus et secundus.*
| giáp —, premier et second ; A, B.

| 大 | tăi —, *primum principium.*   [Tao.
| tho'i —, premier principe dans la secte du

| Yĭn A. *ăn.* C. F. *yin.* J. *in.*[Car. fig.]. *Gr. ph.*
(63) *Absconditum ; abscondere.* Caché ; ca-cher. (Yu-pien).Anc. forme de *yĭn.* (R. 170, tr.14).

乙 Yăh, yĕh. Oiseau au plumage bleu foncé;
(64) genre d'hirondelle dont le chant n'est qu'une espèce de cri.

也 Miĕ, m'. C. mat. F. *bĕă.* J. *ba.*
(65) *Obliquus. In linguá regni Si-hiă, in-cantator* sse-miè *appellabatur. Vide Liao-sse : His-toria regni Liao. Nomen proprium.* Oblique. Dans la langue des peuples du royaume de *Si-hiă* (à l'ouest de la Chine) un magicien s'appelait *sse-miè.* Voir l'histoire officielle des Liao (IIᵉ siècle). Nom propre. Dans le dialecte de Canton, ce ca-ractère est interrogatif : *Mat yè; mat yè jĭn? quis?* qui? quel homme?

九 K'ièou. A. *cu'u'* C. *kao.* F. *kieou.* J. *kioŭ.*
(66) *Novem. Multi. Legitur* k'ieoŭ, *congregare;* Khieôu, *quoddam regnum.* Neuf. Beaucoup. Lu *k'ieóu,* réunir, rassembler. Khieôu, nom d'un royaume.   [metica.

第 | tì —, *nonum.*
| d'e —, neuvième.

九 | k'ièou —, *ars arith-*
| cu'u' —, art du cal-

合 | — hŏh, *congregare.*   [cul.
| — hap, réunir « Il réunit tous les prin-ces vassaux ». (Lŭn-yŭ). — Nombre mystique chez les anciens Chinois. Dans le Y-King, le pre-mier koŭa ou symbole de Foŭ-hi est interprété par le nombre 九 *kièou,* 9, qui est celui du 天 *thiēn,* ' ciel ', en tant que « puissance primor-diale efficiente par laquelle le monde est gou-verné. » (thiēn hiă tchi yè. Khang hi). On jit dans l'ancien philosophe Lie-tse : « Le Un —— s'étant transformé devint le nombre 9; le 9 transformé est le grand faîte, ou l'extrême limite de toutes choses (k'ièou). » + *Groupe phonétique.*

乞 K'ĭh. A. *kh'ăt.* C. *hat.* F. *khit.* J. *kots.*
(67) *Rogare ; stipem rogitare. Petere ; men-dicare. Dare.* Demander l'aumône, mendier. Don-ner. — Dans les livres bouddhiques traduits en chinois du sanskrit, le mot *p'ĭ-k'ieòu* (en sanskrit *bikchou*), est rendu par *k'ĭh,* 'mendiant '. Prononcé *k'i,* ce caractère signifie « toutes les choses à l'usage de l'homme (*făn yŭ jĭn vĕh*) », comme nous disons « une chose, des choses. »

| 子 | — tseŭ, *mendicus.*
| — tŭ', mendiant.

| 恩 | — 'ăn, *favorem petere.*
| — an, mendier des faveurs

言 | — yĕn, *ad loquendum veniam præbere.*
| — ngŏn, accorder la faveur de parler.

也 Yè. A. *dă.* C. *ya.* F. *yea.* J. *ya.*
(68) *Particula Etiam, Et, Item, Insuper. Littera finalis, instar puncti finalis.* Particule auxi-liaire à sens très-variés. Elle est ' résomptive ' au commencement des phrases, et elle signifie : Et, Aussi, même. Quand elle se trouve entre deux membres d'une phrase, elle est ' interrogative '. Placée à la fin, c'est une particule ' explétive ' qui termine l'émission de la voix.

中 者 — tchoŭng — tchè, *medium (de quo locu-tus est.* Le milieu (dont il a été question).

德 者 本 也 tĕh tchè pĕn yè, *virtus ea* (est) *fundamentum eninverò.*

也 不 是 固 人 也 yè poŭh chi kóu jĭn yè, *et non verùm est. unus homo.*Et ce n'est certes pas véritablement un homme.

可 乎 可 也 khŏ hoŭ? khŏ yè. *Potest-ne?* *Potest.* Peut-il ? Il peut.

ÉTYM. L'origine de ce caractère serait singu-lière, selon le Choŭe-wén. Son ancienne forme re-présenterait les parties cachées (*pudenda*) de la femme. Chă-moŭ fait observer à ce sujet que les modernes l'ignorent complétement

DE 4 A 10 TRAITS.

狚 I. Race étrangère de chiens introduite
(69) autrefois à Macao. (Loŭi-pien). Em-ployé comme *groupe phonétique.*

乱 K'ĭ. A. *kĕ'.* C. *kĭ.* F. *key.* J. *koŭi.* Syn. 卟十
(70) *Sortes mittere ad determinan-dum id, de quo aliquis dubitat. Quoddam instrumen-tum quo utuntur, ut Dæmon veniat et scribat quid quis scire cupit.* Consulter le sort pour l'interroger sur des choses douteuses. (Ch. w.). Selon le Thoung-tien (Encyclopédie de Tou-yéou, qui vivait sous les Thâng, dans les États de l'occident de l'Asie, on se servait de moutons pour consulter le sort. Le chef des devins était appelé *ssé-kí.* (Kh. hi.).

乿 Tchî. J. *chi. Principium. Origo.*
(71) Principe, origine. F. vulg. de 始

乿 Lóuan. *Perturbatus. Perturbare.*
(72) Troublé, troubler. F. vulg. de 亂

舌乚 Hiĕï. *Hiĕï-toŭh,* nom de royaume.
(73) } (Tsi-yŭn).

乳 Joŭ. A. *nlu.* C. *ŭ.* F. *ji, jou.* J. *jou.*
(74) *Lac. Mamillæ; ubera.* Lait du sein de la femme, dont elle nourrit son enfant. (J.-w. p. l.).

| 母 | — moŭ, *nutrix.*
| — mău, nourrice.

| 香 | — hiàng, *incensum.*
| — hu'o', encens.

| 四 | ssé —, *quatuor ubera.*
| tŭ —, « Les quatre mamelles de Wĕn-Wâng »; locution qui exprime l'extrême bienfai-sance. *T'hiēn-joŭ,* nom d'une certaine étoile. ÉTYM. L'ancienne forme représentait un en-fant à la mamelle.

乿 Yàn. *Progredi.* Aller en avant. (Sup-
(75) plément au Dictionnaire Tseŭ-Wei).

乿 Tsïeh. *Amputare.* Amputer.
(76) Ce caractère est synonyme de 截
Voyez le Rad. 62, 10 tr.

乾L K'hiën. Forme vulgaire du caractère (77) qui suit.

10-13 TRAITS.

乾L K'hiën.A.*càn.*C.*kon.*F.*kán,k'ien.*J.*koun.* (78) *Cœlum. Cœli virtus efficacissima et nunquam quiescens. Cœlum, quoad « substantiam », dicitur thiën; quoad « operationes naturales », dicitur k'hiën. Indefessus. Progredi. Agere et nunquam sistere. Rex. Fortis. Diligens. Legitur etiam* k'àn, *siccum. Nomen proprium.* Le Ciel. La vertu efficace du Ciel, qui ne se repose jamais. Le Ciel, quant à la ' substance ' (*hîng t'hî*), est nommé 天 *t'iën;* quant à ses ' opérations naturelles ' (*sing thsing*) est nommé *khiën.* (Tching-tseù). Infatigable. (Pëu-î). Avancer. Agir sans jamais s'arrêter. (Chi-ming). L'un des K'oua de Foù-hi. Roi. Fort. Diligent. Au ton ', et lu k'hán, il signifie Sec, desséché. (Chi-K.). Nom propre.

ÉTYM. L'ancienne forme, dans le Y-King, en Koù-wèn, représente, à droite, le Ciel, par une ligne convexe, et, à gauche, les signes ' haut ' et ' bas ', avec le soleil au milieu.

奚L Tchi.A.*tri.*F.*té.*J.*tchi.Regere. Moderari.* (79) Diriger. Gouverner. Anc. forme de 治 tchi (Rad. 85. 5).

亂L Louán.A. *loan.* C. *lün.* F. *louán* J. *ran.* (80) *Perturbatus; Perturbare (vèn). A regulâ deflectere. Tumultuari. Confusio; confusè. Tumultus. Excitare. Item : Tumultus sedare. Orationis epilogus quo dicta in compendium rediguntur. Furiosè.* Ce caractère signifie ordinairement : « Exciter des troubles, des émeutes », quoiqu'il ait signifié primitivement « Gouverner », (Eulhya); Gouverner selon la raison, (Yu-p'ieu). Être dans un état d'anarchie, sans gouvernement. Nom propre. Voir sa forme vulgaire, nᵒ 72.

臣 — t'chin, ⎱ *Fidelis subditus. Minister qui,*
臣 — th'án, ⎰ *in regimine, præclarè adjuvat.*

武王曰予有臣十人 *Woù-wáng yüeh : yü ỹeou louán t'chin chih jín. Woù-wáng dixit : ego habeo dirigentes ministros decem viros :* j'ai dix ministres habiles à gouverner. (Choù-King). Dans un autre endroit du même livre il est dit : « Il gouverne (*louán*) à sa volonté; mais il est respectueux. » Le commentaire ajoute : « Il a la direction (*louán*), le gouvernement des affaires, mais il est respectueux dans l'intérieur de la maison du prince. »

打 — tá, *indiscriminatim et furiosè percutere.*
— d'a', frapper à tort et à travers.
然 — jàn, *tumultuosè. Verba impudica.*
— nhiën, Tumultueusement. Paroles indéc.
言 — yàn, *sine ordine sermocinari.*
— ng'ón, parler à tort et à travers.
坐 — tsó, *sedere sine ordine.* [nion.
— toa, être assis sans ordre dans une réu-
位 — wéi, *sine ordine.*
— vî, sans ordre; pêle-mêle. — *Louán-li, veritatem obscurare.* Obscurcir la vérité. *Pién-louán,*

Revolutio. Pan-louán, se rebellare, se révolter.

ÉTYM. L'ancienne forme présente un enchevêtrement de traits et une confusion qui semblent faire naître l'idée attribuée à ce caractère.

粦L Lin. *Tristitia.* Tristesse; affliction. Nom (81) d'un animal au corps jaune et à la queue blanche.

壹L I. A.*y.*C.F. *ì.*J. *its. Avarus, cupidus. Te-* (82) Avare, cupide. Obstiné. [*nax.*
Nïëh. F.*giep.*J.*gō.Introducere. Dirigere.* (83) Introduire. Diriger. (Khâng-hî)

亅   6ᵉ RADICAL.

亅 Khioüeh.A.*quy'ét.*C. *k'üt.*F.*kwat.*J.*kets.* (84) *Uncus ad sinistram retortus.* Crochet recourbé à gauche.

レ Kiouëh.F.*kwat.*J. *tei. Uncus ad dextram* (85) Fer recourbé en sens contraire du précédent.   [*retortus.*

了 Liáo. A. *liéu'.* C. *liù.* F. *liáo.* J. *rō.* (86) *Littera quæ verbis addita facit præterita [at non semper]. Perficere. Absolvere. Clarè agnoscere.* Caractère indiquant, dans le style moderne, qu'une chose est terminée, qu'une certaine action est achevée, qu'un fait est parfaitement ou suffisamment connu. Signe du ' prétérit ' dans beaucoup de cas. Connu, expliqué parfaitement.

然 — jàn, *clara notitia; manifestè.*
— nhiën, adverbe : manifestement.
當 — táng, *res transacta, ad finem perducta.*
— d'ang, chose déterminée, conclue.
事 — szé, *absolutum negotium.*
— su, affaire terminée, consommée.
不得 — poüh tëh, ⎱ *de malo rei statu; de*
— b'át d'ǎc, ⎰ *summo bono et malo.*
罷 — pá —, *satis; sufficit.*
— baï —, assez; cela suffit.
我見 — 'ò (ou ngò) k'ién —, *ego vidi.* [ce de.
— nga' kién —, j'ai vu, j'ai pris connaissan-
知道 — tchi táo —, ' j'en ai pris connais-
— tchi táo —, sance ', équivalant à « Vu et approuvé. » C'est la formule que les empereurs chinois tracent à l'encre rouge avec leur pinceau, à la fin des ' Mémoires, propositions de décrets', etc., qui leur sont présentés par leurs ministres compétents. (Voir le Grand Recueil d'édits de Young-tching, intitulé : *Tchoù phî yù tché,* en 112 volumes chinois, *passim.*)

ÉTYM. L'ancienne forme représentait un enfant sans bras. (Choùe-wèn).
Kiëh. Qui semble se mouvoir. Qui a l'ap-
(87) parence du mouvement.

DE 3 A 7 TRAITS.

予 Yù.A.*d'u'.*C.*yü.*F.*ì.*J.*yo.* + Gr.*phon.* (88) *Dare. Donare. Concedere. Ego. Præpositio ' In '.* Donner (par un supérieur à un inférieur). Accorder. Lu *yù,* Pronom de la première personne dans les Quatre Livres classiques : Je, Nous. Dans le Chi-King ou ' Livre des vers ', ce pronom est attribué par les commentateurs au Chang-ti 上帝, le souverain suprème. Préposition Dans. Syn. 與 余

付丨 foú —, *infundere* v. g. *virtutes*. [cœur de l'h.
phú —, implanter le germe des vertus dans le

事 **Sé, Ché.** A. *sù'*. C. *sz'*. F. *sú*. J. *zi*.
(89) *Negotium. Secretum; mysterium. Res. Opus, operari. Officium. Efficere-ut* (sè). *Instituere; perficere* (lĭh). *Uti; adhibere* (yèou). *Servire* (foúng). *Perpendere* (yíng). *Dirigere* (tchi). Affaires ordinaires (les grandes se nomment ' tching ', ou d'administration publique). Travail, charge, occupation, magistrature. Faire en sorte que. Établir. Employer. Servir. (Li-Ki). Examiner soigneusement; régler ensuite. (Ssé-ki).

情丨—t'sing, *negotium.*   行丨 hing—, *operari.*
丨—tinh, affaire.   丨hánh, opérer.
業丨— nghiep, *officium.*
小丨 siáo—, *parvum negotium; negotiolum.*
有丨 tiéu' —, petite affaire, de peu d'importance.
多丨 yèou —, *qui se alienis negotiis implicat.*
丨hu'u' —, engagé dans les affaires d'autrui.
公丨 tó—, *molestus.*   本丨 pên —, *habilitas.*
差丨 d'a—, importun.   丨bôn —, habileté.
主丨 koúng —, *res publicæ.*
都丨 công —, les affaires publiques.
通丨 tchäï —, *delegati negotium, officium.*
政丨 sai —, affaire ou mission d'un envoyé.
理丨 tchù —, *secretarius Concilii.*
官丨 chu' —, secrétaire du Conseil des ministres.
丨 toù —, *secretarius secundus.* [scil.
d'ó —, secrétaire en second du même commandement, *interpres.*
th'ông—, interprète ordinaire.
tching —, *res politicæ.*   .[que.
chánh —, affaire d'administration publi-
li—kouán, *Senatus.* [les affaires.
li—quan, Sénat (magistrats dirigeant
如意丨—joù í, (omne) *negotium* (sit) *sicut votum.*
丨 nhu' y', que tout vous arrive selon vos vœux. [Expression de courtoisie].

父母丨— fóu moù, *servire patri et matri.*
丨— phu m'âu, servir son père et sa mère.
不經丨 poûh king —, *inexpertus.*
b'ât kinh —, inexpérimenté.

ÉTYM. L'ancienne forme figure une main qui tient un ' pinceau ' avec une ' bouche ', offrant ainsi un sens combiné de « négociations par la parole, avec la consignation des résultats par l'écriture. » + *Groupe phonétique.*

事 Ancienne forme du caract. (Rad, 87, 4) 爭
Voir, pour l'explication, ce même Rad.

二 **7e RADICAL.**

二 **Eúlh.** A. *nhu.* J. *ni.* A. F. 弍 var. 貳
(90) *Duo. Numerus binarius.* 弎 Deux.
Nombre binaire. C'est le principe du nombre terrestre. (Ch.-w.). Selon le philosophe Siun-tseu, « l'autorité qui procède de l' ' unité ' est forte; l'au-

« torité qui procède de la ' dualité ' est faible. »

第丨 ti —, *secundus; adjuvare; coadjutor; dubitare*
d'i —, second ; aider ; coadjuteur ; douter.
Regis filius. Partiri. Distinguere.
Fils de l'Empereur. Partager. Distinguer.

人丨 — jin, *pater et mater.*
丨— nho'n, le père et la mère.
不心丨 poûh—sin, *non duplex corde: fidelis*
bât—t'âm, fidèle et sincère. [liàng
分而為丨以象兩 fén eúlh wéi — i siàng [liàng
[Le premier principe] se divisa et devint ' deux ', pour former le couple primitif (liàng : le principe mâle *Yáng*, et le principe femelle *Yin*). (Y-King. Hi-tse).

— Dans l'écriture antique, c'est le caractère (90ª) 上 cháng (n° 8). Selon le ' Loù chou pên i ', le trait horizontal inférieur indique le corps, le *substratum*; le trait supérieur plus court indique l'objet; ce dernier placé ' dessus ', c'est ' supérieur '; placé ' dessous ', c'est ' inférieur '.

— Dans l'écriture antique, c'est le carac-(90ᵇ) tère 下 'hiá (n° 9).

亍 **Tchoûh.** [fig.] Petit pas; mouvement en (91) avant du pied *droit*. La marche en avant du pied *gauche* est figurée par le caractère 彳 (R. 60), et la réunion des deux mouvements est figurée par les deux signes réunis (R. 144): 行

于 **Yù.** A. *vu.* C. *yü.* F. *i.* J. *ō.* Syn. 扵
(92) *Dicere. Ire. Littera auxiliaris vel præpositio deserviens accusativo casui; significatque in, vel ad. Nomen herbæ aquatilis et nomen arboris. Id. Nomen proprium.* Dire. (Eúlh-yà). Aller, se rendre à. (Chi-k.). A cause de. (I-li). Particule auxiliaire de relation, servant à déterminer le rapport des mots, à ' préciser ' la pensée. Elle forme le sens ' passif ' dans les verbes; elle marque le ' terme relatif ' d'une comparaison; elle signifie aussi ' pour ', ' relativement à ', ' en ce qui concerne '. Nom d'une plante aquatique, d'un arbre. Nom propre. *Yü-yü,* expression adverbiale: ' Aspect d'une marche dans l'éloignement '.

ÉTYM. L'ancienne forme figure le souffle qui sort de la bouche et s'étend dans l'air. (Choùewên). + *Groupe phonétique.*

亏 **Yù.** Ancienne forme du caractère qui (92ª) précède, employé comme gr. phon.

DE 2 A 4 TRAITS.

云 **Yún.** A. *v'án.* C. *van.* F. *ín.* J. *ōn.* Syn. 芸
(93) *Dicere, loqui. Circumire.* Dire, 芸 parler, exprimer sa pensée par des sons. Dans les King et les historiens (ssè), 云 yún est employé comme l'équivalent de 曰 yüeh, ' dire, parler ' Tourner comme dans un cercle « Le Ciel se « meut point; les quatre saisons font leur révo-« lution (云 下 yün 'hiá, « tournent ou se « succèdent) », et tous les êtres de la nature se « transforment. » (Kouan-tseu). Particule explétive.

｜｜ *yün yün, multitudinum voces ; hoc modo ; tali* — — voix de la foule; de cette façon. [*modo.*

｜｜ *yün yün,* ainsi répété, équivaut à l'expression adverbiale : *joü t'seü, joü-t'seü,* « comme » fèn —, *perturbare.* [cela »; « çà et là ».

紛｜ *phán* —, susciter des troubles.

Étym. Le caractère primitif figurait les vapeurs qui s'élèvent des montagnes et des vallées et se replient sur elles-mêmes. On y ajouta ensuite le signe de la pluie 雨 *iü,* pour en faire le caractère

雲 *yün,* « nuages vaporeux », et alors 云 *yün* devint le synonyme de 曰 *yüêh* (R. 73). Ch. w. + *Groupe phonétique.*

互 **Hoú.** A. *hŏ.* C. *sû.* F. *hoù.* J. *go.* (94) *Littera relativa : mutuò, simul, cum. Colligere. Locus ubi qui animalia occidunt, carnes suspendunt, dicitur ' hoù '.* Mutuellement. Ensemble, avec. Réunir au même endroit. L'étal auquel les bouchers suspendent leurs viandes.

｜相 — siàng, *Ad invicem.*

｜ — *tu'o', Réciproquement.*

｜物 — *wêh, res concham habentes ut ostreæ.* — *v'ât,* animaux revêtus d'écailles, comme les tortues et les huîtres.

Étym. L'ancienne forme figurait des objets crochus se tenant ensemble. Fig. + *Groupe phon.*

五 **Où.** A. *nghù.* C. *'ng.* F. *ngu.* J. *go* A.f. 乂 (95) *Numerus quinque. Nomen propr.* Nombre cinq. Nom propre. On l'appelle aussi nombre ' médial '. Le nombre du Ciel est 5, le nombre de la Terre est aussi 5. (Y-K.). [*menta.*

第｜ *tí —, quintus.* ｜行 — *híng, quinque ele*- *d'e —,* cinquième. ｜行 — *hàni,* les 5 élém. (Ce sont, selon les Chinois : l'Eau, le Feu, le Bois, le Métal et la Terre).

｜常 — *tcháng, quinque virtutes.* — *thu'o'ng,* les cinq vertus cardinales. (Ce sont : la Bienfaisance, la Justice, la Convenance, la Science et la Sincérité).

｜方 — *fàng, quinque mundi partes.* — *phu'o',* les cinq points cardinaux. (Ce sont : l'Est, le Sud, l'Ouest, le Nord et le Centre).

｜色 — *sëh, quinque colores.* — *săc,* les cinq couleurs. (Ce sont : le Bleu d'azur, le Jaune, le Rouge, le Blanc et le Noir).

｜爵 — tsiöh, *quinque dignitatum gradus.* — *tru'o'c',* les cinq ordres de dignités nobiliaires. (Ce sont : les *koûng, héou, pêh, tseù* et *nàn,* que quelques sinologues traduisent par Prince, Marquis, Comte, Baron et Chevalier). [*dines.*

｜倫 — *lûn, quinque præcipuarum virtutum or*- — *lu'ân,* les cinq grandes relations sociales. (Ce sont celles : du Prince avec ses Ministres, des Pères et des Enfants, des Frères aînés et des Frères cadets, des Époux entre eux et des Amis).

｜穀 — *kŏh, quinque fruges.* — *kh'ŏc,* les cinq sortes de grains. (Ce sont : le Riz, le Millet panaché, le Blé sarrasin, le Froment et les Légumineuses).

｜經 — king, *quinque Libri canonici.* — *kính,* les Cinq Livres canoniques ; c'est-

à-dire le Y-King, le Chi-King, le Chou-King, le Li-ki et le Tchün-thsiéou.

Étym. Hiu-chin dérive ce caractère des ' deux éléments ' *Yáng* et *Yin* (mâle et femelle) qui résident dans l'espace situé entre le Ciel et la Terre, et dans lequel ils s'unissent. Ces deux éléments sont représentés par la ligne horizontale supérieure et la ligne horizontale inférieure. + *Gr. phonét.*

井 **Tsing.** A. *tính.* C. *tsing.* F. *tching.* J. *chei.* (96) *Puteus. Locus ubi aqua hauritur.* Puits ; lieu où l'on puise de l'eau en terre.

天｜ t'iën —, *locus inter parietes cælo apertus. thiên —,* petite cour des maisons chinoises.

市｜ chi —, *puteus communis.* *thi —,* puits commun. Foire, marché.

然｜ — jàu, *claré, distinctè.* — *nhu'ng,* clairement, distinctement.

田｜ — t'iën, ｜ *Ager in novem partes æquales* — *diên,* ｜ *divisus, qui ager in octo familias distribuebatur, quarum unaquæque unam partem accipiebat sibi colendam, nonam verò omnes simul Regi excolebant.* [*sione.*

｜｜ — —, *res benè disposita ; continenti succes*- — —, choses bien disposées ; de succession continue. Nom d'une Constellation de l'hémisphère austral, etc. Nom propre.

亘 **Siouân.** A. *căng.* C. *kang.* Syn. 桓 (97) *Scrutari. Extendere. Evulgare. Promulgare.* Scruter, explorer. Étendre. Publier, promulguer.

古｜ — koù, — kìn, *ab antiquo usque nunc.* 今｜ depuis l'antiquité jusqu'à ce jour.

Étym. Ce caractère est composé du signe 二 ' deux ', et d'un autre qui, dans son ancienne forme, figurait un ' méandre ' ou ligne droite repliée sur elle-même. De là le sens de « se développer, » de « s'étendre avec effort et persévérance. » Ce méandre est devenu le caractère 回 *hoëi,* qui, répété, est devenu aussi le nom en chinois des Mahométans, lesquels « se sont étendus avec une persévérance incessante » dans toute l'Asie.

亙 **Kéng.** A. *cánh.* C. *kang.* J. *kŏ.* Syn. 亘 (98) *Terminus. Summum. Cognoscere.* *Investigare veterum gesta, antiquitatis monumenta.* Terme, sommet ou limite. Connaître, scruter les faits et gestes des anciens, et les monuments de l'antiquité. — Ce caractère est quelquefois confondu à tort par certains auteurs avec le précédent, qui est alors prononcé de même.

DE 5 A 6 TRAITS.

况 **Hoáng.** A. *hu'óng.* C. *fong.* F. *hong.* J. *kiŏ.* (99) *Adverbium : Quantò magis. Potiori jure.* A plus forte raison. Employé dans les King et les livres historiques. Avec le Radical 15 : 況 il signifie : *aqua frigida.* Eau froide, glacée.

來｜ lâi —, *amicum convenire. lai —,* visiter un ami.

修｜ siêou —, *quoddam instrumentum musicum. tu —,* instrument de musique.

此 Siě. A. *ta*. C. *se*. G. *sa*. J. *sia*.
(100) *Parum, modicum. Parumper.* Peu, eu petite quantité. 二 siě, *modicum quid*. Un peu. Lu *só*, il est pris comme pronom démonstratif. Cela, Ces. Dans les vers, finale qqf. purement *phou*.

ÉTYM. Ce caractère est composé de 此 *thsè*, ' cela, ces ', et de 二 *eülh*, ' deux ', signifiant aux yeux : ' ces deux seulement '; de là le sens de ' peu '.

亞 Yá. A. *á*. C. *á*, J. *a*. Var. 椏 Syn. 惡
(101) *Secundus; alteri immediatus. Ita vocatur philosophus Meng-tse, quasi non liceat Confucio æquiparari, sed immediatè post ipsum ponere.*

姻 *yin —, sororum maritus.*
nho'n —, le mari d'une de ses sœurs.

Les beaux-pères de deux gendres se nomment mutuellement *yin*, et les deux gendres s'appellent entre eux *yá*. (Chî-K.).

Particule à sens non déterminé et purement ' phonétique ' dans le langage de la conversation. Les objets qui ont l'extrémité fourchue, comme les branches d'arbres, se nomment *yá;* dans ce cas, le caractère (27) et celui-ci, joint au Rad. *arbre* (75), sont employés de préférence.

Il est aussi quelquefois synonyme de 'o (Syn. ci-dessus); dans les anciens sceaux surtout, ces deux caractères sont souvent pris l'un pour l'autre.

ÉTYM. L'ancienne forme représente deux hommes inclinés dans un sens opposé. (Ch.-w.).

亟 Kíh. A. *cu'e*. C.F. *kik*. J. *kiok, ki.* + Gr. *ph.*
(10) *Urgere; urgens. Celeriter. Festinatio. Sollicitè accelerare.* Presser, pressant. Promptement. Hâte, hâter avec précipitation.

勿 *wěh —, ne properes.*
vot —, ne vous pressez pas. (Chi-K.).

ÉTYM. Ce car. est composé des signes primitifs (ou Radicaux) : *homme, bouche, main* et *deux*. Le signe 二 *deux* (en haut et en bas, les autres signes au milieu) représente le Ciel et la Terre. (Ch.-w.). Siu-kiaï dit à ce sujet que cela signifie : « prendre les saisons du ciel (les observer et les « suivre) pour le profit (des biens) de la terre. Si « la ' bouche ' consulte l'opportunité et que la « ' main ' saisisse ' promptement ' les circonstan- « ces, on ne peut perdre les occasions. »

On voit par cette citation la manière dont les lexicographes chinois analysent leurs caractères. Ils y trouvent bien des choses dont nos langues alphabétiques ne peuvent donner la moindre idée. Leur langue elle-même s'est en quelque sorte aussi matérialisée en perdant beaucoup de sa forme figurative.

Au surplus, nous ne pouvons, dans ce dictionnaire, que donner quelques aperçus de la manière dont les caractères chinois ont été composés. Les Chinois y ont consacré eux-mêmes de nombreux volumes, et il faudrait, pour bien comprendre la composition primitive de ces caractères, les représenter, comme ils le font, dans leur forme antique *figurative;* ce qu'il nous serait difficile de faire ici. Nous renvoyons à ce que nous en avons dit dans l'écrit intitulé : *Sinico-Ægyptiaca, etc*

亅.   8e RADICAL.

亅 Ce Radical, qui se prononce *theoú*, pris isolément, manque de signification.

亡 Wǎng. A. *vóng*. C. *mong*. Syn. 喪 無
(103) *Perdere; plus æquo vino deditus. Extinguere. Mori. Fugere. Oblivisci. Defunctus.* Perdre son temps dans les plaisirs et la débauche, en négligeant ses affaires. (Meng-tseu). Éteindre ou anéantir; anéanti. Cesser d'être. Fuir; se soustraire par la fuite; exilé. (Tä-'hiöh). Oublier. Défunt. Particule négative.

亻人一 *jin, fugitivus.* 亻失一 *tch'ih,*) *seipsum*
亻人一 *nho'n, fugitif.* 亻失一 *that,*) *perdere.*

亻人無以爲寶 — « L'*exilé* ne considère pas (de rentrer en possession de son État, le royaume de Tçin) comme une chose précieuse. » (Tä-hiöh, ch. 10, § 12).

ÉTYM. Dans sa forme ancienne, ce caractère était composé du signe ' entrer ' (R. 12) et du signe ' caché ', *absconditum* (n° 56). Par sa composition il signifie donc ' entrer ', ou ' qui est entré dans le caché; le néant, l'oubli '. Forme anc. 凶

2 TRAITS.

亢 Kāng. A. *cang*. C. *khong*. V. 吭 Syn. 亢 hàng 庚
(104) *Collum. (Legitur etiam in eodem sensu).* Item k'áng : *Altum. Error, culpa. Violentus; pervicax. Operire; contegere. Inimicus, adversarius. Quædam constellatio.* Cou de l'homme. (Ch.-w.). Haut, élevé jusqu'au faîte. (Ts. tch.). Erreur, faute. (Y-K.) Violent, obstiné. Couvrir, s'étendre sur. (Ts. tch.). Ennemi, adversaire (*tíh yè*). — Lu K'áng, Certaine constellation.

吉不能亻身爲能宗 *kíh poïh něng* kǎng *chín, yèn něng* kǎng *tsoung*. « Si le bonheur ne doit pas me cou- *vrir, s'étendre sur* moi, il pourra du moins *s'étendre sur* mes ancêtres ». (Tso-tchouan).

相 siàng —,) *æquales quorum unus potest alteri tu'o —,*) *resistere.* Égaux de force.

亻氣一 k'í, *iracundus.*   [porté. *khí*, enclin à la colère, irascible, em-

ÉTYM. L'ancienne forme représente le ' cou ' de l'homme. (Ch.-w.).

4 TRAITS.

交 K'iāo. A. *giao*. C. *kao*. Syn. 咬 㪡 駮
(105) *Congredi, congressus. Unio. Societas. Amicus. Collare, vestium pars.* Mêler ensemble; réunir; réunion (*kóung yè, hŏh yè*). Se dit des linéaments des Koúa de Foŭh-hi dans le Y-King. Société. Amis. Collet de vêtement. (Yǎngtseŭ). dialecte provincial.

亻一一, *Dicitur de avibus volando euntibus et redeuntibus.* Vol d'oiseaux.

亻易一 ǐ, *negotiari, mercaturam exercere.*

亻易一 *di,* négocier, faire le commerce.

亻付一 *foú, tradere.*   [marchandises *phú,* livrer, délivrer, transmettre des

亅手 — chèou, *communicare, transmittere.*
亅手 — thu', communiquer, transmettre.
亅子 — tseù, | *moneta chartacea quâ tempore*
亅子 — tie', | *dynastiæ Sung utebantur.*
亅出 — tchoŭh, *tradere aliquem vel aliquod.*
亅出 — xŭát, livrer une personne ou une chose.
亅替 — ti, *desistere aliquâ re loco alterius.*
亅替 — thé, remettre une chose à la direction
亅好 — hào, *sincerè narrare.* [d'un autre.
亅好 — hao', exposer, raconter sincèrement.
亅互 — hoú, *commiscere, confundere; commixtus.*
亅互 — hŏ, mèler ensemble, confondre. Mèlé.
亅友 — yeòu, *amicitias nectere.*
亅友 — luŭi, nouer des relations d'amitié.

ÉTYM. L'ancienne forme représentait des jambes entremêlées. (Ch.-w.).

亥 Hài. A. ho'i. C. hoi. F. hái. J. ghei. + Gr. ph.
(106) *Littera horaria à nonâ horâ noctis ad undecimam.* Caractère horaire indiquant le temps de 9 à 11 heures de la nuit, qui est la seconde veille. Nom de cette même heure chinoise.

亅月 — yuĕh ; *luna decima. Nomen proprium.*
亅月 — nguyĕt, dixième lune. Nom propre.
亅市 — chi, *forum nondinarium.*
亅市 — thi, marché tenu à certains jours fixes.

亦 l, yĭh. A. diéc. C. yi. F ek. J. yeki, yek.
(107) *Particula conjunctiva : Et. Etiam.* Cum. Particule conjonctive : Et. Aussi. Même. Également. De plus (yeóu yè). Nom propre.

不亅 poŭh —, *Non-ne? Ita-ne verò?*
b'át —, N'est-ce pas? N'est-il pas ainsi?
亅可 | 亅好 — kò, —haŏ, *etiam potest, etiam benè.*
— khá, — hao', oui, cela se peut, c'est bien. Marque particulière d'assentiment.

不亅說乎 *poŭh — chouĕh hoù!* (Lùn-yŭ).
Nonne *etiam jucundum!*

ÉTYM. L'ancienne forme représentait un homme les bras retombant le long du corps. + Gr. phon.

5 ET 6 TRAITS.

亨 Hēng. A. hanh. C. hang. F. heng. J. kiaō.
(108) *Penetrare. Cœli virtus prout rebus incrementa tribuit. Legitur etiam* hiáng, *in eodem sensu.* Pénétrer. Vertu ou influence du Ciel en tant qu'elle fait croître toute chose. Il signifie, dans le Y-King, « la réunion de tout ce qu'il y a de grand et de bien dans la nature » (kiă tchi hoëi yè). Ce caractère est souvent pris pour le suivant. + Groupe phonétique [J. kiaō.

享 'Hiàng A. lu'o'ng. C. héong. F. hiang.
(109) *Inferiores offerre superioribus (i* 'hiă fúng cháng). *Sacrificare (tsi yè). Oblatis frui.* Inférieurs offrant qqc. à leurs supérieurs. Sacrifier (aux Esprits ou Génies). Jouir des offrandes. Selon le Li-ki, l'acte des cinq ordres de mandarins se rendant à la cour avec leurs présents se nommait *hiàng.* + Recipere. Recevoir.

亅祭 — tsi, *sacrificare; sacrificium offerre.*
亅祭 — té, sacrifier ; offrir un sacrifice.
亅壽 — chéou, *ætatis longinquitate frui.*
亅壽 — tho, jouir d'une longue vie.

亅名 — ming, *famam appetere. Gloriæ cupidus.*
亅名 — danh, aspirer à se faire un nom.
亅國 — kouĕh, *regno potiri.*
亅國 — ku'oc, régner pendant tant d'années
亅用 — yóung, *pro libito uti.*
亅用 — dung, user d'une chose à sa volonté.
亅福 — foŭh, *felicitate frui.*
亅福 — phu'o'c, jouir de la félicité.

宴亅 yèn —, *convivari.*
y'én —, recevoir des convives. (Tsŏ-tch.).

ÉTYM. Selon le Choŭe-wên, ce caractère est dérivé du signe abrégé de l'élévation (kaŏ, R. 189) et du signe de la parole (R. 73). Il figure dans l'ancienne forme quelqu'un qui s'avance tenant en main des objets d'offrandes.

京 K'īng. A. kinh. C. king. J. kei. + Gr. ph.
(110) *Magnum (tá yè). Collis valdè eminens. Decem millia millium.* Grand. Colline proéminente. (Eulh-ya). Nom de nombre : Dix millions. Nom propre.

亅師 — ssé, | *Regia.* Cour. Là où le fils du Ciel
— su', | (l'empereur) tient sa Cour (tóu). *King* alors signifie ' grand ' (tá yè), et ssé veut dire la ' foule ' (tchoŭng yè).

北亅 pĕh —, *Sinensis nunc curia Regia.*
bă'c —, Cour du Nord. (Capitale actuelle de l'Empire chinois.)

亅報 — páo, *Nuntius publicus urbis primariæ.*
亅報 — báo, Moniteur de la métropole.
亅話 — hóa, *urbis primariæ dialectos.*
亅話 — khoát, dialecte de Pĕ-king.
亅亅 — —, *valdè tristis.*
亅亅 — —, qui inspire la tristesse.

ÉTYM. Car. composé du signe abrégé de l'élévation et du R. 2. Il est figuratif par combinaison.

回 Lìn. A. làm. F. lìm. Horreum. Locus
(111) *ubi grana reconduntur.* Grenier pour conserver les grains. Ancienne forme du caractère *lìn*, R. 53, 13 tr. 廩

DE 7 A 19 TRAITS.

亭 T'īng. A. dình. C. ting. J. ti. + Gr. ph.
(112) *Porticus seu atria in viis publicis ad itinerantium solamen et requiem. Item : Porticus in hortis. Quiescere. Morari. Æquale. Rectum.* Portique ou pavillon érigé à distance sur les voies publiques pour servir d'asile aux voyageurs. Pavillon de jardin. Belvédère. Reposer. Lieu de halte et de repos pour les troupes en marche. Égal, uni, droit.

亅丨 t'ing-t'ing, *Erectus*, qui est érigé, debout. Nom d'une montagne.
亅平 — ping, *planum.*
— bình, égalisé, surface plane.
亅午 — woù, *meridies. Rectus.*
— ngo, heure de midi. Droit, vertical.
亅毒 — toŭh, | *in meliorem ordinem sese transformare.* Améliorer sa nature physique. (Lao-tseù. Inscription de Si-ngan-fou).

ÉTYM. Composé du caractère ' haut ' abrégé et du groupe phonétique 丁 ting. (Ch. w.).

亮 **Liáng.** A. *lu'o'ng.* C. *léong.* Syn. 諒
(113) *Credere, confidere (sin yè).*
Clarum (mǐng yè). Solis splendor. Nomen proprium.
Croire à ; se fier à. (Meng-ts). Brillant ; clarté du
soleil. Nom propre.

信 | siu —, *integra fidelitas.*
tin —, fidélité à toute épreuve.

天 | 了 t'iĕn — liào, *jam diescit.*
thiĕn — *lieu,* il fait déjà jour.

亳 **Pŏh.** A. *bac.* F. *pók.* J. *fakſ.*
(114) *Quædam terra in provinciá Hô-nán*
Nom de lieu de la province de Hô-nàn. Lieu de
résidence de l'ancien empereur Tching-tang, de la
dynastie Chang (1780 av. J.-C.). Il y a trois loca-
lités de ce nom : l'une au midi, l'autre au nord,
et l'autre à l'ouest.

歃 **Chŏh.** A. *thuc. Quis. Quare.* Pronom inter-
(115)rogatif Qui ? Pourquoi ? Variante sy-
nonymique de 孰 (R. 39, 8) q. v.

亶 **T'àn.** A. *d'an.* F. *th'an.* J. *tan.* + *Gr. phon.*
(116) *Fidelis , sincerus. Perfectum. Ma-*
gnum. Multum. Legitur etiam **tchèn.** *Nomen pro-*
prium. Nomen regni maritimi. Fidèle ; sincère. Parfait. Grand. Beaucoup. Nom propre. Nom d'un
royaume maritime étranger.

屯 *tchùn-tchèn,* marche difficile sans progrès
sensible. (J. w. p. l.).

亹 **Wèï.** A. *vï.* F. *bé.* J. *bi.*
(117) *Indefessus. Invictus à labore. Wèï-*
vèï : Indefessè. (Y.-K.). *Idem legitur* : '**wèï**' : *Co-*
nari ; conatus. Infatigable. D'une manière infatigable. S'efforcer ; efforts répétés.(Chi-K.).Nom de lieu.

人 亻, anc. f. 穴 几   9° RADICAL.

OBSERVATIONS. *Les nombreux ' dérivés ' de ce*
' *Radical* ' *ou* ' *Signe générique* ', *dérivés qui se*
montent à plus de 700, *sont presque tous composés*
1° *du signe générique figuratif* 人 *ou* 亻 jìn,
jèn (*genus homo*), *et* 2° *de différents* ' *groupes* '
placés à droite, lesquels n'ont ici, pour la plupart,
d'autre valeur que celle du son, c.-à-d. de la pro-
nonciation du mot de la langue parlée que le ca-
ractère est destiné à représenter. Tous ces carac-
tères (à peu d'exceptions près) appartiennent donc
à la 5° *classe de formation des caractères nommés*
kiâï-ching, qui ' *s'adjoignent le son* '. *Ce sont des*
caractères réellement idéo-phonétiques. (*Voir nos*
Sinico-Ægyptiaca. *Paris,* 1842, *p.* 42 *et suiv.*).
Quelquefois le ' *groupe phonétique* ' *contribue au*
sens tout à la fois par sa ' *forme* ' *et par le* ' *son* ',
ou la ' *prononciation* ' *qui lui est propre.*

人 **Jìn.** A. *nho'n.* C. *yan,* F. 'jìn. J. *jìn, nìn.*
(118) *Homo. Vir.* L'homme. Selon le
Choüe-wèn, *l'homme* représenté par ce caractère
' figuratif ' est, dans sa nature, l'être le plus noble
du Ciel et de la Terre (*t'iĕn ti tchĭ sìng kouëi*
tsoŭ tchĕ yè). Selon Chăh-mŏh (*I-wen-pi-lan*), c'est

le plus intelligent de tous les êtres de. l'univers.
D'après le Li-ki, *l'homme* est le ' produit virtuel '
(*tĕh*) du Ciel et de la Terre; l'union du grand principe mâle (*Yáng*) et du grand principe femelle (*Yín*);
la réunion de l'esprit pur et de l'esprit substan-
tiel ; la fleur et l'essence des cinq éléments (*jìn*
tchĕ : thiĕn ti tchĭ tĕh; Yin Yáng tchĭ kiào ; kouei
chĭn tchĭ hóeï; où hìng tchĭ sieou khi).
Le caractère *jìn* forme un grand nombre d'expressions composées. Ainsi on s'en sert pour désigner les mandarins, les officiers du gouvernement, les lettrés, en opposition à *mín* ' *plebs* ',
peuple. Il indique aussi le pays natal, la nationa-
lité quand il est joint à un nom de lieu, de pays,
de contrée. Joint à des noms d'arts, de métiers, de
professions, il forme des noms concrets qui dési-
gnent ceux qui se livrent à ces arts, à ces métiers,
à ces professions ; qui les pratiquent.

人 仁也 *jin : jìn yè*, l'homme, c'est l'humanité
    même. (*Chi-ming*, cité dans Kh. hi.).

一 | ĭ —, *unus homo.* | Expression de modes-
   nhă't —, un homme. | tie employée par des
princes en parlant d'eux-mêmes.

二 | eŭl —, *pater et mater.*   女 | niŭ —, *fœmina.*
nhi —, le père et la mère.   *nù* —, la fem-

男 | nàn —, *mas.*   凡 | fàn —, *quisquis.* [me.
nam —, mâle. | *phàm* —, qui que ce soit.

古 | kòu —, *antiquitatis homines.*
cŏ —, les hommes de l'antiquité.

善 | chèn —, *bonus vir.* Καλὸς κἀγαθός.
thiĕn —, homme vertueux et bon.

惡 | ngŏh —, *malus et nequam homo.*
ác —, homme méchant, vicieux.

大 | tá —, *magnates.*   小 | siào —, *homo vilis.*
d'ai —, les grands | *tieu* —, petit homme.

主 | tchù —, *dominus.*
chù —, maître de maison

家 | k'iâ —, *domesticus.*
giâ —, domestique.   [cus.

買 | màï —, *mercator.*   工 | koùng —, *mechani-*
mái —, négociant. | *cong* —, mécanicien.

士 | ssĕ —, *litteratus.*   差 | tchàï —, *legatus.*
sì —, docteur, lettré | *saï* —, envoyé.

番 | fàn —, *extraneus.*
phen —, étranger de l'ouest.

夷 | ì —, *advena.*
di —, étranger en général ; barbare.

內 | néï —, *mea uxor.*   翁 | tsŭn —, *vestra uxor*
nòï —, ma femme. | *t'on* —, votre femme.

夫 | foŭ —, *regulorum uxor.*
phu —, femme des princes.

一 | — —, *omnes homines.*
— —, tous les hommes.

客 | k'ĕh, *hospes.*
— *khách,* un hôte en visite.

某 | mèou —, *quidam homo.*
mŏ —, un certain homme.

聖 | ching —, *sanctus vir,*
thánh —, un saint homme.

賢 | hiĕn —, *sapiens homo.*
hiĕn —, un homme sage

予一 | yù ï —, *ego unus homo.*
d'u'-nhă't —, moi, simple homme. C'est ainsi que s'appellent souvent les empereurs. (K. hî).

門 | mén —, *discipuli.* [' hommes de la porte'.
m'ön —, les disciples d'un philosophe, les Dans les idées des Chinois, les ' Chïng-jìn ' sont les sages de l'antiquité qui, doués de facultés extraordinaires, ont atteint, comme Confucius, la perfection humaine; les seconds, les ' hièn-jìn ', sont les sages de second ordre qui ont approché des premiers par leurs efforts incessants. Dans les vers, et pour la ' rime ', ce caractère se prononce *jén, yán.*

个 Ancienne forme du n° 2, qui représente un clou figuré ainsi : 个

什 Chïh, chĕh. A. *thăp.* C. *chap.* F. *sip.* J. *chïp.*
(119) *Denarius hominum numerus.* Nombre de dix hommes. Dans l'antiquité, deux pelotons, de cinq hommes chacun, formaient en marche une escouade de dix. (Khâng-hi). Dans le Chi-King (Livre des vers), un *tchăng* ou chapitre est appelé *chïh.*

物 | —wĕh, *utensilia domestica.*
—văt, ustens. domestiques. | 具 | —kiŭh, —cu, id.
Ainsi appelés parce qu'ils sont de dix espèces.

庅 | — mŏ, *quis?* Locution interrogative dans le style vulgaire.

ÉTYM. Rad. ' homme ', + ' groupe phonétique et significatif ' chïh, dix, = 10 hommes.

仁 Jìn. A. *nho'n.* C. *yan.* F. *jún.* J. jin.
(120) *Charitas, humanitas, pietas; misericordia. Interior virtutum concentus; charitas commiserativa omnium virtutum nexus; virtutum sinicarum regina. Nomen proprium.* Charité, piété, humanité. Réunion des cinq grandes vertus cardinales (V. n° 95), comprenant toutes les autres vertus et tous les actes de bienfaisance. Nom propre. « L'*humanité* (jìn), est-il dit dans le Li-ki (*li-« yun*), est le fondement de la justice, l'essence en « quelque sorte incorporée (*t'ĭ*) de la pratique des « devoirs. Ceux qui ont obtenu cette vertu sont « dignes de vénération. »   [*equidem.*

者人也 | —tchè : jìn yè, *humanitas : homo* — gíd nho'n dd, l'humanité, c'est « l'homme même », est-il dit dans le Tchoŭng-yoŭng.

君子體 | 足以長人 | kiŭn-tsèu t'ĭ jìn, tsoŭ ĭ tchăng jín.
Le Prince ou l'homme supérieur, qui s'incorpore (*t'ĭ*) la charité, l'humanité, qui se l'identifie, suffit par cela même à civiliser (*litt.* à agrandir, *tchăng*, à élever) les hommes. (Y-King).   [*cleus.*

子 | —tsè, *semen.*
—thu', semence. | 果 | kŏ—, *fructuum nu-* quá—, noyau de fruit.

目 | moŭh —, *oculi pupilla.*
muc —, pupille de l'œil.

兄 | — hioŭng, *humanus amicus.*
— huinh, un ami bon, charitable.

ÉTYM. Le caractère 元 *youán* (R. 10, 2) est composé du car. 二 ' deux ', et du signe 儿 ' homme '. Le car. *jìn* est aussi composé du signe ' homme ' et du signe ' deux '. Quand il s'agit du Ciel, c'est *Youán*, la vertu ' originaire, primordiale ' qui donne la vie à tous les êtres vivants. Quand il s'agit de l'*Homme*, c'est la ' charité, l'humanité, *jìn* ', qui agit. Ce par quoi l'homme montre la supériorité de son âme, de son intelligence (*líng*) sur tous les autres êtres, c'est par ses sentiments de ' charité, de commisération, d'humanité '. (Loŭh-chou-tching-'o, cité dans Khâng-hi).

仂 Lĕh. A. *lac.* C. F. *lék.* J *ryok.* [fig. son].
(121) *Residuum, superfluum. Minima, vel decima pars, seu, e decem una.* Résidu ou fraction de nombre. Superflu ou reste des sacrifices; la dixième partie. Lu lïh, *diligens, vires exercere.* Diligent. Exercer ses facultés intellectuelles.

仃 Synonyme du Radical 144. N'est pas usité.

仄 Tsĕh. A. *trăc.* C. *tchak.* F. *tchck.* J. *dsik.*
(122). *Inclinatus. Ad latus adsistere. Curvum. Verborum sinicorum tonus non planus.* Incliné. Se tenir auprès de qqn. Courbé. Ton inégal dans la prononciation des caractères chinois.

平 | *p'ing* —, accents distingués dans la versification chinoise; *p'ing* comprend les accents de ce nom (*chàng* et '*hia*); *tsĕh,* les accents ' *chàng.* ' *k'iŭ* et ' *jïh.* Les syllabes affectées de l'accent ' p'ing ' sont dites ' égales '; celles affectées des accents ' tsĕh ' : ' ! ', sont dites ' inégales '.

妾 | — tsiĕh, *concubina, vel uxor secundaria.* —thiéc, concubine ou femme de second rang.

赤 | tchïh —, *species monetæ.*
xich —, espèce de monnaie rougeâtre.

仅 Foú. C. F. *hoù.* J. *fou.* *Dare.* Donner un 付
(123) objet à qq. avec la main. Anc. forme 付

仆 Foú. A. *phú.* C. *foŭ.* F. *hou.* J. *fou.* [fig. son]
(124) *Prosternere. Dejicere. Labi; cadere.* Se prosterner. Jeter bas. Tomber Lu feóu. se prosterner la face contre terre.

仇 K'iĕou. A. *cu'ú.* C. *tcheou.* F. *kiŭ.* J. *kiou.*
(125) *Par. Jungere. Unire. Odisse; inimicus.* Couple; Joindre; unir. Haïr; ennemi. (Chi-King). Nom propre.
ÉTYM. Caractère de la classe ' figurant le son '.

仈 Păh. F. *pat.* J. *hatz. Nomen proprium.*
(126) Nom propre. (Tseu-'wèi).

仉 Tchàng. Nom de la mère de l'ancien
(127) philosophe Meng-tse.

今 Kïn. A. *kim.* C. *kam.* F. *kïm.* J. *kin.*
(128) *In hoc tempore; nunc. Modo.* En ce temps-ci. Ce moment. Maintenant. Particule exprimant ' à l'instant même '. (Khâng-hi).

如 | 而 | 目 | joŭ—, eŭl —, moŭh—, *nunc, eodem tempore,* nhu' —, nhi —, muc —, *hoc* maintenant, en ce moment même.

日 | —jïh, *hodie* —nh'ăt, ce jourd'hui. | 月 | —yuĕh, *hoc mense.* —nguyĕt, dans ce [mois

生 | — sïng, *hăc vitá.*
— sinh, dans cette vie.

時 | — chi, *hoc sæculo.*
— thi, dans ce siècle.

古 | koù —, *antiqui et recentes.*
cŏ —, les anciens et les modernes.
ÉTYM. L'étymologie de ce car. est douteuse.

介 **Kiáï**. A. *giai.* C. F. *kai.* J. *kai.*
(129) *Terminus. Auxiliari. Magnum. Parvum. Lorica. Solus. In bono perseverare. Interrumpere.* Terme; limite. Séparation. (Y-K.). Assister. (Chĭ-K.). Grand. (Id.). Petit. (Yang-tse). Cuirasse. Seul, sans compagne (en parlant des animaux). Persévérer dans les meilleures limites. (Eŭl-yà). Interrompre. Nom de royaume. Nom propre.

求亻于大國 k'ieoŭ — yû tá koŭe; *petere auxilium à magno regno.* Demander des secours à un grand État. (Tsŏh-tchouàn).

亻人 — jin,) *auxiliarii.* Auxiliaires. « Ne triom-
亻 — nho'n,) pher qu'à l'aide d'auxiliaires, ce n'est pas une preuve de grande bravoure. » *(Ib.)*.

令 亻 ling —, *servus honoratus (tuus).*
亻 *lành* —, votre domestique.

小 亻 siào —, *servus parvus (meus).*
亻 *tiĕu* —, mon domestique.

保 亻 pâo —, (*coadjutor agricolarum præsidis ,*
亻 *bu'ú* —,) *qui adest regi terras aranti.*

貴 亻 koŭeï —, *filius vel fratres dominationis tuæ.*
亻 *qui* —, le fils ou les frères de votre seigneurie.

木 亻 moŭh —, *magnum gelu (quasi arborum lorica).*
亻 m'ŏc —, grande gelée qui couvre les arbres de [glaçons.

一 亻 ĭ —, *unus homo.*
亻 *nh'àt* —, un homme ordinaire. (Se dit de soi

節 亻 tsiĕh —, *sincerus, ingenuus.* [par modestie).
亻 *ti'ét* —, sincère, ingénieux.

亻然 — jàn, *subitò, derepentè.*
亻 — nhùn, tout à coup. Soudain.

Étym. L'ancien caractère représente un homme entre deux « limites ». (Ch.-w.).

仍 **Jĭng**; jên, A.*nhu'ng.*C.*yng.*F.*jeng.*J.*jyŏ.*
(130) *Quia. Juxta. Sicut. Sicut anteà.* *Continuare. Iterum. Nomen regni. Nomen proprium.* Parce que; pour telle cause. (Lún-yú). Selon; comme avant. Continuer. De nouveau. Nom de royaume. Nom propre.

亻復 — foŭh, et 亻然 — jàn, *sicut anteà.*
亻 phuc, et亻 亻然 — nh'àn, comme avant.

亻孫 — sún, *proavi filius.*
亻 — t'ôn, petit-fils.

亻亻 — —, *non assequi.*
亻亻 — —, ne pas atteindre au but de ses désirs.

从 **T'soŭng**. A. *tŏng.* *Obsequi. Obedire; ob-*
(131) *secundare. A. Ab. Ex. De.* Suivre. Obéir. Se conformer à. Préposition marquant l'ablation. Ce caractère est employé dans les dictionnaires chinois pour marquer la ' dérivation '.

亻小 — siào, *à puero.*
亻 — tiĕu, dès l'enfance.
亻來 — làï, *ab initio.*
亻 — laï, dès le pr.

亻不來。亻不 — pŏu làï, — pŏu —, *nunquam.*
亻 — b'ăt laï, — b'ăt —, jamais.

Étym. Ce car. représente deux hommes qui se suivent. C'est la forme primitive du caractère 從

仏 Forme anc. du car. qui suit (5 tr.): 佛
(132) C'est le nom de Föh ou Föe, Bouddha.

3 TRAITS

仔 **Tsäi**. A. *tŭ'.*C.*tsai.*F.*tchú.*J.*chi, si.*[fig. s.].
(133) *Posse, subjicere (khĕh). Gestare.*

Sustinere. Pouvoir, vaincre. (Ch.-w.). Porter; soutenir.

亻肩 — kiĕn, *humeris gestare.*
亻 — kiĕn, porter sur ses épaules. (Chĭ-K.).

亻細 — sí, *quam attentè, diligenter.*
亻 — tĭ', très-attentivement, avec diligence.

仕 **Ssè**. A. *sí.* C. *sz.* F. *su.* J. *chi, si.* [fig. s.].
(134) *Studere.* (Ch. w.). *Præfecturam gerens. Investigare. Interpres (thoŭng-ssé).* Étudier. Fonctionnaire public. (Li-ki). Nom de magistrature. Faire des investigations. Interprète. (Chĭ-K.).

弗問弗 亻 *fĕh wén fĕh ssè;* n'étant pas soumis à des investigations humiliantes;

勿罔君子 *wĕh wàng kiûn-tsè.* (le peuple) ne trompe pas ses supérieurs. (Chĭ-K.).

仢 **Sin**. Ancienne forme de 信
(135) Voy. ci-après, 7 tr.

他 **T'ā**. A. *tha.* C. F. *t'á.*J.*ta.*Syn. 佗它
(136) *Pronomen. Ille. Ipse.*
Alius. Quis (choŭï)? Pronom opposé à celui des ' personnes éloignées (pì) ' et différent de celui des ' personnes prochaines (t'sèu) '. (Khăng-hi). Lui. Elle. Eux. Elles. Pronom interrogatif qui? (I-wên-pi-làn). Sujet et complément d'un verbe actif. Quelquefois ' pronom interrogatif '. (Yŭh-pien). Il signifie aussi 'sans droiture, dépravé, pervers '.

君子正而不 亻 *kiûn-tsè tching eŭh poŭh t'ā.* le sage est droit, sincère et non

亻日 — jĭh, *alio die.* ['pervers'. (Yang-tse).
亻 — nh'ăt, un autre jour.

亻人 — jin, *alius homo.*
亻 — nho'n, un autre homme.

亻方 — fàng, *alia regio.*
亻 — phu'o', une autre contrée.

亻的 — tĭh, *suus.*
亻 — đĭ'ch, le sien (de lui).

負 亻 foŭ — *humeris res gestatæ.*
亻 phu — toute chose portée par des bœufs ou des chevaux est ainsi appelée. (Khăng-hi). Lu t'ŏ, il signifie aussi, seul : tout ce qui est porté à dos d'animaux. *(Ib.)*. [tcho.

仗 **Tchàng**. A.*tru'o'ng.*C.*tcheung.*F.*tiang.*J.
(137) *Armorum nomen genericum. Inniti.*
Legitur etiam tcháng. Nom générique des armes de guerre. S'appuyer sur; se confier à. Se lit au ton ' dans ce dernier sens.

打 亻 tà —, *dimicare; bellum.*
亻 dá —, combattre; combat.

兵 亻 pïng —, *arma militaria.*
亻 bình —, armes de guerre.

義 亻 hi —, *succurrere.*
亻 hi —, secourir.

彡 **Tchin**. *Capilli spissi; hirsutus.* (Ch. w.).
(138) Cheveux épais; qui a une grande chevelure. Composé du signe *homme* et du signe *poils* (R. 59). On emploie ce ' groupe ' avec le R. 190.

付 **Foŭ**. A. *phú.* C. F J. *fou.* [Car. figur.].
(139) *Dare; tradere. Nomen propr.* Donner, transmettre, livrer. Nom pr. (Kĭn-kàng K.).

分 亻 fên —, *præcipere, mandare.*
亻 phán —, ordonner, charger de.

交｜ kiāo —, *traaere.*
｜ giao —, transmettre, livrer.

扡｜ t'ŏh —, *alicui aliquid credere.*
｜ thác —, confier quelque chose à quelqu'un.

囑｜ choŭh —, *commendare.*
｜ chiu —, confier aux soins de quelqu'un.

Étym. Ce caractère est composé du signe 'main' (à droite) et du signe 'homme' auquel cette main tend quelque chose. (Ch.-w.). De là le sens de donner, transmettre.

仙 **Siĕn.** A. *tiĕn.* C. *sín.* F. *siĕn,* J. *sen.*
(140) *Immortales homines vel beati sectæ*
Táo : 道. Hommes qui, selon les sectateurs du Táo (et de Bouddha), ont acquis l'immortalité. « Des « vieillards qui ne meurent point (dans les condi- « tions ordinaires) sont dits 'immortels' (*siĕn*). « Être *siĕn*, c'est être élevé d'un état inférieur à « un état supérieur (*tsiĕn*); cet état supérieur, c'est « la retraite solitaire au sein des montagnes. » (Tsi- ming, dans Khăng-hi). C'est aussi là le sens de la composition du caractère qui est formé du signe 'homme' et du signe 'montagne' 山 (R. 46).

五｜ hŭ —, ｛ *quinque siĕn sunt : cœlum, spiritus,*
｜ ngu' —, ｛ *terra, aqua, anima humana.*
Kin-siĕn, *vel* jin-jŏh, *vel* tchĕ-kiŏh siĕn, *sunt no- mina spirituum sectæ* Foe et Táo.
Tái-siĕn, *quædam avis ; quam velocissimè.*

仚 **Hiĕn.** *Homo sedens supra montem.* [fig.]
(141) Homme demeurant sur une monta- gne. Ce caractère n'est pas le même que le précé- dent. (Choŭe-wĕn). — Cette définition de Hiu- chin fait voir que le caractère précédent, siĕn, n'avait pas, dans sa composition, le Rad. 'homme', mais bien le Rad. 14 (jĭh, *ingredi*), avec lequel il a une grande ressemblance, Les siĕn ou 'immor- tels' en question sont donc, d'après cette étymo- logie, ceux qui *se retirent* dans les montagnes, loin du monde, pour y terminer leurs jours.
Hiĕn signifie aussi : « qui paraît se mouvoir avec négligence et lenteur ».

佗 **T'chá.** *Puella (chào niü yè). Genio in-*
(142) *dulgere (kiāo ŭ yè).* Legitur *etiam* tŏh : pronomen thā (136); *Ille, Illa.* Jeune fille. (Ch.-w.). Se livrer à toutes ses fantaisies. (Yu-pien). Se prend aussi pour le pronom *T'ā* (nᵒ 136). Il, Elle, Eux. De plus, il est synonyme de 妊.

仜 **Hoŭng.** *Venter rotundus (tá foŭh yè).*
(143) Gros ventre (Ch.-w.). Nom d'homme.

全 **T'hoŭng.** A. *d'ŏng,* F. F. *tŏng.* J. *tŏ.*
(144) Ce caractère, dans les livres des Tao-sse, est pris pour (R. 30, 3) 同 *Simul; idem. Cum.Convenire Vas vini.*Ensemble, 同 le même. Avec. Convenir. Vase à vin. Nom propre.

仞 **Jĭn.** A. *nhân.* C. F. *Jim.* J. *jĭn.* [fig. s.].
(145) *Mensura octo cubitorum Sinicorum. Metiri profunditatem (toŭ chĭn).* Mesure de 8 pieds chinois ou de 3 coudées la longueur de cette me- sure a été différente selon les époques). (V. Khang- hi). Mesurer une profondeur quelconque. Ce ca- ractère est souvent pris pour syn. de 認 籾

仟 **T'siĕn.** A. *thiĕn.* C. F. *tch'een.* J. *chen.*
(146) *Præpositus mille hominibus (t'siĕn*

jĭn tchĭ tchăng yè). *Mille militum dux. Mille asses simul trajecti. Herbæ luxuriantes.* Chef de mille hommes. Mille pièces de monnaie de cuivre (*tsiĕn*) réunies par une ligature. Herbes luxuriantes.
Étym. Ce caractère est 'figuratif' en même temps qu'un de ses éléments significatifs (celui de droite, mille) comprend le 'son'.

伻 **Hán.** Le même que son synonyme 掙
(147) phonétique. Rad. 64, 7 tr. V.

仡 **I, yĭh.**A.*ngät.*C.F.*gwiit,git.*J.*kitz.* [fig.s.]
(148) *Fortis, robustus. Valens.* Fort, ro- buste. Courageux.

伏 **Tá.** A. *d'ai. (Hài tchoŭng tí míng).* Nom
(149) d'une terre située au milieu de la mer

仮 **Hoăn.** A.*d'o'n.* C.F.*hwàn.* J. *hun.* [fig. s.]
(150) *Levis; levè.*Léger.Lu făn, même sens.

佝 **Pŏh, cho.** [fig. s.] *Ligare. Moderari ; com-*
(151) *pescere (yŏh yè).* Lier. Modérer, apaiser. (Choŭe-wĕn).

代 **Táï.** A. *d'ai.* C. F. *taé, tai,* J. *dai.* [fig. s.]
(152) *Generatio. Regum series. Vices im- plere; loco alterius. Vicarius.* Une génération. Une dynastie qui tient la place d'une autre. Remplir les fonctions d'une autre. N. pr. ⦋*legatus.*

我｜ — ngŏ, *loco mei.* 權｜— k'iouăn, *de-*
｜ — nga, à ma place ｜ — khiĕn,envoyé.

三｜ săn —, ｛ *tres familiæ imperatoriæ antiquæ,*
｜ tam —, ｛ *scilicet :* 'Hiä, Yin et Tcheoŭ
Lĭh-tāï, les générations successives.

令 **Ling.** A.*lành.*C.F.*ling.* J. *ri, rei* (pour *li*).
(153) *Leges. Edictum. Prohibere. Man- dare. Edicere. Nobilis ; honoratus ; eminens. Bo- num. Vox loquendi honorifica.* Lois. Édits. Défen- dre. Ordonner. Oublier. Noble, honoré; d'un rang éminent. Expression honorifique et de courtoisie dont on fait usage envers les personnes avec les- quelles on se trouve ; par exemple :

尊｜ — tsùn, *nobilis tuus pater.*
堂｜ — tŏn, votre noble père (ou, le père de V. E.).
郎｜ — t'ăng, *nobilis tua mater.* [E.].
｜ — d'ang, votre noble mère (ou la mère de V.
｜ — làng, *nobilis tuus filius.*
｜ — làng, votre noble fils (ou le fils de V. E.).
Au ton *hiä p'íng,* il a les définitions suivantes :

使｜ szĕ-ling, *famuli ; servire.*
｜ su' —, domestiques. Servir. (Meng-tse).

｜ ｜ ling-ling, *campanulæ sonitus. Ling-ling,* ono- matopée. Son d'une clochette. Nom propre.
Ting-ling, nom d'un pays.

以 **I, yi.** A. *di.* C. F. *í.* J. *i.* Auc. forme 目
(154) *Cùm (ut causale). In. Per. Con- forme. Causâ. A, vel, Ab. Facere. Uti. Finire, de- sinere.* Avec. Dans. Par. Conformément. A cause de. Se servir de; faire usage. Finir ; cesser. (Meng- tse). Comme particule, ce caractère marque la 'manière ou l'instrument' s'il est placé *avant* le verbe; le 'résultat ou l'intention' s'il ne vient qu'*après*.

｜ so —, *ideò, igitur.*
｜ so' —, c'est pourquoi.

所｜ chì —, *propter hoc.*
是｜ thì —, à cause de cela

故 | koú —, *ob hanc causam; idcircò.*
Kǒ —, pour cela; à cause de cela.

| 爲 — '*wěi, reputare, existimare.*
— *vi,* estimer tel, considérer comme.
Ce caractère, très-usité dans tous les styles, joue
souvent le rôle d'un ' article déterminatif ' : [*vum.*

| 是爲曲 —*chǐ wěi kiǒ,* τὸ *rectum reputare cur-*
Croire le droit courbe, le vrai faux.

Étym. Le Choŭe-wèn dit ce caract. 'figuratif'.

仉 Woŭh. *Concitatus, perturbatus, inquietus.*
(155) Agité, troublé, inquiet. (Y-King).

仂 P'ān. *Tollere se.* Forme vulg. de 攀
(156) Voir sous le R. 64 (à 15 tr.).

4 TRAITS.

仮 Fàn. *Rebellare. Reverti.* Se révolter.
(157) La forme plus en usage est (R.29) 反

仯 Tchǎo. *Vultù perterritus.* Visage troublé.
(158) Lu **tchǎo** : qui est de petite stature.

仰 Yàng et Niàng. A. *nghuo'ng.* C. *yeung.*
(159) F. *giang.* J. *kiǒ.* — *Erecto capite in*
altum aspicere (kiù cheòu wáng yè). Suspicere.
Yáng : *A superiore aliquid expectare. Inniti mo-*
raliter (chǐ yè, tseú yè). Regarder en haut en le-
vant la tête. Contempler. Lu Yáng : Attendre qq.
chose d'un supérieur. Se confier en quelqu'un.
Nom propre.

人 kieoù —, *jamdudum desidero te.*
ku'ù —, depuis longtemps je désire vous voir.
Yàng wáng, expectatio; sperare; attente, espérer.
— *yeòu, expectare;* être dans l'attente.
— *moù, desiderare;* désirer.
Il signifie aussi (*tchoŭng sin k'i mòu*); *in corde de*
aliquo cum amore recogitare. C'est ' l'expression de
désir et d'attente d'un cœur plein d'affection '.
Étym. Ce car. est composé du signe ' homme '
et du *groupe phonétique significatif* yàng.

佇 Kièn. En composition *kièn-tchoù,* un mu-
(160) sicien. Lu **kíng,** grand, attentif. [f.s.]

伏 T'sé. Synonyme du Rad. 76 人 Nom
(161) d'homme. « *T'sze-feï* 人 était
« un homme habile dans l'art de fabriquer les ar-
-« mes de guerre. » (Sun-tse). [fig. s.]   [*tsiǒ.*

仲 Tchoŭng. A. *trong.* C. *tchung.* F. *tiong.* J.
(162) *Secundus inter fratres; secundus*
mensis cujuslibet ex quatuor anni temporibus. Infe-
rior. Medium. Instrumentum musicum. Nomen pro-
prium. Frère puîné. Le second mois de chacune
des quatre saisons de l'année. Inférieur. Le nombre
moyen de trois. Instrument de musique. Nom pr.

| 冬 — toùng, *medium hyemis.*
| — *d'ong,* le milieu de l'hiver.
| 尼 — ni, *nomen Confucii.*
| — *ni,* petit nom du philosophe Khoung-tseu.
| 叉 — foù, *avunculus natu minor.*
| — *phú,* fils cadet d'un oncle maternel.

仳 P'ì. An. *ti. Dividere Partiri.* P'ì-*hōei,*
(163) *deformis,* Diviser. Partager. P'ì-
hōei, difforme, laid. [Car. fig. s.]

仡 I, yīh. Forme primit. du n°148. Composé
du Rad. ' homme ' et du gr. ph. ' yǐh '.

佝 N₂, î. En composition : **nǐ-hoân,** *ignarus;*
(164) qui a l'air d'un ignorant. [fig. s.]

佣 Wǎh. *Nomen regionis.*
(165) Nom de pays.

件 U, woù. A. *ngǒ.* C. *'ng.* F. ngou. J. koo.
(166) *Par numerus. Duplex. Æquale. So-*
cii. Nomen proprium. Nombre pair. Les deux parties
d'un tout égales entre elles. Nom propre. [fig. s.]

件 Kièn. A. *kièn.* C. *kin.* F. kien. J. ken.
(167) *Dividere. Partiri. Legitur etiam*
kièn : Numerale rerum et negotiorum. Diviser;
partager. (Ch. w.). Se lit aussi **kièn.** Dans ce cas,
c'est le ' numérale ' des choses partagées, des articles de commerce. (Loŭh choù koù).

| — 一, *res una.*   事 | ssé —, *negotium*
nhát —, une chose.   *su'* —, une affaire
| 物 | wěh —, *utensilia.*
vǎt —, des ustensiles
| 衣 | ǐ—i, *una vestis*
nhát—y, un vêtement
| 條 | tiâo —, *index, syllabus.*
d'iêu —, liste de divers articles.
| 各 | kǒh —, *quæque capita.*
các —, chaque chapitre d'un livre.

优 T'àn. Synonyme du Rad. *t'àn* (190, 4).
(168) *Capilli prolixi et pendentes.* Lu t'àn,
il signifie : *Sistere, quiescere,* S'arrêter, se reposer.

价 Kiái. A. *giai.* C. F. *kái.* J. kai. [fig. s.]
(169) *Bonum (chén yè). Magnum (tá yè).*
Famulus. Bon. Grand. Domestique.

| 令 | líng —, *Dominationis vestræ famulus.*
| *lành* —, le serviteur de Votre Seigneurie.
| 小 | siào —, *meus famulus.*
| *tiêu* —, mon domestique.
| 交 | k'iaò —, *alicujus patronum agere.*
| *thiên* —, se constituer le patron de quelqu'un

夭 Yào. Eu composition : *Yào-k'iào, non*
(170) *extensus (poŭh chǐn yè). Distortum.*

佯 Fúng. Nom d'un 'immortel' de la secte
(171) du Tào. (Yu-pien).

任 Jìn. A. *nhâm.* C. *yam.* F. *jim.* J. *jìn.* [f.s.]
(172) *Protegere (pào yè). Amico fidelis.*
Muneri aptus. Posse (k'ǎn yè). Munus exsequi (tàng
yè). Legitur etiam **jìn** : *Posse, subjicere (khě yè). Uti*
(yoŭng yè). Munus, officium. Id quod quasi super
humeros portatur (foù yè).—Nomen proprium. Protéger. (Ch. w.). D'une fidélité à toute épreuve. (Kh. h.).
Pratiquer avec aménité une amitié mutuelle (*ì gǎn*
siáng sin yoŭeh jín). Apte à remplir des fonctions
publiques. Occuper une charge publique. Supporter.
— Se lit aussi **jìn**; dans ce cas, il signifie :
Avoir le pouvoir de; employer, ou faire usage de,
ce que l'on porte comme sur les épaules (au figuré).
Tseng-tseu disait : « L'homme qui veut devenir
« un savant (*ssé*) ne doit pas être sans force d'âme
« et sans énergie de caractère; son *fardeau* (ou sa
« charge) est lourd et sa course est longue. » (Lún-
yú, L. 8, § 7).

| 上 | cháng —, *magratùs possessionem inire.*
| *thu'o* —, entrer en possession d'une fonction
| 重 | tchoúng —, *grave munus.*   [publique.
| *trong* —, une charge lourde, pesante.

當 | táng —, *officium sibi assumere.*
　| d'ang —, se charger d'un emploi public.
　從 | — t'soûng, *genio vel suo arbitratu indulgere.*
　　| — tòng, se livrer à ses fantaisies.
　意 | — i, *sibi mutuò indulgere.* [Traité chin. angl.]
　　| — y', avoir de l'indulgence l'un pour l'autre.

仁以爲巳 | *jĭn ì wèï kĭ* jĭn : *pietas est* munus | *cuique proprium.* (Lûn-yû). —
Jĭn nì : concedo; je vous accorde cela, comme :
Jĭn nì k'ĕh sú poŭh t'oùng, concedo quod momentum temporis non sit idem.

任 **Wàng.** Marche hâtive (*kĭh hĭng yè*). [f. s.]
(173) C'est ainsi que le Dict. Tseu-wèï écrit fautivement ce caractère, mais il doit l'être avec le R. de la ' marche' 60. (Kh. hĭ).

份 **Pĭn.** Ancienne forme du car. (R. 59) *Pĭn*
(174) Raies de couleurs dans d'égales proportions. (Choüe-wên).

伍 Forme vulgaire du caract. ci-après. 低
(175) (Voir ce caractère n° 244).

仿 **Fàng.** A *phu'o.* C. *fong* F. ·*hóng.* J. *foô.*
(176) *Aspiciendo non benè distinguere.*
Levissima rei similitudo. Similis (*siàng ssé yè*). Semblable en apparence. (Ch. w.). Entrevoir. Légère ressemblance.

相 | siàng —, *alter alteri ferè similis est.*
　| tu'o —, presque semblables l'un à l'autre.

伀 **Tchoûng.** Celui dont la pensée est continuellement avec la multitude (*tchi kĭh tchoûng yè.* Ch. w.). Troublé, effrayé. (Tse-w.).
Étym. Ce caractère, composé du Rad. 'homme' et d'un caractère qui signifie ' public, commun ', opposé à ' privé, personnel ', est de la classe des ' combinés ', c'est-à-dire de celle dont les éléments concourent par leurs figures à former un sens complexe qui se révèle pour ainsi dire à la vue.

企 **K'ì.** A. *khì.* C. F. *k'ì.* J. *ki.* [fig. s.]
(178) *Summis pedibus innixum respicere.*
K'ì-váng, k'ì-màng: avidè expectare. Se lever sur ses pieds pour regarder. S'avancer pour mieux voir. (J. w. p. l.). Les composés *k'ì-váng, k'ì-màng* signifient : Regarder avidement.

佈 **P'éï.** Nom de deux fleuves. On écrit aujour-
(179) d'hui ce car. avec le Rad. 85, q. v.

伃 **Yûh.** Magistrature ancienne remplie par
(180) des femmes. (Ch. w.) Voir au R. 38.

佛 **Tiáo.** A. *d'iéú.* En comp. *Tiáo-táng, res non*
(181) *communiter eveniens* (*poŭ t'chàng yè*).

佔 **Tún.** *Stupidus, sensûs expers.* [fig. s.]
(182) Stupide, grossier. Touffus, épais.

伆 **Vên.** *Separare. Præcidere.* Séparer. Dé-
(183) tacher par incision ou rupture.

役 **Yûh.** Le même qu'avec le Rad. 60. Voy.
(184) *Servus.* Serviteur à gages. Dans certains dialectes · Rejeter.

伈 **Sin.** A. *sĭm. Timidus.* Timide, craintif.
(185) *Sìn-sìn,* adv. Avec crainte. [fig. s.]

伉 **K'àng.** A. *khang.* C. F. *kong.* J. *kŏo.*
(186) *Copulare. Par. Conjuges. Resistere.*
Rectum. Aliquid recondere. — *K'àng-lì :* maritus et uxor. *K'áng-tchĭh :* homo rectus. Accoupler. Couple.

Époux. Résister. Droit. Cacher quelque chose. Nom propre. [fig. s.]

伊 **I. ī.** A. *y.* C. F. *ĭ.* J. *i.* [fig. s.]
(187) *Connectere. Littera auxiliaris. Ille,
Illa. Solum. Quia.*—*Yŏh-ī : tristis. 'Oŭ-ī : sonus legentium. I-yùn : quidam sapiens antiquus. Cognomen.* Rattacher une chose à une autre. (J. w. p. l.). Pronom démonstratif des personnes éloignées : Lui, Elle, Eux ; Celui-là. Seulement. C'est pourquoi. N.

伋 **Kìh.** A. *c'áp.* C. F. *kip.* J. *kiŏ.* [fig. s.]
(188) *Nomen proprium.* — Khoung-kìh, *Confucii nepotis nomen.* Nom d'homme. *Khoung-ki,* nom de l'âge de virilité de Tseu-ssé, neveu de Khoung-tseu. — Presser.

㾿 **Yè.** A. *aì.* C. E. *aë.* J. *ai.* [fig. s.]
(189) *Afflictus ; afflictio. Calamitas. Infortunium* (*k'iûn yè*). Affligé ; affliction. Calamité. Un groupe de cinq hommes. Réunir.

伍 **Où.** A. *nghŭi.* C. *ng.* F. *nghu.* J. *go.*
(190) *Quinque homines dicuntur* Où. *Congregare.* Un groupe de cinq hommes. Réunir.

行 | hàng —, *exercitus ordinare.* [chacun leur chef.
　| hanh —, mettre des troupes par pelotons ayant .
爲 | wéï —, *associari.*
　| vì —, être associés pour un même but.
Étym. Ce caractère est de la classe des ' combinés ', son gr. phon. étant aussi le nombre 5.

伎 **K'ì.** A. *ki.* C. F. *kì.* J. *ziki.* [fig. s.]
(191) *Dare* (*yù yè*). *Habilitas, subtilitas.*
Donner. (Ch. w.). Habileté. Ruse, malice, fraude.

多人 | 巧 *tó jĭn — k'iào : multi homines* (sunt) | *habilitate præditi.* (Lao-tse, Tao-te K.)
Ce sont les ' talents, l'habileté scientifique ' dont il est question. « Ceux qui en sont doués pénè-
« trent ou comprennent les lois du Ciel et de la
« terre, mais ils ne comprennent pas celles de
« l'homme (*t'oing t'iĕn tí eŭlh pŏŭh t'oùng jĭn,
« yoŭeï k'ì.* » *Yang-tse*).

伏 **Fŏùh.** A. *phŭic.* C. *fuk.* F. *kok.* J. *feô.*
(192) *Prosternere ; humiliare se ; subjicere se et alios. Abscondere ; recondere.* Se prosterner ; s'humilier ; se vaincre et soumettre aussi les autres hommes. Cacher, tenir secret. Lu **feôu,** couver des œufs. Nom pr. *K'ĭh-foŭh,* Nom de roy.

羲 | **Foŭh-hi,** ancien empereur chinois, l'inventeur des premiers linéaments de l'écriture chinoise et des *Koŭa* qui portent son nom.

藏 | t'sàng —, *abscondere.* 三 | sàn —, | *tempus*
　| tàng —, cacher.　　　　| tam —, | *valdè calidum,* hoc est, quod sexta luna dividitur in tria foŭh, *scilicet* tsoŭh-foŭh (*primum* foŭh), tchoûng-foŭh (*medium* foŭh) *et* mŏh-foŭh (*ultimum vel tertium* foŭh) ; *ultimum est « valdè calidum. »*

伐 **Făh.** A. *phat.* C. *fat.* F. *hwat.* J. *pats.*
(193) *Superiorem debellare subditus,* dicitur tching (R. 60, 5); *æquales se mutuò impetere,* dicitur făh. *Absconditis vexillis et non percusso tympano aliquem invadere,* dicitur t'sin (R. 9, 7 = *invadere*); *explicatis vexillis et cum instrumentis, tympano sonante, invadere,* dicitur făh. (Vid. Pin-tse-tsien, s. v.). *Adhuc : Jactare se. Quoddam sidus.* Faire une guerre régulière à des ennemis. Attaquer avec les armes de guerre, au bruit des

instruments et les étendards déployés. Faire étalage de ses mérites, Se vanter. De plus : Abattre du bois. Ravager une contrée. Punir des rebelles. Instruments de guerre. Nom d'une étoile.

休 **Hiĕu**. A. *hŭ'u*. C. *yau*. F. *hiŭ, hŭ*. J. *kiŏ*. (194) *Bonum et pulchrum (mĕi chén yè).* **Parcere. Dimittere. Cessare. Repudiare. Gratulari.** *Ne; cave ne.* Bon et beau. Épargner, ménager. Dépêcher; congédier. Renvoyer. Féliciter. Part. pro-

怕 亻 — **päh**, *ne timeas.*   [hibitive.
— *ba*, ne craignez pas, n'ayez pas de crainte.

相 亻 siàng —, *ex utraque parte desistere.* *tu'o'ng* —, se désister de part et d'autre.

役 **Où**. Ancienne forme du car. *woù* : (195) *Manu percutere. Vilipendere.* 侮 Homme frappant avec la main. Insulter. V n° 321.

佷 **Hièn**. *Inobsequens; pertinax (hăn yè).* (196) Indocile, obstiné. (Ch. w.). Haine inextinguible. (J. w. p. l.).

伙 **Hŏ**. A. *hoá*. C. *fŏ*. [Car. comb. et fig. le s.] (197) *Utensilia vel instrumenta fabro-rum, seu omnium mechanicorum.* Outils des forgerons et autres ouvriers. (Dialecte de Canton.)

家 亻 kiâ —, *familiæ bona, res.*
亻 gia —, fournitures d'une maison.

長 亻 — tchàng, *navis onerariæ nauclerus.* Patron d'un vaisseau marchand.

佑 **Kiu**. [fig. s.] *Mutuo (siàng-yè).* (198) Mutuel, réciproque. (Car. suppl.).

研 **Yìng**. Le même que son homon. *yìng* 俓 (199) Adv. D'une manière hâtive.

伾 **Poù**. Nom d'une montagne. Lu **pĕï**, 伾 (200) ce caractère est synonyme de
俩 **Néï**. *Hominis nomen.* (201) Nom d'homme.

优 **Tchîn**. Éliminer. Retrancher. Rejeter ce (202) qu'il y a de plus important. (*Hoai-Ching*. Expression locale .   [*nàn-tse*). 併 (203) Produire de l'eau (*tchoŭh choùi*).

5 TRAITS

佐 **Hièn**. Forme vulg. du N° 196. [fig. s.] (204) Haineux, violent. Colère implacable.

俠 **Nòu**. *Junctis viribus (lŏh lĭh yè). Indefes-* (205) *sus (king-lĭh yè).* Réunissant toutes ses forces. Infatigable. [fig. s.]

佃 **Tchoŭh**. *Breve, curtum, exiguum.* [fig. s.] (206) Bref, court, exigu.

伯 **Pĕh**. A. *bá*. C. *pák*. F. *pek*. J. *fak*. fig. s.] (207) *Ætate major (tchăng yè). Patris frater major. Frater major. Dignitas magna tertia à rege. Nomen avis.* Cognomen. Le premier par l'âge. (Ch. w.). Frère aîné de son père. Le 3ᵉ des ordres de distinctions publiques dont l'on a dérivé les noms de Bey, Beg, etc. Nom d'un oiseau. Nom pr.

亻 父 — foù, *patris frater major. Patruus.*
亻 毋 — *phú*, oncle du côté du père.
亻 母 — mòu, *patris fratris majoris uxor.*
亻 母 — màu, tante, femme du frère aîné du père.
亻 叔 — chŭh ; *patris frater major dicitur* pĕh, *minor verò dicitur* chŭh

---

武 亻 woù — *Ductor; qui exercitum præcedit.* [pe. 亻 *vu* —, chef militaire qui commande une trou- 大宗 亻 tâ tsoŭng —, *vetus concilii præses.* 亻 *d'ai tŏng* —, ancien président du conseil du tribunal des rites. (Tcheou-li).

Lu **Pá**, *primus inter regulos; regulorum princeps.* Le premier d'entre les cinq anciens princes féodaux fameux par leurs brigandages.

估 **Koù**. A. *cŏ*. C. F. *kou*. J. *ko*. [fig. s.] (208) *Nundinarii fori vectigalia (chu choŭi). De rei pretio disputare (lün kia yè). Quanti res valeat disceptare (lün wĕh hŏ yè).* Taxes imposées dans les marchés (Kh. hi.). Débattre le prix d'une marchandise. Différer sur la valeur d'une chose, d'un objet de commerce.

亻 量 — leáng, *conjectare quanti aliquid valeat.*
亻 — lu'o', faire des conjectures sur le prix d'une chose, chercher à l'estimer à sa valeur.

孤 **Koùa**. En composition : Complétement (209) séparé, divisé :
亻 邪 — sie, *absolutè sejunctum.* Seul : *Non rectum (poŭh tching yè); distortum.* Déviant de la droite ligne. (Dictionnaire de Khâng-hi).

Étym. Signe 'homme' et gr. phon. *koua.*

俩 Ce caractère, dans l'anc. écriture 仿 (210) *tchéou*, est le n° 176, *quod vide.*

你 **Nì**. A. *né*. C. *ni.* F. *ji.* J. *ji,* ni. Var. 你 (211) *Pronomen Tu.* Pron. de la 2ᵉ p.s.
亻 門 — mĕu, *vos.* 亻 的 — tĭh, *tuus.*
亻 — mŏn, vous. 亻 — *d'ich*, de toi, le tien.
我不相故 — *ngò poŭh siàng kù.* Tu, Ego, (vel) *alter de altero nil curat.*

伲 **Nì**. Forme primitive du caractère précé- (212) dent, qui en est un homonyme.

他 **Szïh**. *Superbus. Prodigus.* (tc'hì yè). f. s. (213) Orgueilleux. Prodigue. Vaniteux.

伴 **P'án**. A. *ban.* C. *p'ún.* F. *p'wan.* J. *fan.* [f. s.] (214) *Grandior formâ (tá mào). Socius, collega (liù yè). Confidere in aliquo (Inniti (ĭ yè). Comitari, sequi (p'éï-yè).* Grand de forme. (Ch. w.). Compagnon; associé. Se fier, se reposer sur. Accompagner; tenir compagnie.

同 亻 t'oúng —, *socii ejusdem loci atque ordinis.* 亻 *d'ŏng* —, compagnons de même rang et qualité.

回朝 亻 駕 hŏeï tcháo — kía, } *redire aulam, co-* 亻 hŏi trieù — gía, } *mitari quadri-gam,* retourner à la Cour pour accompagner S. M

俠 **Tsoŭh**. *Tristitia; tristàri (yeòu yè).* (215) Tristesse. S'affliger. (Kh. hi).

個 **Hĕh**. *Quietus, silentiosus.* Vide seq. 俿 (216) Tranquille, silencieux. Syn. de 伶 **Ling**. A. *lính.* C. *ling.* F. *leng.* J. *lei.* [fig. s.] (217) *Solus (tŭh yè). Ludere (lùng yè). Famulus.* Seul, sans famille. (Kh. hi.). Jouer des comédies, comédien. (Ch. w.). Serviteur (*ssé-líng*).

亻 人 — jin, *musicus, musicorum primarius.*
亻 — nhŏn, musicien, chef de musique.
亻 利 — li, *solers, perspicax.*
亻 — lo'i, habile, perspicace.

佃 Le même caractère qu'avec le R. 130. (218) Voir l'explication à cette place.

Yào. Le même qu'avec le Rad. 64, q. v.
(219) *Aliquid manibus frangere.*

Chīn. A. *thán.* C. *chan.* F. *sin.* J. *sin.* [f. s.]
(220) *Extendere, laxare (choū yè). Explicare, dilùcidare (li yè). Distortum quod, facere rectum (kiǔh tchè, ssè tchǐh yè). Nomen proprium.*
Étendre, augmenter. (Y-K. Hi-tse). Expliquer, comme les clauses d'un traité. (V. ceux de 1860). Rendre droit ce qui est courbe (et au Figuré : Faire rendre justice à quelqu'un). Nom propre.

|陳 — *tchin, distincta et ordinata exploratio.*
— *tràn,* exposé distinct et par ordre.

欠| *k'ién* —, *oscitanter extendere membra.*
— *khiém* —, étendre ses membres en bâillant.

Tsiú. J. *cho. Rudis, stupidus (tchǔh-yè).* [f. s.]
(221) Grossier, stupide, ignorant. (Kh. hi).

Szé, sú. A. *tu'.* C. F. *sou.* J. *si.* [fig. s.]
(222) *Expectare (héou wáng yè). Aliorum facta observare (tc'lūng héou yè). Explorare, investigare, examinare (tc'hǎh-yè).* Attendre en observant. (Ch. w.). Veiller sur une personne. Explorer les actes, la conduite de quelqu'un. Celui qui agit ainsi.

Pêng. A. *binh.* C. F. *peng.* J. *boù.* [fig. s.]
(223) *Nuncius (szè yè). Obsecundare (tsoūng yè). Celer, sollicitus (kǐh yé).* Envoyé. Se conformer aux ordres, aux intentions de quelqu'un. Qui a des mouvements vifs, inquiets.

Ssé, szŭ. A. *tu'.* C. *tsz'.* F. *sù.* J. *ji.* [fig. s.]
(224) *Similis; similitudinem habere (siáo-yè). Sicut; similè. Successio, successivè, succedere (ssé yè). Species (lóu yè). Offerre (foùng yè). Cognomen.* Semblable; ressembler. De même que. Succession; succéder. De la même espèce. Offrir. N. pr.

相| *siàng* —, *similes videri.*
| *tu'o* —, paraître semblables. Ex.

是| — *chí, verum videtur, et non est.*
| — *thí,* cela paraît vrai, et il ne l'est pas.

非| — *féi, falsum videtur, et non est.*
| — *phi,* cela paraît faux, et il ne l'est pas.
Habet etiam hæc littera locum in comparativis. Ce car. a un sens particulier dans les comparaisons. Ex. : *yèou chíng* SSÉ *ngò tǐh; yèou poǔh joǔ ngò tǐh. Sùnt me potiores; sunt quibus ego potior sum.* « Il y en a qui sont supérieurs à moi (qui parais-« sent tels) ; mais il y en a aussi (parmi eux) aux-« quels je suis supérieur. »

但 Forme archaïque du car. pré-
(225) cédent, ainsi que le suiv. 刀厶

伽 **K'iâ.** A. *gia.* C. *k'é.* F. *këä.* J. *kā.* [fig. s.]
(226) Caractère purement ' phonétique ' qui entre dans l'expression en chinois de plusieurs noms bouddhiques empruntés aux ouvrages bouddhiques sanskrits dans les traductions qu'on en a faites en chinois, depuis le IVᵉ siècle de notre ère. Le *Tching-tsè-thoúng,* dictionnaire chinois dont le rédacteur cite souvent des livres et des termes bouddhiques, donne plusieurs de ces termes dans la composition desquels entre *kiá,* comme *k'iá-lán,* qu'il dit être le nom d'un Esprit ou d'un Génie (*chin míng*). Cependant cette expression correspond au mot sanskrit *vihára,* qui veut dire un ' monastère '. ou ' demeure de ceux qui se sont séparés du monde'; *Seng-kia-lan,* qu'il explique par

« jardin public (*tchoúng yoüén,* jardin de la foule) », paraît être la transcription de *sanghárāma* (de *sangha,* « assemblée, réunion », et de *drāma,* « jardin clos ou ermitage »). Les livres bouddhiques, ajoute l'auteur chinois, disent que *youën* ou « jardin » a ici le sens de « jardin de ceux qui se « sont réunis là ensemble pour y passer leur vie. » Aujourd'hui c'est là que demeurent les Bouddhistes, ces jardins n'étant plus à l'usage du public. »
Le même auteur chinois dit que le caractère chinois ci-dessus, prononcé *kiá,* représente en langage *fán* ou indien la voyelle *ă,* que l'on fait précéder de l'articulation gutturale *k;* ce qui est exact. Mais la prononciation japonaise de ce caractère, *kā,* est celle qui se rapproche le plus du sanskrit. Les auteurs du Dictionnaire impérial de Kháng-hî citent un certain nombre de termes chinois tirés des livres bouddhiques, dans lesquels entre le caractère *kiá* ou *kā* :
1º *Na-kia,* signifiant ' dragon ' (en sanskr. *nága,* grand serpent).
2º *K'i-kia,* ' rhinocéros '; (sanskr. *khad'ga*).
3º *Kia-na,* ' éléphant '; (— *gadja*).
4º *Yu-kia,* ' sagesse éminente '; (sanskr. *yóga*).
5º *Kia-pei,* ' royaume '; (skr. *Kapila,* royaume où naquit Bouddha).

伾 **P'êï.** A. *phi.* C. *p'i.* F. *phe.* J. *fi.* [fig. s.]
(227) *Robustus; strenuus; viribus pollens (yèou lǐh yè). Multi (tchoúng yè).* Robuste, fort, nerveux. (Ch. w.). Foule, multitude. *Taï-p'éï, quidam mons.* Nom d'une certaine montagne.

伿 **I.** *Piger, lentus (t'ò yè).* [fig. s.]
(228) Paresseux, lent, insouciant.

佁 **I, yì.** A. *d'ai.* Forte *impedimentum habens (hoù tchi máo). Ineptus, balbus.*
(229) *bens (hoù tchi máo). Ineptus, balbus.* Qui a une forte constipation. Inepte. Bègue.

征 **Tching.** En comp. *tchin-koúng.* Ce carac-
(230) tère désigne une personne : Qui paraît se hâter, agité de crainte.

佃 **T'iên.** A. *d'iën.* C. *t'in.* F. *tien.* J. *ten.* [f. s]
(231) *Agricultura (tchi tiên yè). Agros colere, arare (tsǒh tiên). Antiquitùs magnatum currus (koù king kiú). Venari (lǐh yè).* Agriculture. Labourer. Dans l'antiquité, Char des grands nommés *King.* Chasser, chasse.

佄 **Hän.** Le même qu'avec le R. 164. [fig. s.]
(232) *Semi ebrius.* A moitié ivre.

休 **Mài.** *Nomen medicinæ (yǒh míng).* [fig. s]
(233) Nom d'un médicament des barbares orientaux.

殀 **Ssè.** A. *tu'.* Anc. forme de (R. 79) 死
(234) *Mors, mori.* Mourir.

但 **Tán.** A. *d'an.* C. F. *tán.* J. *tan.* [fig. s.]
(235) *Multitudo (t'oú yè); Quicumque, omnes (fǎn yè). Particula : Tantùm, tamen, solùm, sed, si. Inanis. Decipere, fallere (tchá yè). Nomen proprium.* Multitude; un nombre illimité. Autant; cependant; seulement; mais, si. Vide. Tromper. (Hoaï-nân-tsè). Nom propre. — Selon le Choūe-wên : Vêtement simple à courtes manches (*siǔh yè*).

馬| — *mà, equus effrenis.*
| — *ma,* cheval effréné. Débridé.

不 poŭh —, *non solùm.*
b'ăt —, non-seulement.

行 **Tchŭ.** A. *tru'. Diù stare (kieoù lĭh yè).*
(236) *Expectare (t'ing yè).* Rester longtemps debout. (Choŭe-wèn), Attendre en regardant.
« L'ayant suivi des yeux jusqu'à ce qu'il le perdît
« de vue, il resta *longtemps debout* à la même
« place en pleurant. »(Chi-King). [fig. s.].

佈 **Poú.** A. *bŏ.* C. *pŏ.* F. *poŭ.* J. *po.* [fig. s.]
(237) *Circuitus; circuire (piĕn yè). Un-
dequaque. Extendere, dispergere.* Circuit; contour-
ner de toute part. Étendre; disséminer.

侮 **Voŭ.** A. *vu. Contemnere; illudere.* [fig. s.]
(238) Mépriser; railler. Forme ancienne
du même caractère ayant 7 traits. Voy.

佉 **Kiŭ.** Même car. qu'avec le Rad. 113. 祛
(239) *Mala avertere.* Écarter, détour-
ner des malheurs; etc. [fig. s.].

彼 **'Pĭ.** *Non rectum, pravum.* [fig. s.]
(240) Qui est plein de fausseté; dépravé.

佋 **Chāo.** A. *thiĕu. Situs majorum in avorum*
(241) *aulâ dispositus.* Lu chào : *rectum faci-
nus* (kiăi hing yè).Tablette des ancêtres.Bonne action.

佌 **Tsĕ.** Ce caract. répété *(tsè-tsè)* signifie :
(242) *Valdè parvus; ingenio et bonis mo-
ribus destitutus (siăo yè).* Très-petit, au propre; et
au fig. homme dépourvu de talents et de principes.

彼有屋 « Les hommes de ' talents inférieurs et de mauvais principes'
« *(tsè-tsè),* ceux-là ont de belles demeures. » (Chi-
King, Siao-yà). [fig. s.].

位 **Wéi.** A. *vi.* C. *wai.* F. *ui.* J. *ki.* [fig. s.]
(243) *Conditio regularis (wĕi tchĕ : tching
yè). Status, seu locus cuique debitus, dicitur* 'wĕi. Dignitas. Disponere. Numerale personarum magistratus degentium.* État, rang, condition propres des individus. Primitivement : Siéger de chaque côté d'un
portique. (Ch. w.). Place, état que chacun doit occuper. « Le sage désire ne pas sortir de sa condition,
de son rang. » (Y-K.). Dignité. Disposer, mettre en
ordre. Numérale des personnes en dignité.
— lí, *regere, dominari.* Gouverner, dominer.
ti —, *status, sedes,* État, position, situation.

列| lĭh —, *vestræ dominationis persona.*
| liĕt —, Votre Seigneurie. [perialis.
爵| tsiŏh —, *dignitas.* 龍| loŭng—, *thronus im-*
| tru'o'c—, dignité. 龍| long—, le tróne imp.
得| tĕh —, *assequi sedem.*
| d'ăc —, obtenir une situation.
失| chĭh —, *perdere sedem.*
| th'ăt —, perdre sa situation, son emploi.

低 **Tĭ.** A. *d'é.* C. *tai.* F. *tey.* J. *dei.* [fig. s.]
(244) *Non altum; humile; demissum; de-
mittere, inclinare.* L'opposé de haut; bas (au propre
et au figuré). Abaissé; abaisser. Pencher.

高高|| kào kào ——,*altissimum,humilissimum.*
| cao cao —, très-élevé, très-bas.
|下的人—, hía tĭh jĭn, *abjectus, vilis homo*
| —, homme vil et abject.
|了名頭— liào ming t'éôu, *suo decori notam
inussit.* Il a imprimé à son front une
tache d'infamie.

ÉTYM. Le Choŭe-wèn dit que ce caractère est
composé du signe ' phonétique' ti (à droite), qui
a la signification par lui-même de ' bas', auquel
l'on a joint par la suite le Radical ' homme'.

住 **Tchŭ.** A. *chŭ.* C. *tchŭ.* F. *tchè.* J. *djioo.*
(245) *Sistere (tchĭ yè). Stare (lĭh yè). Morari (kiŭ yè).* S'arrêter. Se tenir debout. Demeurer.

居| kiŭ—, *habitare.*
在—| cu'—, habiter dans un lieu. 在—| tăi, } id.
在那裡| tsăi nà lì —, *ubi habitat?* [t-il?
| tai na li —, où, en quel lieu habite-
忍不| jĭn poŭh —, *ferre nequeo.*
| nha'n b'ăt—, je ne puis le supporter.
留| lieóu —, *detinere aliquem domi.*
| lu'u —, retenir quelqu'un, par ex. chez soi.
|手— chèou, *ab opere cessare.*
| thu, cesser d'avoir la main à l'œuvre.

佐 **Tsŏ.** A. *ta.* C. *tso.* F. *tcho.* J. *sa.* [fig. s.]
(246) *Adesse, auxiliari (fŏu yè). Adjutor
(eŭh yè).* Aider quelqu'un dans ses fonctions; assister. Conseiller. Ministre.
六| loŭh —, *sex consiliarii* τοῦ Foŭ-hĭ.
| luc—, les six ministres de l'anc. emp. Foŭ-hi.

ÉTYM. Selon le Choŭe-wèn, ce caractère signifie
' assister de la main', étant composé du signe
' main' et du Rad. 工 koŭng (48), qui signifie
' ouvrier '. Avec le Rad. ' homme', c'est l'homme
éclairé qui aide un souverain de ses lumières.

佑 **Yeóu.** A. *hu'ă.* C. *yau.* F. *rŭ.* J. *iou.* [fig. s.]
(247) *Auxiliari (tsó tsóu yè). Opem ferre.*
Aider. Secourir, protéger. (Chou-King).

上天孚下民| chàng t'iĕn foŭ — 'hía min |
*supremum Cælum convenienter
subvenit miseris populis.* « Le Ciel suprême est
venu au secours du peuple misérable qui a eu confiance en lui. » (Chôu-King, Thâng-kào).

ÉTYM. Ce caractère, selon le Choŭe-wèn, ne
doit être composé que de la partie droite qui, dans
sa forme actuelle, est le ' groupe phonétique '.
Celui-ci est composé du signe ' main ' et du signe
' bouche ', anciennement ' figuratifs', lesquels si-
gnifiaient : ' aider de la main et de la parole',
comme les ministres et serviteurs d'un prince. On
ajouta ensuite à sa gauche le signe ' homme ', à tort,
selon Chă-mŏu. Ce car. s'écrit aussi avec le R. 113.

侅 **Yang.** *Corpus non porrectum vel exten-*
(248) *sum (t'ĭ poŭh chĭn yè).* Non étendu.
(Kh. hi). Au ton ', même sens. Il se prend quelquefois pour le n° 159, qui a la même prononciation.

体 **Pén.** A. *bŏn.* C. *t'ai.* F. *t'i.* J. *pen.* [fig. s.]
(249). *Infirmus, debilis (liĕh yè). Rudis,
vilis; exteriore figurâ rudis (t'soŭ mào).* Infirme,
débile. Grossier; vil; d'un extérieur commun.
Forme vulgaire du même ' gr. phon. ' avec le Rad.
118. On l'emploie aussi vulgairement pour le car.
tĭ (n° 188) 軆 豊, mais à tort, selon le I-wén-pí-
làn (sub voce) 軆

佔 **T'iĕn.** A. *triém.* C. *tchim.* F. *tium.* J. *tèn.* [f.s.]
(250) En composition :
|佃— teŏu, *vilipendere; contemnere.*
|佪— d'ău, mépriser, dédaigner.

Lu to'hên : *Explorare, exspectare, respicere*. Observer, examiner, regarder. Dans ce dernier sens, ce caractère se prend pour (R. 147, 5). 覘 « Les étudiants d'aujourd'hui lisent à voix basse les tablettes qu'ils examinent. » (Li-ki).

亻喁 —nĭh, *verba ad aures alicujus secretò dicta.* —nhiép, paroles dites secrètement à l'oreille de quelqu'un. (Comm. *Sou-yin*).

Étym. Ce caract. est composé du R. ' homme' et du *groupe phonétique* tien.

何 Hŏ. A. *hà*. C. F. *ho*. J. *wo, o.* [fig. s.]. (251) *Quis (chôui yè, nà yè)? Quomodò (où yè)? Quare (yán yè)? Quid (hŏh yè, hĭ yè)? Particula interrogativa. Tono* ' : *humeris gestare (foŭ yè). Nomen proprium.* Qui? Comment? Pourquoi? Quoi? Particule interrogative. Lu hŏ, porter sur ses épaules (sens primitif du caractère, selon le Choŭe-wên). Nom propre, et celui d'un royaume dans le Si-yŭ. (Kh. hĭ).

| 亻人 —jĭn, *quis?* | 亻事 —ssé, *quid negotii?* |
| — nhŏn, qui? | — su', de quelle affaire? |

| 如 | joŭ —, *quomodò?* | 亻以 | —i, *Id.* |
| | nhu' —, comment? | | —dĭ, |

無 | woŭ —, *nondum multum tempus elapsum est.* | vó —, il n'y a pas encore longtemps. (Kh. hĭ).

| 無幾 | woŭ ki —; | *Id.* | 時 | — chĭ, *quandò?* |
| | vó co' —, | | | — thĭ, quand? |

誰 | choŭi —, *quid? quomodò?* Comment? pourthŭy —, quoi? Comme si l'on disait : je n'ose pas; comment le ferais-je ? (*moŭh kàn joŭ hŏ*). (Kháng-hĭ). *Hŏ-chi*, n'est-ce pas ?

無可奈亻 woŭ k'ŏ nâï —, *nullum est remedium.* vó khả nai —, la chose est désespérée. Ce caractère se prend quelquefois pour 訶 ' réprouver '. Il est comp. du signe ' homme' et du *groupe phonétique* hŏ, 'ho, ko.

伾 Pĭh. C. F. *pit*. J. *pit*. [fig. s.]. *Habitus* (252) *oris et vultùs gravitate et majestate plenus (yèou 'wéĭ i yè).* [Dict. Tseu-'wéĭ, Tseutian, Pëĭ-wên-yun-fou, Sse-yĭn-chi-i]. *Implere, plenum (màn yè).* [Kh. h.]. Homme qui a une attitude grave et majestueuse conforme à la décence. Plein. Nom propre. Etant répété : pĭh-pĭh, il forme une expression adverbiale : majestueusement.

Étym. Ce caractère, selon le Choŭe-wên, est composé du signe ' homme ' et du groupe phonétique *pĭh*. Le Dictionnaire Tching-tseu-thoung reproche à Hiu-chin d'avoir écrit ce caractère avec le radical *jin* (R. 9) ' homme ', au lieu du radical *sĭn* (R. 61), ' cœur ', comme on le trouve dans le Chi-King, ou ' Livre des vers ' (Section *Siao-ya*), et il lui donne un sens tout opposé : *habitus sine gravitate et majestate (woŭ wéĭ i yè).* Nous avons adopté l'opinion des dictionnaires chinois les plus importants et les plus récents. Toutefois le I-wanpi-lan ne lui donne que le second sens de *plenum*, plein (*màn yè*).

伦 T'ŏ. A. *d'à*. C. F. *t'o*. J. *ta.* Se prend (253) pour 他 宅 *Humeris vel costis gestare. Pulcher (mèï yè). Pron. Ille (pi yè). Nom. pr.* Le transport à dos de buffles ou de chameaux s'exprime vulgairement par le car. *t'ŏ.* Etant répété : *t'ŏ-t'ŏ*, il forme un adverbe qui si-

gnifie : D'un aspect agréable. (Chi-K.). Il se prend aussi pour le pron. dém. Ce, Cet. Nom pr. [*tus*.

亻背 —péï, *gibbus*. | 委 | wëï—, *pulcher, contenboï*, bossu. | u'y —, beau, satisfait. *Legitur etiam* tò : *crines sparsi.* (Sse-ki).

Étym. Le Choŭe-wên donne aussi à ce car. le sens du pronom interrogatif *Quis? Quomodo?* (nᵒ 251) (*hŏ yè*). Quoi? Pourquoi? Comment? Il le dérive du signe ' homme' et du gr. ph. *t'ŏ.* [fig. s.].

余 Chë. A. *xà. Cognomen.* [fig. s.]. (254) Surnom. Nom propre.

余 Yù. A. *du'.* C. *yü.* F. *i.* J. *yŏ.* (255) *Ego (ngŏ yè). Verborum elegantia. Nomen lunæ* 4ᵉ. *Cognomen.* Pronom de la 1ʳᵉ personne : Je, moi. Abondance élégante d'expressions. La 4ᵉ lune se nomme aussi *yü yoŭéï.*

佚 Yĭh. A. *d'àt.* C. *yat.* F. *yit.* J. *its.* (256) *Quiescere ('án yĭh poŭh láo yè). Quietam agere vitam. Genio indulgere; à tumultibus sese subducere. In solitudinem sese abscondere (yìn tün yè). Prætermittere; negligere. Nom. pr.* Vivre dans la tranquillité et le repos; fuir le monde. Suivre ses propres inspirations. Se soustraire au tumulte de la société. Se retirer dans la solitude. Omettre; négliger ses devoirs. (Chou-K.). Nom propre. *Sè-yĭh*, nom du ' grand historien ' du temps de Wou-wàng (1134 av. J.-C.).

Étym. Car. composé du Rad. ' homme ' et du *Gr. phon.* yĭh. ' Peuple ', selon le Choŭe-wên.

佛 Fŏh. A. *phàt.* C. *fat.* F. *huvut.* Anc. f. 亻 (257) *Aspicere et non perpendere* 亻 (*k'ián poŭh chi yè). Alicui adversari (nĭh yè). Rebellis (lĭ yè). Sectarius insignis Indiæ orientalis.* Regarder les objets sans les percevoir distinctement. (Ch. w.). S'opposer à quelqu'un. Ennemi. Rebelle. Nom chinois de Bouddha, lequel n'en est que la transcription selon l'ancienne prononciation *phat*, ou *fat*, pour *bouddh.* Ce caractère n'est plus usité que dans cette acception et pour la transcription de quelques noms étrangers, comme ' Săn-fŏh-tsi ', nom donné anciennement à une partie de l'île de Soumatra, et qui signifie ' Réunion des trois Fŏh ; ' Jéou-fŏh ', Java; ' Fŏhlang-ki ', les Francs; tous noms de royaumes, dit le Dictionnaire de Kháng-hi.

Le royaume de France était connu des Chinois dès le commencement du XVIᵉ siècle. On le trouve cité dans leurs livres dès cette époque (voir notre édition de Marco Polo, p. 475), sous le nom de

佛郎幾 *Foh-lang-ki.* Ce n'est que dans le traité de 1860 avec la Chine que l'on a écrit ce nom 法國 *Făh koŭe* (par abréviation de *Făh-lang-* 亻法國 *ki koŭe*) le ' royaume de France ' ou de la ' Loi ', pour que les Chinois ne supposent pas qu'on y pratique la religion de Fŏh ou Bouddha.

On lit dans un autre dictionnaire chinois, le Tching-tseu-thoung, cité dans le précédent, que, d'après les Mémoires du temps, pendant la 7ᵉ année ' young ping ' de l'empereur Ming-ti des Han (en 64 de notre ère), la doctrine de Fŏh commença de pénétrer dans le Royaume du Milieu (la Chine). C'est une erreur. Du temps des Thsin (220 avant notre ère), des Cha-men (religieux bouddhistes), et d'autres, se rendirent près de l'empereur Thsin Chi-hoäng, lequel, ayant considéré leur doctrine comme étrangère et dangereuse, les fit mettre en prison. Du temps de Wou-ti (140-88 av. J.-C.), il fut apporté en Chine une statue d'or de Foh, à l'imitation de laquelle toutes celles qui ont été fondues depuis ont été faites. Mais ce ne fut réellement que sous le règne de l'empereur Ming-ti des Han que la doctrine de Foh ou Bouddha fut reçue officiellement en Chine, quoiqu'elle y eût déjà pénétré plus de 250 ans avant.

On lit dans l'ouvrage de l'ancien philosophe Lie-tseu (*Tchoüng hiù tchin King*, 3. k. f° 1, éd. *Chi-tseu*, ou des ' dix anciens philosophes '), et qui florissait 398 ans avant notre ère, que, « du temps de Mou-wang (1001-945 avant J.-C.), un homme qui faisait des prodiges et qui était d'un royaume de l'extrême Occident, se rendit à sa cour. » Les critiques chinois disent que ce n'était pas le ' saint homme de l'Occident que l'on nomme Föh '. Le même philosophe Lie-tseu rapporte aussi (lieu cité, K. 4, f° 3, v°), que Khoung-tseu disait que « parmi « les peuples des contrées de l'Occident, il y avait « un homme de la science et de la vertu les plus « éminentes (*ching*). » Ces passages, selon les auteurs des deux dictionnaires chinois cités, ont été faussement considérés comme se rapportant à Föh. Nous sommes du même avis ; les dénominations ' d'extrême Occident (de l'Asie) ', de ' contrées de l'Occident ', feraient plutôt penser à Zoroastre (Zarathoustra), eu égard surtout aux dates reculées auxquelles lesdites citations se rapportent.

作 **Tsò.** A. *tác.* C. *tsók.* F. *tchók.* Anc. f. 作 (258) *Facere, operari* (*wéï yè, hìng yè*). *Exordiri* (*chì yè*). *Reformare physice et moraliter* (*tsáo yè*). Tono ˘, *Exoriri* (*lùng yè, k'ì yè*). Faire ou exécuter tout acte qui produit des résultats visibles. Faire. Commencer. Réformer physiquement et moralement. Au ton ˘, Surgir du milieu de la foule. Nom propre.

聖 謂 之 者 | — *tchè, tchì wéï chíng*, celui qui exerce toutes ses facultés et son influence pour éclairer les autres et les rendre meilleurs est appelé un ' saint ' (*chíng*). (Li-ki).

睹 物 萬 而 | 人 聖 *ching jìn — eúlh wén wèh toù.* « Le saint homme paraît, et tous les êtres de la nature le contemplent avec admiration. » (Y-King).

文 | — *wên, componere librum, versus.*

| — *ván,* composer un livre, des vers, des écrits.

事 | — *ssé, agere negotium.*

| — *su',* faire des affaires, du commerce.

工夫 | — *koùng foû, operari, laborare.* [mains.

| — *cong phu,* travailler, faire œuvre de ses

侚 **Kéou.** *Insipiens. Rudis.* [fig. s.] (259) Extrêmement borné; grossier.

佞 **Níng.** A. *ninh.* C. *ning.* F. *leng.* J. *ni.* (260) *Eloquio pollens* (*kèou t'sáï yè*). *Habilis; ideò qui se humiliare appellare volet, dicit :* 不 | *poůh níng, ego inhabilis. Loquax.* Éloquent. Habile par la parole. En parlant de soi modestement, on dit : « Je ne suis pas un homme habile (*poůh níng*). » Grand parleur.

ÉTYM. Le Choůe-wên dérive ce caractère du signe 女 *niu*, ' femme ' et d'un autre abrégé qui signifie ' confiance, croyance ', joints au radical ' homme ', parce que la femme croit facilement aux belles paroles que l'homme lui conte.

侗 **Toûng.** A. *d'öng. Cognomen.* Nom d'une (261) localité dans le Liao-toung.

6 TRAITS

佩 **Péï.** A. *bóy.* C. *p'úi.* F. *pòè.* J. *pei.* [f. s.]. (262) *Aliquid ex utraque parte pendens secum deferre* (*tái yū chīn chī liàng piēn yè*). *Species cinguli ex quo lapilli pendent. Pendere.* Porter une ceinture dont les bouts pendent de chaque côté du corps. Ceinture de laquelle pendent des ornements en jade (selon les degrés et les fonctions). Porter quelque chose suspendu à sa ceinture. [*cultrum parvum cingulo portare.*

刀 | — *tāo, accinctus gladio; gladium vel potius* — *d'ao,* porter une épée à sa ceinture.

ÉTYM. Caractère composé du signe ' homme ', d'un autre (n° 36) qui signifie ' rond ', et du Rad. 50 巾 *kīn,* ' étoffe légère ' servant à orner les vêtements.

佩 **Soůh.** En comp. 備 *tchoůh —, non* (262ª) *extensum,* non étendu.

個 **Hoêï.** A. *hóï.* 俳 *péï —, hàc illàc* (263) En comp. *discurrere. Perturbatus.* Courir çà et là. Troublé.

ÉTYM. Car. de la 5ᵉ cl. fig. et son. Voy. Rad. 60, même groupe phonétique.

倌 **Hoán.** *Magistratus.* Fonctionnaire 官 (263) public. Forme abrégée de

佫 **'Hŏh.** *Cognomen.* Nom propre. Comp. (264) du Rad. ' homme ' et gr. phon.

佬 **Leâo.** Ce car. répété, *leâo-leâo,* signifie : (265) qui paraît grand, étendu. [fig. s.]

條 **Hiàng.** En comp. 儴 | *young—, indo-* (266) *mitus.* Insou- mis, résistant.

'Hŏh ou **k'ŏh.** *Congregare, unire.* [f. s.] (267) Réunir, rassembler (*hŏh yè*).

佯 **Yâng.** A. *d'u'o'.* C. *yeúng.* F. *yâng.* J. *you.* (268) *Falsum; fingere. Dissimulare* (*tchá yè*). Faux; feindre. Dissimuler. [fig. s.].

不知 | — *poůh tchī, simulat se nescire.*

| — *bat tri,* il feint de ne pas comprendre.

善 | — *chén, probitatis simulator; hypocrites.*[pas.

| — *thiēn,* celui qui feint des vertus qu'il n'a

有 | — *yeòu, falsa informatio.* [fausse.

| — *hu'ù,* faire croire comme vraie une chose

佰 **Pĕh.** A. *bách.* C. F. *pák.* J. *pek.* [fig. s]. (269) *Centum homines. Centum tsiàn, vel sapecæ.* Cent hommes, formés de dix escouades. Chef de cent hommes. Réunion ou enfilade de cent *tsiàn* ou sapèques.

ÉTYM. Car. comp. du rad. ' homme ' et du signe 百 *pĕh,* qui signifie 100.

佪 **Hòeï.** En 佌 *p'í —,* qui est laid, (270) compos. difforme. [f. s.].

佲 **Mìng.** *Bonus* (hào yè), Bon. (Ts. w.).
(271) Se prend qqf. dans le sens de 酩
Très-adonné à l'ivrognerie. [fig. s.].

佳 **Kia.** A. *giai.* C. *kài.* F. *ké.* J. *ki.* [f. s.].
(272) *Pulchrum* (mèi yè). *Bonum* (hào yè). *Virtute præditus* (chén yè). Beau. Bon. Doué de vertu. Exemples :

人 — jìn, *mulier formosa.*
— nhon, une belle femme.
音 — yìn, *nuntia grata, jucunda.*
— ăm, bonnes nouvelles reçues par lettres.
句 — k'iu, *pulchra verba.* [ses.
— cù', belles paroles ; phrases harmonieu-
章 — tchâng, *pulchra compositio litteraria.*
— chu'o', un beau morceau de style.
筆 — pĭh, *pulcher penicillus.*
— bút, belle écriture tracée au pinceau.

Étym. Car. composé du signe 'homme' et du groupe phonétique kia. (Ch.-w.).

休 **Yĭh.** Nom d'une maladie. Se dit d'un
(273) homme qui, se nourrissant bien, reste dans un état constant de maigreur.

佪 **Soŭh.** *Manè.* Matin ; matinal. Forme
(273ª) antique du caract. (Rad. 78). 夙

佴 **Eŭlh. Ni.** A. *nhì'. Secundus. Adjutor.*
(274) *Nomen loci. Nomen proprium.*
Second. Aide ; assistant. N. de lieu. N. pr. [f. s.]

併 **Ping.** A. *tinh.* C. *ping.* F. *pèng.* J. *pi.* [f. s.]
(275) *Conjunctio Et. Cum. Simul. Singuli.*
Omnes. Conjonction Et. Avec. Ensemble. Chacun.
Tous. Synonyme du n° 411. [ponere.

命 — ming, *sese morti, ut alius moriatur, ex-*
— minh, s'exposer à la mort pour qu'une autre personne meure aussi.
Nota. Ce caractère a pour synonymes *phonéti-ques* ayant le même *sens,* les car. 俜並竝

佶 **Kĭh.** A. *kiét.* C. *kat.* F. *kat.* J. *kitz.* [fig. s.].
(276) *Rectum* (tchíng yè). *Fortis, robustus.*
Indefessus. Durabile (tchoŭang kièn mào). Droit. Fort, robuste. Infatigable. Durable.

佷 **Hăng.** Hăng-chăn, canton de ce nom,
(277) dans la province de Hoŭ-kouâng,
qui produit des plantes médicinales. [J. kwătz.

佸 **Hoŭoh,** et **Kouŏh.** A. *koùt.* C. *k'ut.* F. *kwat.*
(278) *Congregare* (hoĕi yè). *Congressus.*
Pervenire (tchi yè). Réunir. Réunion. Parvenir à.

佃 **Kioùng.** *Parvus* (siào mào). *Miser* (hàn yè)
(279) *Ad breve tempus habitare* (ɔu kiu yè). *In flexu rogare* (k'iŭh yè). Pauvre. Malheureux de figure et d'aspect. Vagabond. Demander l'aumône dans une posture inclinée.

佹 **Koùeï.** *Graviter impeditus* (tchoŭng loŭi yè).
(280) *Maximè intricatus. Quidam di-cunt : Inniti* (ĭ yoŭeh ĭ yè. Khàng-hî). *Curvus, dis-tortus.* Homme très-embarrassé. Quelques-uns, di-sent les rédacteurs du dict. de Khàng-hî, préten-dent que ce caractère signifie : S'appuyer sur. Courbe, tortu.
Étym. Composé du signe 'homme' et du groupe phonétique koueï.

佺 **Tsoŭen.** Ou-tsoŭen, nom d'un anachorète
(281) immortalisé du temps de Yao.

侗 **Si.** *Parvus videri* (siào mao). Paraître
(282) petit. (Choŭe-wèn). [fig. s.].

佻 **T'iāo.** A. *d'ieù.* C. F. *t'iao.* J. *tou.* [fig. s.],
(283) *Solus ambulare* (toŭh hîng mào).
Procrastinare. Debile. Qui se plait à voyager seul, pour être plus à son aise. Lu **yáo** : Remettre de jour en jour à faire une chose. (Siun-tseu). Débile.

— —, *laborum impatiens.*
— —, qui ne supporte pas le travail.

佼 **Kiào.** A. *nhào. Bonum, formosum* (hào yè).
(284) *Robustus* (kièn yè). Bon, beau. Ex-cellent. Vigoureux, robuste. (Hoaï-nan-tseu).

人 — jìn, *homo formosus.*
— nho'n, homme remarquable par sa beauté.

倏 **T'séu.** A. *thich.* C. *t'z.* F. *tc'hoŏ.* J. *tsz.* [f. s.].
(285) *Quam celerrimè* (pièn lĭh yè). *Auxi-liari* (tsoŭ yè). *Opportunum. Vicissim. Comparare* (pí yè). *Ordinare.* Prompt, vif, rapide. Aider. Opportun. Alternativement. Comparer. Mettre en ordre. A la place d'un autre (tăi yè). Échanger (ti yè). Atteindre, obtenir (kĭh yè).

佾 **I, yĭh.** A. *dăt.* C. *yat.* F. *yit.* J. *itsz.* [f. s.].
(286) *Dispositio choreas agentium* (woŭ hîng lièh yè). *Choreas agere.* Ordre observé par ceux qui exécutent des danses en chœurs. Hommes qui exécutent ces danses.

使 **Ssè, chè.** A. *su'.* C. *sz* F. *soŏ.* J. *tsz.* [f. s.].
(287) *Servire ; ministrare* (lìng yè ; yĭh yè). *Facere ut, etc., detur quod, etc. Legitur etiam* **ché** : *Qui mandatum recipit* (mìng tchè yè) ; *Le-gatus. Prætereà. Nuntius inquirendi et petendi causâ missus* (i jìn p'ing wèn). Servir en qualité d'intendant, de chargé d'affaires, d'envoyé. Faire en sorte que (une chose dont on a été chargé se fasse, s'exécute). Lu **ché** : Un envoyé, un manda-taire. Un exprès chargé de prendre des informations.

不 — poŭh —, *non permittere.*
— băt —, ne pas permettre de faire une chose.
民 — mín, *uti plebe ad opera publica.* [blics.
— dăn, employer le peuple à des travaux pu-
得 — tĕh, *(loc etiam) fieri potest.*
— d'ắc, cela peut se faire.
用 — yoŭng, *uti ; impendere ; impensa.*
— dung, employer, se servir de. Dépenses.
費大 — feï tá, *magna impensa.*
— phi d'ai, grandes dépenses.
人差 — jìn, tch'aï —, *nuntius ; delegatus.*
— nhon, sai —, messager ; envoyé.
臣 — t'chìn, *legatus, internuntius.*
— thàn, ambassadeur. Négociateur.
天 — t'iēn —, *cœli nuntius.*
— thiên —, messager de l'empereur de Chine.

聖人者天地之 — 也 — ching jìn tchè : — yè. L'homme qui est parvenu à l'état de sainteté ou de sage accompli est l'*envoyé* du Ciel et de la Terre.
Étym. Ce car. est composé du signe 'homme' et du gr. ph. (Ch. w.). Le Loŭ-chou-thoŭng dit, au contraire, qu'il est composé du signe 人 'homme'

et de 事 *ssé* ' affaire ', et signifie, par sa composition, 亻 ' ordonner à un homme d'accomplir telle chose, telle affaire '.

佣 Hing. A.*hinh.*C.*yin.*F.*héng.* J.*kci.*[f.s.]. (288) *Perfectè efformatum (t'oûng hìng tc'hîng yè).* Corps complètement développé, parfaitement formé, et qui ne peut plus changer. (Kh. hi).

伈 Sîn. *Homo qui ambulando properat (hìng* (289) *yŏh siàn yè).* *Multitudo (tchoûng tŏ máo).* Homme qui, étant en route avec de nombreux cavaliers, cherche à les devancer. Multitude. Nom propre.

Étym. Ce car. est composé du signe ' homme ' et du *groupe phonétique* ' *siàn* ', qui signifie aussi *avant, devancer,* = ' homme qui devance les autres '.

侃 K'àn. A. *k'hán.* C. *hon.* F. *k'hán.* J. *kan.* (290) *Dicitur de Homine composito et non affectatæ urbanitatis. Fortiter rectus, vel rationi consentaneus (káng tchĭh yè).* Se dit d'un Homme grave et d'une politesse non affectée. Homme d'une droiture inébranlable. (Choŭe-wén). C'est ainsi que Confucius est dépeint dans le Lŭn-yú.

Étym. Le Choŭe-wèn dérive ce caractère du signe ' homme ', d'un autre qui signifie ' bouche, parole ', et d'un troisième qui figure une eau qui coule toujours dans le même lit.

侄 Tchĭh. A. *chát.* C. F. *tchit.* J. *chitz.* [f.s.]. (291) *Firmum; durum; forte (k'iĕn yè). Rudis. Infirmitas animi (tch'ĭ yè).* Ferme, solide; dur; fort. Grossier. Maladie; obscurcissement de l'intelligence.

亿 — i, *qui progredi nequit.* — *ngat,* qui ne peut avancer. (Kh. h.).

侅 Hâï. En comp. **K'ĭ-hâï** : *Non com* (292) *mune. Extraordinarium.* Chose extraordinaire, peu commune. [f. s.].

來 Lâï. A.*laï.* C. *loi.* F.*lái.* J. *rai.* Koù-w. 徠 (293) *Venire (laï yè). Redire (hoán* 徠 *yè). Assequi (kĭh yè). Arcessere (tchâo yè). Triticum.* Venir. Revenir. Parvenir, atteindre. Faire venir, appeler près de soi. (Tchoŭng-foûng). Nom d'une espèce de blé. Nom propre.

往 | wàng —, *ire et venire.* | *vàng* —, faire une visite, la rendre.

On lit dans le Li-ki : « La vraie politesse exige « des visites réciproques (*wàng lâï*) ; ne pas *rendre* « une visite qui vous a été *faite* est une grossiè- « reté, comme ne pas vous la rendre quand vous « l'avez faite est aussi une grossièreté ; » (*lĭ cháng* wàng lâï ; wàng *eŭlh poú* lâï, *fĕi lĭ yè; lâï eŭlh poŭ* wàng, *ĭ fĕi lĭ yè*).

歷 | —lĭh, 由 | —yĕou, | 原 | *youàn*—, *causa.* 歷 | *lich,* | *do,* | | *nguo'n*—, cause.

從 古 以 | t'soûng koù ì —, *ab antiquo usque* | *nunc.* Depuis les temps anciens jusqu'à nos jours.

孫 | — sūn, *abnepotum filii.* (Khâng-hi). | — *tón,* les fils d'arrière-petits-fils.

人 | — jin, *qui meum nuntium agit apud amicum.* | — *nhôn,* qui remplit les fonctions de messager.

一 | — ĭ —, *primò.* | *nhât* —. premièrement.

二 | cŭlh —, *secundò.* | *nhi* —, secondement.

Au ton ' : 勞 來 *láo laï : Laborantes præmio dona-* *re,*' *dicitur* 勞 來 *lâo; Venientes benè excipere, dicitur* láï.

Dans le style moderne ou vulgaire, le caractère 來 *laï* est employé à la fin de bon nombre de locutions pour les ' renforcer ' dans le sens de l'accomplissement de l'action indiquée vers celui qui en est le sujet; comme : *ná-laï,* ' prends et viens ', c'est-à-dire ' apporte '.

Étym. Ce caractère était composé, dans l'ancienne écriture, du radical de la marche 彳 et du groupe actuel *laï.* Il n'est resté dans l'usage 亻 que le *groupe phonétique* avec la signification du composé primitif.

倈 I. *Ordo; dispositio (t'sz yè). Classis, se-* (294) *ries (tĕng yè). Cadaver (chí yè).* Ordre, disposition. Classe, série. Cadavre. [f. s.].

侈 Tch'i. A.*xi.*C.*tch'i.*F.*tchhi.*J.*chi,ji.*[f.s.]. (295) *Prodigus; prodigere (tc'hé yè). Sum-* *ptuosus (t'aï yè). Magnificentiam et sumptus exhi-* *bens (tchǎng tá yè).* Prodigue, prodiguer. Dissiper; dissipateur. Somptueux. Homme qui déploie une grande magnificence.

俇 Wàn. *Gibbus, gibbosus.* Bossu. L'ancien (296) philosophe Siun-tseu a dit : « On « doit le mépriser comme un bossu (*tsiàn tchĭ joŭ* « wàn). » [fig. s.].

倲 K'oŭa. A. *khóa. Jactare se. Magnilo-* (297) *quus (k'ido yè).* Homme plein de lui-même qui aime à se vanter sans cesse. [fig. s.].

侊 Koŭang. *Mag-* | 飯 — fán, *convi-* (298) *num.*Grand. | | *vium splendidum.*

例 Li. A.*lĕ.*C.*lai.* F. *lĭ.* J.*ri*(pour *li.* [fig. s.]. (299) *Lex. Ordo (tĕng yè). Dispositio ge-* *neralis (k'áï yè). In ordem componere.* (Ch.-wén) Loi. Ordre. Disposition, règle générale. Mettre en ordre.

古 | koù —, *mos vetus.* | *cŏ* —, usages anciens.

凡 | fán —, *recta dispositio.* | Disposition régulière ; cela s'entend aussi des règles tracées par les commentateurs pour lire avec fruit les livres que l'on étudie, en faisant ressortir l'ordonnance et l'agencement des divers sujets qui y sont traités.

則 | tsĕh —, *tribunalium leges.* | *tác* —, les lois des tribunaux

律 | } *Leges.* Lois. Le caractère *liŭh* dé- | *luát* — } signe, en Chine, les lois fondamentales qui ne changent point, et qui forment le Code général de l'Empire ; et le caractère *lí* désigne les dispositions explicatives ou modificatives qui doivent être suivies dans l'application

佥 Yin. Forme ancienne du caractère 陰 (300) Radical 170, 8 tr. Quod Vide. 陰

侍 Chi. A. *thí.* C. *chi.* F. *sĭ.* J. *chi, ji.* (301) *Accipere (tc'hìng yè). Ad latus ad-* *sistere (kín yè). Comitari, Sequi (ts'oûng yè). Adesse* (*p'ĕï tsĕh*). Recevoir d'un supérieur. (Ch. w.). Se tenir auprès de son maître ou précepteur. (Li-ki). Accompagner. Suivre. Être présent, attendant des ordres les mains pendantes en signe de respect.

亻坐 — tsó, *ad latus sedere proximus.*
— *toa*, être placé à côté de quelqu'un.

Ce caractère entre dans un grand nombre de termes composés, surtout de fonctions, comme : *Chí-liang*, vice-président d'une cour ou ministère ; *Chi-wéi*, garde impériale.

Étym. Caractère composé du signe ' homme ' et du *groupe phonétique chí*. [f. s.].

伋 **Mi**. *Blandiri (foŭ yè). Lætari ('aï yè).* 救
(301a) Flatter. Se réjouir. Syn. de 救

佛 **Tchôu**. A. *chaŭ.* C. *tchŭ.* F. *tchou.* J. *chĭyu.*
(302) En comp. avec d'autres caractères .

亻儒 — joŭ, *corpore brevis, ut pygmæus.*
— *nhu*, *Columna brevis super trabem majorem.* De taille courte. Petite colonne sur une grande poutre. *Ling-tchou.* Nom d'un ancien musicien. [ngok. [f. s.].

佝 **Houĕh, Hĭ**. A. *huŏc.* C. *kwĭk.* F. *hok.* J. (303) *Quies (tsíng yè). Silentium (tsĭh yè).*
Taciturnitas. Repos. Silence. Tranquillité. (Chĭ-K.).

侑 **Yéou**. A. *hu'u.* C. *yau.* F. *yew.* J. *iou.* [f. s.].
(304) *Adjuvare (tsó yè). Ministrare (siáng yè). Eum qui comedit vel bibit ad amplius comedendum vel bibendum invitare (ki chĭh eŭlh k'ioŭen chĭh yoŭeh yèou).* Remunerari *(páo yè).* Aider. Servir à table. Servir à manger. Récompenser.

佞 **'An**. *Quies. Tempus serenum (yèn yè).*
(305) Repos. Temps serein. (Ch. w. f. s.).

律 **Liŭh**. A. *duăt.* En composition : *liŭh-* (306) *k'oŭeï : Maximus ; inter magnos primus (tá máo).* Qui paraît grand entre tous.

俸 **Meōu**. A. *maŭ.* C *mau.* F. *boŭ.* J *bou.* [f. s.].
(307) *Pari ordine (t'sí tèng yè). Æqualis (k'iŭn yè). In unum convenire.* Hommes de la même classe ou du même rang. (Ch. w.). Égal. Se réunir ensemble dans le même lieu.

不相 pŏu siàng —, *non inter se conveniunt.*
bât tu'ong —, ils ne se conviennent pas.

倆 **Eŭlh, jì**. *Aspectu innumerabile (tchoŭng* (308) *tŏ máo).* Qui a l'aspect d'une foule innombrable.

侖 **Lùn**. *Meditari (szé yè). Ordo ; res ordi-* (309) *natæ (siŭ yè).* Méditer. (Ch. w.).
Ordre ; choses mises en ordre par écrit sur des tablettes, et rangées par divisions. (Khâng-hĭ).

昆亻 *kouén* —, nom d'une montagne à laquelle on donne la forme du ciel, et dont il est beaucoup parlé dans le Chân-haï-King. Une des chaînes des monts Himâlayas.

俫 **Loŭï**. *Secundus ; alteri immediatus (yayè).*
(310) Second ; qui vient en second. [f. s.].

侗 **T'oŭng**. A. *dŏng.* C. *t'ung.* F. *tŏng.* J. *toŏ.*
(311) *Magnum (tá máo). Rudis, Ignarus (woŭ tchĭ yè). Homo perditus, inutilis, qui suis partibus non satisfacit (wéï tc'ching kĭ chĭ jin :* litt. : *homo (sicut)* utensile nondum perfectum). Grand. (Ch. w.). Ignare ; imbécile.

Étym. Comp. du signe ' homme ' et du groupe *phonétique t'oŭng.*

佗 **Tc'há**. En
(312) comp.

伿 **Ch'ĕh**. A. *thì.* F. *t'hek.* J. *tchyok.* [f. s.].
(313) *Timidus ; timor ; timere, venerari, animi motus (t'ĭh yè).* Timide ; crainte ; craindre (Ch. w.). Éprouver un sentiment de respect.

侚 **Siún**. Se prend 殉 siún, Rad. 78.
(314) pour le car. 殉 *Cum mortuo hominis effigiem, seu alium hominem sepelire.* Enterrer avec un mort l'effigie d'un homme, ou un autre homme vivant (coutume des premiers temps de la civilisation chinoise conservée longtemps après parmi les tribus barbares de l'Asie). Se prend aussi pour : 侚 siún (9 tr.), *infirmitas (tsĭh yè.* Choŭe-wên). Infirmité ; infirme. Et pour : 刖 *hăo, amputare ; exsecare.*
R. 18. Amputer ; couper un membre.

Étym. Caractère composé du signe ' homme ' et du *groupe phonétique* ' siun '. [f. s.].

供 **Koŭng**. A. *cùng.* C. *kung.* F. *këung.* J. *kiyōō.*
(315) *Offerre (tsín yè). Alere (yàng yè). Providere (k'iŭ yè). Proponere (kĭh yè).* Offrir. Entretenir. Pourvoir. Mettre en ordre.

亻養 — yàng, *nutrire superiores.*
— *dŭng*, nourrir, entretenir ses supérieurs.

侜 **Tchĕou**. *Aliquid obstruendo abscondere*
(316) *(yèou yoŭng pi yè). Abdere.* Dérober quelque chose à la vue, comme un ulcère. (Ch. w.). Éloigner, cacher. (Chĭ-Kĭng). [fig. s.].

依 **I**. A. *y.* C. *ĭ.* F. *é, ĭ.* J. *ĭ.* [fig. s.].
(317) *Inniti (ĭ yè), physicè et moraliter. Confidere in aliquo (p'áng foŭ yè). Conformare se (kiŭ yè). Comparatio (yŭ yè).* S'appuyer sur, au propre et au figuré. (Ch. w.). Mettre sa confiance en quelqu'un. Se conformer à. De plus : Comparaison ou allégorie, dans les compositions littéraires. (Li ki, Liŏh ki).

亻道 — táo, *juxtà rectam rationem agere.*
— *d'ao*, se conformer à la droite raison.

俄 **Joŭng**. Nom donné par les anciens Chi-
(318) nois à des peuplades de l'Asie centrale et occidentale. Selon la tradition, le corps des individus qui formaient ces peuplades ou tribus avait trois cornes sur le front *(jin chin yèou san kiŏh).* Il en est souvent question dans le Chân-haï-king et dans les anciens livres chinois.

Étym. Caractère composé du signe ' homme ' et du *groupe phonétique* ' joŭng ', qui lui-même signifie une ' arme de guerre ', une ' hallebarde '.

伽 **Joŭ**. *Æquale, æqualiter (kiŭn yè). Tran-*
(319) *quillare.* Égal ; égaliser. Apaiser. Tranquilliser. Khoung Ying-ta, célèbre commentateur des King, et descendant de Confucius, qui vivait sous les Thâng (760 de J.-C.), a dit : « Celui « qui désire pacifier les régions lointaines doit « préalablement *rendre* soumises et *tranquilles* « celles qui l'avoisinent *(yŏh 'an youàn fàng, táng* « siàn chŭn-joŭ khi kín).* »

Étym. Comp. de ' homme ' et du *gr. ph. joŭ*.

侍 Tchù. Forme erronée et fautive du caractère précédent, n° 236. (Tseu-'wéï).

俗 Tsien. Forme obsolète du caract. *tsién*, placé sous le Rad. 140, 14 tr.

俀 I. *Aspectu, agendi vivendique ratione* (320) *humilis.* Modeste, simple dans son attitude, ses mœurs et sa manière de vivre. (Hoaï Nàn-tseu, cité dans Khang-hi).
ÉTYM. Comp. de ' homme ' et du *gr. phon.* ì.

7 TRAITS.

侮 Wòu.A.*vu.*C.*mò.*F.*boù.*J.*fu, bu.*[fig. s.].
(321) *Contemnere* (*màn* yè). *Despicere, Illudere* (*t'sìn* yè). *Vilipendere* (*k'īng* yè). *Aliquem irridere*(*hi-loùng* yè). Mépriser. Insulter. Vilipender. Blesser par des railleries mordantes. Syn. du 238.

侲 Chīn *Spiritus* (*chín* yè). *Nomen genii* (322) (*chín ming*). *Mulier gravida. Nomen proprium.* Esprit. (Ch. w.). Nom d'un esprit (Kh. hi). Femme grosse. Nom propre. Selon le Dict. I-wen-pi-lan, c'est ' l'esprit qui réside dans le corps ' (*chín t'sún hoù chīn* yè). Quelques-uns, ajoute-t-il, disent que c'est l'état d'une femme grosse.
ÉTYM. ' Homme ' et *groupe phonétique :* corps.

佯 Lâo. *Magnus* (*tá* yè). [fig. s.].
(323) Grand ; large, ample.

侯 Hêou.A.*Hàù.*C.*hau.*F.*hóu.*J.*kou.*[f. s.].
(324) *Secundus gradus dignitatum ex his quos olim imperator dabat, scilicet :*
公.侯.伯.子.男。 1° *koûng* ; 2° *héou* ; 3° *pěh* ; 4° *tseù*, et 5° *nàn. Regulus. Pulchrum* (*mëï* yè). *Littera auxiliaris : Sed ; Solummodò. Pannus quadratus continens decem* tchǐh, *seu* 'cubitos' *Sinensium, per latera. In scopum sagittarum expositus. Diem de die expectare. Cognomen.* Second degré des cinq dignités conférées autrefois par les souverains chinois. [C'est à tort, selon nous, que plusieurs traducteurs modernes assimilent ces dignités aux titres européens de *Comte, Marquis, Vicomte, Baron* et *Chevalier ;* ces dignités n'étaient pas héréditaires en Chine]. Roi. Prince. Beau. Particule auxiliaire : Mais, Seulement, au commencement d'une phrase. Comment ? Placée à la fin, elle est quelquefois purement *phonétique,* ou exprimant l'étonnement ou l'admiration. Pièce d'étoffe carrée de dix pieds chinois sur chaque côté. Exposé, comme point de mire, aux coups des flèches. Attendre de jour en jour l'accomplissement de ses désirs. Nom pr.

偘 Kiùn. *Pauperrimus.* Syn. de 窘
(325) Misérable. Voy. au Rad. 116.

俚 Tching. *Servire,* Servir.
(326) Voir son synonyme phon., Rad. 60.

偕 Kiáï Synonyme identique au n° 169.
(327) Voyez l'explication.

侲 Tchin.A.*chán.*C.*tchan.*F.*tchin.*[f. s.].
(328) *Bonum* (*chén* yè). *Adolescentes qui nondum veneria passi sunt. Pastor equorum.* Bon. Adolescents qui n'ont pas encore éprouvé les plaisirs des sens. Dans le nord de la Chine, on appelle *tchín* « ceux qui élèvent des chevaux ».

俚 Tàn. *Magnum. Amplum* (*tá* yè).
(329) Grand. Ample. [fig. s.].

俹 Sõu. *Ire ; progredi* (*hìng* yè). [fig. s.].
(330) Aller ; marcher comme en sautant.

俹 Tsó. *Quies, pax ; quiescere* ('*àn* yè).
(331) Repos ; tranquillité ; reposer. [f. s.].

侵 T'sīn. A.*tham.* C.*ts'am.* F.*tchhim.*J.*chin*
(332) *Paulatim progredi* (*tsièn tsin* yè)
Auferre ; aliena usurpare. Brevis. Pygmœus. Avancer peu à peu. Enlever des parties d'un tout. Usurper ce qui est à autrui. Petit ; pygmée.

害 —	hàï, *damnum inferre.*
	hai, faire du tort à quelqu'un.
前 —	t'siàn, *paulatim progredi*
	tiën, avancer pas à pas.
大 tá —,	*annus valdè sterilis.*
d'ai —,	année très-stérile.

侶 Liù. A.*lu'.* C. *lü.* F. *lě.* J. *rio* (*lio*). [f. s.]
(333) *Collega ; Socius* (*pán* yè). *Comitari. Associari.* Collègue ; compagnon. Accompagner S'associer. [gustum.

偏 Kiùh. En 促 —tsoùh, *parvum, an-*
(334) comp. (335) —petit, étroit, court.

侸 Choù. *Erectum stare* (*lìh* yè). [Ch. w.].
(335) Se tenir droit comme un arbre

侹 T'ing. *Longum videri* (*tcháng máo*).
(336) Quidam dicunt : *Terræ adhærere* (*tchú tí*) ; alii : *Loco alterius* (*tàï* yè). Item : *Rectum ; Colere, revereri* (*king* yè). Item : *Planum ; æquale.* Qui paraît long ; les uns disent : Être attaché à la terre ; les autres : Au lieu de. (Choǚewèn). De plus : Droit. Révérer. Plain. Égal.
ÉTYM. Composé du signe ' homme ' et du *gr phonétique* ' ting '.

俔 T'ieh. En 俰 *tchǎh—, homo ma-*
(337) comp. *lus, vilis ;* idem quod *siāo jǐn.* Qui a toutes les apparences d'un misérable.

亻山 Chín. En comp. *Lìn-chin, caput prorsus*
(337a) *inclinatum.*Tête penchée en avant.

俉 T'oǔh. *Congregare, unire* (*hó* yè) Item : *Tabulas,* vel libros conscriptos, *le-*
(338) *vitter tractare* (*kièn i* yè). Item : *Leve ; despicere* (*k'īng* yè). *Deceptor* (*hiào* yè). Rassembler, réunir. (Kh. hǐ). De plus : Négliger, laisser de côté les Tablettes (ou les livres des anciens) sur lesquelles sont écrites les règles de conduite. Ex. : « Leurs « actions et leurs exemples sont *négligés, t'ǒh,* et « on s'abandonne à ses passions. » (Hoaï-nàn-tseù) Léger ; traiter légèrement. (Kh. h.). Tromper.

俖 Poǔh. Terme local signifiant : *Violentus*
(339) (*k'iàng* yè). *Pervicax* (*hèn* yè). *Odio habere* (*toǔ* yè). Violent. Obstiné, haineux, pervers. [fig. s.].

俍 Nàn. *Mas.* Mâle. Forme vulg. 男
(339a) du car. suiv. (R. 102) :

儮 Nô ou **Nà.** Caractère employé comme
(340) ' syllabe phonétique ' dans les livres bouddhiques. [paret.

俲 Hiào. 亻亻 *hiào-hiào, qui magnum ap-*
(341) qui est en apparence grand.

便 **Pien**. A. *tién*. C. *p'in*. F. *piën*. J. *bin.*
(342) *Convenicns* (*ĭ yè*). *Obsequens* (*chún yè*). *Proficuum. Assuescere; in aliquá re diutius se exercere* (*sĭh yè*). *Quiescere* ('*ăn yè*). *Mingere Statim* (*tsĭh yè*). *Extemplo* (*tchĕh yè*). Opportun, convenable. (Siun-tseu). Docile. Profitable. S'habituer, s'exercer à. (Li-ki). Reposer. Uriner. (1ᵉʳ Han). Aussitôt; immédiatement. (Tchouang-tseu).

從 亻 t'soùng —, *sua libita sequi; ad libitum.*
    toúng —, suivre ses fantaisies, ses convenances.
方 亻 fàng —, *præparare; benefacere.*
    phu'o' —, préparer à; faire du bien.
大 亻 tá —, *alveum exonerare.*
    d'ai —, satisfaire ses besoins
小 亻 siaò —, *mingere*
    tiéu' —, satisfaire ses petits besoins.
不 亻 poŭh —, *non expedit procul dubio.*
    bát —, cela ne convient certes pas.
當 亻 — táng, *conveniens, opportunus est.*
    — *d'ang*, cela est convenable, opportun.
可 亻 — k'ò, *tunc, hoc modò licet.*
    — *khá*, alors cela peut être.
至 亻 — tchí, *tandem advenit.*
    — *chí*, il arrive enfin.
宜 亻 *pien-ĭ, conveniens; utilitas.*
    qui convient, qui est utile. — Chún-pien : *opportunitate oblata uti.* — Au ton '*hià p'íng :*
言 亻 *pien-pien* yàn, *accurate loqui.* (Khoung-tseu, lorsqu'il se trouvait à la cour d'un prince) ' parlait sans affectation le langage de la vérité '. (Lùn-yù, 1. 10, § 1). — Ce caractère peut aussi souvent se traduire, dans le style vulgaire, par *même*, *bien*, et indique une sorte de concession conditionnelle. (Voir Abel-Rémusat, *Gramm. chin.*, § 382).

Étym. Selon le Choǔe-wèn, ce caractère est composé du signe ' homme ' et du signe 更 *kéng*, qui signifie : ' amender ', rendre meilleur; 更 leur combinaison signifierait que « l'homme qui ne s'est pas encore amélioré doit le faire. »

俀 **Touï**. *Debilis* (*jŏh yè*). [fig. s].
(343) Faible, débile.

偊 **Yù**. A. *ngu. Aspectu et formá magnum.*
(344) Grand de forme et d'aspect. (Chi-K.).

係 **Hi**. A. *hé.* C. *haï.* F. *heï.* J. *ki.*
(345) *Unum alteri connectere* (*k'í yè*). *Vincire. Detinere. Pertinere. Dependere.* Attacher une chose à une autre. Lier. Retenir dans des liens. (M. ts.). Appartenir à. Dépendre de. — Ce caractère joue aussi le rôle de ' verbe substantif *être* ' dans le style vulgaire et les romans.

累 亻 — loŭï, *alios secum in ruinam pertrahere.*
世 亻 — *luy*, entraîner les autres dans sa propre [ruine.
    — chi, *quod ad ævum pertinet.*
    — *thé*, qui appartient à l'âge actuel.
世 亻 chí —, *genealogia.*
    thé —, généalogie; générations successives.
屬 亻 — choǔh, *simul connecti; consanguinei.*
    — *thu'ŏc*, qui ont des relations de parenté.
戀 亻 — liùan, *ardenter amare*
    — *luyén*, aimer ardemment.

Étym. Ce caractère est de la 2ᵉ classe (caract

combinés). Il est composé, selon le Choǔe-wèn, du signe ' homme ' et du signe *hi*, ' relier, joindre ', lequel indique aussi le son; c'est un groupe *idéophonétique.*

促 **Tsoǔh**. A. *thúc.* C. *ts'uk.* F. *tcheuk.* J. *dszak.*
(346) *Comprimere* (*kín yè*). *In angustias redigere* (*pĕh yè*). *Compescere* (*mĭh yè*). *Aliquid comprimere ne grandescat* (*toàn yè*). Item : *Urgere* (*tsoŭï yè*). *Breve. Angustum. Spissum.* Comprimer. Réduire quelqu'un à la pauvreté, aux plus dures privations. (Choǔe-wèn). Épais. Proche, prochain. Réduire au silence. Comprimer un objet pour l'empêcher de grandir.

Chä-moŭh, l'auteur du Dictionn. I-wan-pi-lan, fait remarquer sur ce caractère, auquel différents lexicographes donnent beaucoup de synonymes, « que « ceux qui, en lisant les livres, trouvent aux « mots ou caractères tant de synonymes, n'ont pas « une grande pénétration (*t'seu toŭh choï t'hoúng*, « *poŭ t'hoúng tchí wëï yè*). » Cette observation est très-juste, et le R. Morrison fait remarquer à ce propos que, par suite de la grande quantité d'*homophones* qui existent dans la langue chinoise, les classes de la population, qui n'ont pas étudié cette langue à fond, emploient souvent les uns pour les autres des mots ou caractères qui n'ont entre eux de commun que la *prononciation.* Bon nombre d'écrivains chinois de toutes les époques sont tombés dans le même abus, ce qui très-souvent rend la lecture de ces écrivains de second ordre fort difficile.

Étym. Le caractère ci-dessus est composé du signe ' homme ' et du *groupe phonétique* ' tsoŭh ', qui signifie aussi ' pied '; de sorte que le car. veut dire au figuré : ' homme qui foule aux pieds '.

俄 **Gŏ**, **ngŏ**. A. *nga*. C. *ngo*. F. *gŏ*. J. *nga*. [f.s.].
(347) *Derepente; subitò* (*tsoŭh yè*). *In momento temporis* (*siú yà yè*). *Inclinatum; non rectum* (*k'íng máo*). Soudain; tout à coup; subitement; dans un petit espace de temps. Incliné. Marcher la tête penchée. (Ch. w.).

偋 **Màng**. En 亻 — kiàng, *injuncun-*
(348) comp. 偒 亻 *dus.* Désagréable, déplaisant. Lu aussi **màng**, même sens.

俵 **K'ieŏu**. A. *cău*. C. *k'au*. F. *kéou*. J. *kíou*.[f.s.]
(349) *Homo gravis. Dicitur de homine in suis gestibus gravitatem et decorum servante* (*koŭng chún máo*). *Nomen pr.* Homme grave. Se dit d'un homme qui, dans son attitude, ses gestes et son habillement, observe toutes les bienséances. (Ch.w.). Nom propre.

徐 **Siù**. *Urbanus; affabilis* (*hoŭan yè*). *Compositus.* Poli; affable. (Ch. w.). De manières distinguées. — L'auteur du Dict. I-wan-pi-lan dit que ce caractère se rapproche par le sens de son homonyme 徐 *siù* (R. 60), mais qu'il en diffère un peu cependant (*euĭh siáo pĭĕh*). Avec le radical de la marche : 彳 *siù* signifie : marcher à pas lents; *lento gradu* 亻 *incedere;* tandis qu'avec le radical 亻 *jin*, ' homme ', il désigne la manière générale 亻 d'être, de se comporter d'une personne.

Étym. Caractère composé du Rad. ' homme ' et du *groupe phonétique* siù.

Kouáng. *Remotum abire (hiá kiŭ yè).*
(351) S'en aller dans un pays éloigné, distant. Au ton ' :

koŭang-koŭang, répété, il signifie : *turbatus, afflictus;* affligé, troublé. Étym. Composé du signe ' homme' et du *groupe phonétique* kouang.

Soŭh. *Caput movere.* [fig. s.].
(352) Branler la tête. Voy. le n° 714.

K'hŏh. Nom donné, dans le Sse-ki, à un
(353) ancien empereur chinois : *Ti-k'hŏh.*

Woŭ. *Obviam ire. Contradicere.* [fig. s.].
(354) Aller au-devant de qqn. Contredire.

Tsiún. A. *tu'án.* C. *tsun.* F. *tchun.* J. *chiun.*
(355) *Dotibus præcedens mille hominibus (ts'aï koŭo tsiàn jìn yè). Sapientiâ et scientiâ aliis præcellere.* Qui surpasse les autres hommes par ses talents naturels et ses connaissances acquises. (Choŭe-wên). Celui qui s'est placé au-dessus d'eux par ses études et ses mérites littéraires.

士 sze, qui *summum litterarum gradum as-*
一 si', *si', sequutus est.* Celui qui, dans les concours littéraires, a obtenu le grade de *tsiún-szé,* ou *docteur,* le plus élevé dans les lettres. — Le Dict. de Khâng-hi cite plusieurs autorités qui donnent, pour ' synonymes' à ce caractère, ceux des radicaux 46, 102, 162 et 187, associés au même groupe phonétique *tsiún* 夋.

Étym. Comp. du signe ' homme' et du *gr. phon.*

Tchĭb. YĬh.A.*áp.*C.F.*yip.*J. *ip.*[fig. s.].
(356) *Strenuus; fortis; robustus (nan tchoŭang máo). Gravis incessus (káng jìn lìng máo).* Vaillant, résolu; fort, robuste. Marche grave et réfléchie d'un laboureur dirigeant sa charrue. (Tch. ts.).

Foŭ. A *phu'.*C.F. *hou.*J. *fou.* An. f. 補
(357) *Auxiliari; adjuvare (fóu yè).* Sustinere. Aider; assister. Soutenir. Étym. fig. s.

Liáng. *Aptus opifex.Staturâ procer.* [f.s.].
(358) Artisan habile. (Tchoŭang-tseŭ). De haute stature.

Tsoŭ. A.*tro.*C.*tcho.* F. *tchoé.*J.*so.*[figur.].
(359) *Vas quoddam quo in sacrificiis utuntŭr, et in quo victimam ponunt (tsĭ hiàng tchĭ k'i)* Vase dont on se sert dans les sacrifices.

Siáo. A.*tieŭ.* C.*tsiŭ.* F. *siáo.* J. *sio.* [fig. s.].
(360) *Assimilare (siang yè). Simile; similem facere (ssé yè).* Rendre semblable à un modèle ce qui, dans l'origine, n'était pas achevé ou parfait. (Lie-tseu). Faire ressemblant. Imiter. (I-wanpi-lan). Le dict. de Khâng-hi donne en outre à ce caractère le sens de *pulchrum, venustum (hào máo, roung mèi hào).* Beau, belle, surtout en parlant d'une femme. Dans ce cas, le caractère s'écrit vulgairement avec le Radical de la ' femme', (38).

Pi. Voir, pour l'explication, le même 俾
(361) caract. ci-après (405), à 8 tr.

Li. A. *lo'i.* Selon le dict. de Khâng-hì,
(362) ce caractère ne s'emploie pas dans les livres. Il n'est d'usage que dans des dialectes locaux, en composition avec 俐 comme Lîng-li, *habilis, expertus;* habile, ex- 怜 pert, perspicace.

T'oùng.Yoùng.A.*dŏng.*C.F.*young.*J.*yoo.*
(363) *Dolor gravis (t'oùng yè).* Douleur grave. (Choŭe-wên). Lu **yoùng** : *Imago demortui lignea quam olim cum cadavere sepeliebant.* Image en bois d'un mort qu'anciennement on enterrait avec son cadavre. (Meng-tseu, K. 1, § 4, 6). Cette coutume ancienne fut vivement combattue par Confucius,' qui craignait qu'elle ne conduisit le peuple à enterrer aussi des êtres vivants.

Hoúen. *Perficere; concludere (wán yè).*
(364) *Paupertas, angustiæ (kŭh yè).* Achever, terminer ou finir une chose. (Ch. w.). Lu **htug** : Pauvreté, angoisses. (Kh. hì).

King. *Rectus (tchĭh yè). Fortis (k'án yè).*
(365) Droit. Fort, robuste. [f. s.].

K'ién. A. *hién. Comparatio; similitudo.*
(366) Comparaison; similitude. (Ch. w.). Il en est qui lui font signifier : Entendre et voir (i yoŭeh : wên kién. Id.). « Il est ' comparable ' à la ' jeune sœur ' du ciel. » (Chi-K.).

Étym. Caractère composé du signe ' homme' et du groupe phonétique *kién,* ' voir'. (Ch. w.).

I. Ce qui réunit des planchettes d'écritures.
(367) Lu **tchĭh**, graver des caractères.

Téh. En comp. *Tán-téh, ineptus, in-*
(368) *sulsus.* Inepte, imbécile. [f. s.].

Yeou. *Cognomen.* Nom propre. Il n'a
(369) pas de signification.

Pi. En composition : *Pi-k'hi,* marcher à
(370) pas allongés. [fig. s.].

Sán. En comp. *tán-sán, ineptus, sto-*
(370ª) *lidus.* Inepte, stupide.

Loúng. *Ineptus, stolidus.* Ignorant, inep-
(371) te, stupide. (Tseu-'weï). [fig. s.].
Le dict. de Khang-hi fait remarquer que ce caractère ne se rencontre pas dans les livres.

Peí. *Non posse, non convenire (poŭh k'ó*
(372) *yè).* Cela ne se peut, n'est pas convenable. Voir sa forme antique, n° 424. (Kh. hì).

Soŭh. A. *tuc.* C. *tsouk.* F. *seuk.* J. *chŏk.*
(373) *Consuetudo (sĭh yè).* Assuetus. *Non conveniens (poŭh yà).* Pratique habituelle. Habitué à pratiquer telle ou telle règle de conduite. Vulgaire.

風 | foùng —, *mores.* 世 | chi —, *ætatis mores.*
| phong —, mœurs. | Les mœurs du siècle.
上 所 化 曰 風 下 所 習 曰 | *chàng ssò hóa yŭeh foùng; 'hià ssò sĭh yoŭeh soŭh.* L'action ¡ des hommes placés en haut exercent sur les autres par leur conduite, est dite ' influence bienfaisante ou malfaisante ' (foùng, litt. *vent*); l'action que les hommes placés dans des conditions inférieures exercent sur les autres, par une pratique constante, est dite ' habitude '. (Khâng-hi; I-wen-pi-lan).

人 | soŭh-jiu, *vulgaris homo.*
—, *nhon,* homme vulgaire, commun.

欲 | — yŏh, *commune desiderium.*
—, Désir vulgaire.

語 | — ngu, *proverbium* (litt. *vulgaris locutio).*
—, yù, proverbe, dicton vulgaire.

僧 | sēng —, *Bonzii, seu religiosi* τοῦ *Fŏh.*
| tang —, prêtres ou religieux de Fŭh

3

On appelle aussi *soŭh*, ' vulgaires ', les caractères chinois incorrectement tracés, mais tolérés par l'usage.

ÉTYM. Ce caractère est composé du signe ' homme ' et du groupe phonétique *souh*.

俘 **Foŭ.** A. *phu.* C. *foŭ.* F. *hou.* J. *fou.* [f. s.].
(374) *Captivus ; in bello captivare. Præda ; manubiæ, spolia (kiŭn ssò houĕh yè).* Captif. Faire des prisonniers. Butin. Prises faites sur l'ennemi. Dépouilles de guerre.

俻 **Hī.** A. *hĭ.* C. *hí.* F. *hi.* J. *ho.* [fig. s.].
(375) *Exterius approbare et interius reprobare (mién siáng chí, eŭlh sĭn siáng fēi yè). Contrà animi sententiam loqui (soúng yè). Decipere.* Approuver extérieurement et désapprouver dans son for intérieur. (Tseu-'weï). Parler contre sa pensée. Dissimuler ; tromper.

依 〡 ī—, *obscura rei similitudo.* (Kh. hi).
〡 γ—, ressemblance obscure d'une chose
優 〡 'äï—, *non clarum (poŭh míng yè).*
〡 ai—, non clair ou transparent ; nuageux. Ib.

俚 **Lǐ.** A. *lǐ.* C. *lǐ.* F. *lĕ.* J. *ri.* [fig. s.].
(376) *Adjuvare (liáo yè). Qui nullum habet ei succurrat (woŭ ssò liáo läi yè). Vilis ; mali mores (pì soŭh yè).* Aider ; secourir. (Chŏüe-wĕn). Privé de tout secours. Mauvaises mœurs. De plus, on appelle *lĭ* les chants des campagnards, ainsi que le langage du vulgaire.

俛 **Miĕn.** A. *mien.* C. *min₊fou.* F. *hŏu.* J. *wo.*
(377) *Caput inclinare. Curvus. Flectere.* Incliner la tête. Penché ; pencher. Synonyme du n° 386, *foŭ,* et de (Radical 19) 勉

俜 **Pīng.** *Auxiliari (hiĕ yè). Mittere (ssè yè).*
(378) Aider, secourir. (Kh. hi). Envoyer.

保 **Pào.** A. *bu'u.* C. *pò.* F. *pó.* J. *bó.* [f. s.].
(379) *Firmare ('ān yè). Custodire (cheŏu yè). Conservare, fidejussor (t'sioŭen tchĭ yè). Parva civitas mœnium circumdata dicitur* **pào** *(siào t'ching yuĕh pào). Gestare officium (jìn yè). Alere, nutrire (yàng yè).* Protéger. Conserver ; fidéjusseur, caution. Petite place fortifiée. (Li-ki). Occuper un emploi public, une magistrature populaire. (Tcheou-li). Nourrir, entretenir. (Ch. w.). Nom propre.

太 〡 t'aï-páo, *magnus tutor, defensor.* [dignité.
〡 tho'ï—, le Grand Protecteur. Ancien titre de
主 〡 tchü—, *protector, advocatus.*
〡 chúa—, protecteur, défenseur. Avocat.
守 〡 páo⁀cheŏu, *servare, custodire.*
〡 — thŭ', garder, conserver.
長 〡 — tchâng, *homo qui centum domibus præest.*
〡 — chu'o', le chef ou maire d'un village de 100
護 〡 — hoŭ, *defendere ; protegere.* [feux.
〡 — hiu, défendre ; protéger.
佑 〡 — yéou, *adjuvare, auxiliari ; (et dᵉ de
〡 — hŏ, aider, assister. [*Spiritibus*).
全身命 〡 pào t'sioŭen chĭn míng, *Conservare vitam.* Conserver sa vie.

俞 **Yŭ.** A. *du.* Forma vulgaris τοῦ 㒸
(380) R. 11. Forme vulg. du car. 㒸
佪 **Pàng.** *Falsum, mendax (tchá 'o yè).*
(381) Faux, menteur. (Kh. hî), [fig. s.].
俟 **Szè.** A. *sí.* C. *tsz'.* F. *ssu.* J. *chi.* [fig. s.].
(382) *Magnum (tá yè). Exspectare (täi yè).*

Præstolari. Grand. (Ch. wĕn). Attendre. (Kh. hî).
〡〡 szè-szè, *Dicitur de multis tardè incedentibus.*
〡〡 si-si. Se dit d'une foule qui rentre tard, principalement d'un troupeau de bêtes.

俠 **Hiĕh.** A. *hiĕp.* C. *háp.* F. *héep.* J. *hiou.* [f.s.].
(383) *Auxiliari (píng yè). Auctoritate et viribus pollens； qui aliis opitulatur (ì k'ioŭan lĭh hiĕh fou jîn yè).* Secourir. Celui qui emploie l'autorité dont il est revêtu et les moyens dont il dispose à secourir ceux qui sont dans le besoin. (Ssekou). Nom propre.

任 〡 jín-hiĕh, *amici fideles quorum unum est cor,*
〡 nhăn —, *voluntas una.* Amis intimes.
豪 〡 háo —, *potens et beneficus.*
〡 háo —, riche et bienfaisant.

信 **Sín.** A. *tĭu.* C. *sun.* F. *sin.* An. f. 伹 訫
(384) *Sincerus (tc'hîng yè). Fidelis, de quo non est dubitandi locus (k'iŏh chĭh poŭh ì yè). Fides. Credere ; confidere. Plusquam unâ nocte alicubi hospitari. Epistola. Notitia.* Sincère, fidèle, dans lequel on peut avoir une confiance absolue. Foi en qqu. ou en qqc. Croire ; se confier à. Être l'hôte (reçu) de quelqu'un pendant plus d'une nuit. Lettre (confiée à quelqu'un pour la remettre, comme c'est l'usage en Chine). Nouvelle.

堅 〡 kiĕn-sín, *firma fides.* 固 〡 kŏu —, id.
〡 kiĕm —, ferme croyance. 〡 co, —, id.
易 〡 ĭ —, *facilis fides.* 書 〡 chŏu —, *epistola.*
〡 dí —, crédule. 〡 thŏ —, lettre.
息 〡 sín-sĭh, *novellæ.* 臣 〡 —tchin, *nuntius*
〡 — thu'c, nouvelles. 〡 — thăn, envoyé.
牌 〡 sín-p'ài, *tabella continens mandatum imperatoris quæ magnatibus uti diploma de securitate itineris traditur.* Lettres patentes ou de sauf-conduit données par les souverains chinois à leurs envoyés chargés de missions importantes. Sous les Tchéou, quand les princes se rendaient à la cour, ils portaient à la main le *sin-koueï*, le ' sceptre de la fidélité '. Sín-jín, *negotia concredere.* K'iĕu-sin, *mittere nuntia.* Chĭh-sin, *promissis non stare.*

上好〡則民莫敢不用情 *cháng haò sín ,* tsĕh mĭn moŭh kàn poŭh yoŭng thsíng. Que les supérieurs se complaisent dans la pratique de la *sincérité,* et le peuple n'osera point ne pas avoir pour eux des sentiments dévoués. (Lŭn-yŭ).

ÉTYM. Le Chŏüe-wĕn, qui définit ce caractère par ' sincérité, droiture parfaite ' (tc'hîng yè), le dérive du signe ' homme ' et du signe ' parole ', formant ainsi un composé à ' sens combinés ' (2ᵉ classe). Chăh-moŭh remarque à ce sujet que « les paroles des hommes sont (ou doivent être) ' sincères ' ; les paroles qui ne sont pas ' sincères ' n'étant pas des paroles d'hommes. »

8 TRAITS.

修 **Siĕou.** A. *tu.* C. *sau.* F *seou.* J. *chŏu.* 脩
(385) Voyez son synon. au Rad. 130
Ornare ; componere (chĭh yè). Moderari ; gubernare (t'sĭ lĭ yè). Renovare ; restaurare. Longum (tch'áng yè). Nomen proprium. Orner ; arranger, disposer convenablement. (Ch. w.). Modérer, con-

duire; diriger; gouverner; cultiver sa personne. Renouveler; restaurer à son état primitif. Long. (Chî-K.). Nom propre

身 | — *thân*, *sieōu-chin, ornare, componere seipsum*. orner, cultiver sa personne, la rendre meilleure.

眞 | — *tchin, colere verum.* [dre meilleure.

| — *tru'c*, chercher à parvenir à la perfection.

函 | — *hân, epistolam componere.* [enveloppe.

| — *hàm*, composer et placer une lettre dans son enveloppe.

前 | t'siēn-sieōu, *antiqui'sapientes.* [temps. *tiĕn* —, les sages de l'antiquité, des anciens temps.

賽 | kiĕn —, *connubia inter aliquos disponere.*

束 | kiĕn —, (ancient.) négociateur de mariages.

| soŭh —, *præceptoris stipendium.*

| *thuc* —, salaire du précepteur ou instituteur.

身而后家齊 | *sieōu chín cŭlh héou kiá t'si, rectè-compone personam et deindè familia rectè-ordinabitur.* Cherchez à corriger, à améliorer votre personne, et ensuite votre famille sera bien ordonnée. (Tâ-ʻhiŏh). Pris pour son *Syn. phon.* (R. 130), il signifie : *caro cum zingibere et cinnamomo condita; ad solem exsiccare.*

俯 Foŭ. A. *phù.* C. *foŭ.* F. *hoŭ.* J. *fou.* [fig. s.]. (386) *Flectere; inclinare (foŭ yè). Inæquale Curvum (k'ioŭh yè).* Pencher; s'incliner; baisser la tête. Incliné, courbe. Syn. du n° 377.

念 | foŭ-nién, *da inferiore memorari.*

| — *niĕm*, se souvenir d'un inférieur.

淮施行 | — *tchìn ch'i lìng*, « daignez accorder ce qui peut se faire. » (Phrase ordinairement employée au bas d'une requête adressée à un magistrat supérieur.) [*dia.*

仰 Hô. *Annuere. Unire; concordare.* Concor- (387) 'Consentir. Se réunir à. S'accorder.

俱 Kiŭ. A. *cu.* C. *kŭ.* F. *ke.* J. *ngou.* [fig. s.]. (388) *Simul, omnes (kiăi yè). Conjunctim-Suppetere (kiŭ yè).* Ensemble; tous. Conjointement. Pourvoir, fournir. (Tchouang-tseu). N. p. Marque du pluriel se plaçant après les substantifs.

人 | jin-kiŭ, *homines omnes*
| *nhôn* —, tous les hommes.

是 | — *chih, uterque, vel omnes sunt recti.* [vrai.
| — *thí*, l'un et l'autre, ou tous, sont dans le

全 | — *tsiouĕn, omnimodò completus.*
| — *tuyén*, être complet en toutes choses.

徹 Hiáo. *Imitari.* Imiter. Synonyme 微 (389) du caract. R. 66, quod vide.

俳 P'ai. A. *bǎi.* (390) En comp. | — *yeŏu. Comœdi.* 優Comédiens. Comédies; amusements publ. *P'ǎi-hoĕi, valdè intentus.*

俴 T'sièn. *Res non profunda (t'sièn yè).* Le- (391) *vis; rudis. Parva habilitas.* Chose superficielle, légère. (Ch. w.). Léger. Ignorant. Faible capacité. — Se dit, dans le Chî-King, de chevaux de chars de guerre portant des harnais de plaque 'légère' de métal; et aussi d'une 'armature' destinée à placer les hallebardes sur ces mêmes chars. [fig. s.].

偖 Hoĕn. A. *hôn. Obscurum, tenebrosum* (392) (*ngàn yè*). *Stupidus.* Obscur, ténébreux, physiquement et moralement. Stupide.

黃 | hoàng —, *crepusculorum tempus post solis occasum.* Temps du crépuscule après le coucher du soleil. *Hoĕn* signifie aussi seul : Trois quarts d'heure après le coucher du soleil. Lu hoĕn : Perte de la mémoire des vieillards (*laò wàng yè*). (Kh. hi).

僆 Lân. En | — *t'ăi*, faiblesse, dé- (393) comp. | 儓 crépitude des vieux chevaux. (Kh. hi).

俵 Piáo. A. *biĕu'.* En compos. Piáo-sàn : (394) *Dividere; dispartiri.* Diviser. Distribuer; partager. [fig. s.].

分 | — *fēn, distribuere, dividere.*
分 | — *phân*, distribuer par parties; diviser.

備 Mào. *Pulchrum (hào máo).* Beau. 姤 (295) Le même que le caractère Voy. l'explication sous le Rad. 38.

傷 I, yĭh. A. *d'i.* C. F. *ï.* J. *i.* [fig. s.]. (396) *Despicere (k'ing yè). Vilipendere; contemnere (mân yè).* Mépriser; vilipender; traiter légèrement. (Choūe-wĕn). [*chiuk.*

儵 Choŭh. A. *thuc.* C. *chuk.* F. *thek, seuk.* J. (397) *Bonum (chén yè). Exordium, Exordiri (chǐ yè). Crassum, pingue (héou yè). Facere (tsŏh yè). Movere; excitare (tóung yè). Bon. (Ch. wĕn). Commencement; commencer. (Choŭ-K.). Épais. Faire. Exciter.

ÉTYM. Car. composé de ʻhomme' et du groupe phonétique *choŭh*.

脈 Fĕi. *Destruere, subvertere (pǎi yè). Dor-* (398) *sum (péi yè).* Détruire. Ruiner. Dos; au fig. Tourner le dos au bien, à la vertu. (Sse-ki). [fig. s.].

俸 Foŭng. A. *bòng.* C. *foŭng.* F. *hóng.* J. *hoŏ.* (399) *Stipendium (loŭh yè). Merces. Reditus à Rege præfectis assignati.* Salaire. Émoluments assignés par le souverain aux fonctionnaires publics *Făh-Foŭng*, punition par retenue de traitement.

祿 | foŭng-loŭh, *præfectorum stipendium;*
| — *lôc*, émoluments, traitements des mandarins. *Hoc stipendium, in pecuniâ dicitur* foŭng, *in frumento dicitur* loŭh.

ÉTYM. *Fig.* et *son.* Anc. on écrivait aussi

佹 Yá. A. *a.* C. F. *à.* J. *wa.* [fig. s.]. 奉 (400) *Inniti (ï yè). Tono' ,* yā *: Superbus; arrogans (gáo yè).* S'appuyer sur; se confier à. Lu yā : Orgueilleux, arrogant.

俺 Yĕn, yĕh. *Magnum (tá yè). Legitur* (401) *etiam* ʻàn *: Borealium hominum pronomen : Ego (pĕh jin tching Ngŏ). ʻEgo' (in Scripturis).* Grand. (Ch. w.). Lu ʻàn, c'est l'appellation ou le pronom Moi, Nous, dont se servent les hommes du nord. (Kh. hì). Pronom de la 1ʳᵉ pers. dans les versions chinoises de la Bible. (Bas.).

備 Péï. A. *bi.* Forme vulgaire du car. 備 (402) Voir, pour l'explicat., le n° 574.

倩 Yŏh. Forme vulgaire du caractère 蠶 (403) Voir, pour l'explicat., R. 103.

伮 Hín. *Hilaris; lætari (hi yè).* Joyeux; se (404) réjouir. Nom de fleuve.

俾 Péï, Pí. A. *ti.* C. *pí.* F. *p'hè, pē.* J. *bi.* [f. s.]. (405) *Facere ut (szè yè). Utilitatem offerre; dare (yĭh yè). Obsequi (ts'oŭng yè). Servus, jani-

tor (*chĭh yè*). Faire en sorte que. Offrir une cause de gain; donner. Suivre ses désirs. Domestiques. Portier, ou ceux qui sont préposés aux portes pour répondre aux visiteurs. (Ch. w.). Syn. n° 361.

伊 pëï-ĭ, *aliis benefacere.*
— *y*, faire du bien aux autres.

俔 — nĭ, *non rectis oculis, seu torvè aspicere.*
— nghé, regarder de travers; mépriser.

俿 Tchĭ. Caractère synon. du n° 541 : 虎
(406) *Rota* (*lŭn yè*). Une roue.

倀 Tchāng. A.*xu'o'*. C. F.*tch'ang*. J.*tchyáo*.
(407) *Stolidus, crudelis* (*k'oüang yè*). Déraisonnable; cruel. (Ch. w.). Étym. fig. s.

||——, *dicitur de homine cæco.*
——, se dit d'un homme qui, sans voir, marche sans guide. (Li-ki).

鬼 — koüëï, *anima hominis à tigride devorati.*
— qu'i, âme malfaisante d'un homme dévoré par un tigre. Lu tséng: *méng-tséng, in itinere aberrare, viam amittere.* Errer, se tromper de chemin.

御 Tchĭ. *Ire; progredi* (*hĭng yè*).
(408) Marcher, s'avancer. (Tseu-'wei).

偙 Táh. En 絫 bĭen—, *negligere negot.*
(409) comp. négliger ses affaires.

鹿 Yin. Forme vulgaire du caractère 胤
(410) V., pour l'explicat., R. 130, 5.

併 Ping.A.*tinh*. Forme classique du car. 併
(411) Conj. : Et.Avec.Voir le n° 275.

倏 Kièou. *Destruere* (*hoĕï yè*). *Malefacere*
(412) *alicui*. Détruire, ruiner par méchanceté.

偝 Hiāo. *Acerbam ægritudinem pati.* [ceté.
(413) Éprouver une grande douleur. [f. s.].

倅 Tsóuï.A.*tüy*.F.*tchŭt, tch'uy*.J.*saï*. [f. s.].
(414) *Adjuvare; auxiliari* (*foü yè*). Aider; assister; secourir. Lu tsŭh, une centurie; cent h.
— tsóuï-tchè, *currus à regio secundi.*

車 — xa, chars qui suivent celui du souverain.
遊| yeóu —, ⎱ *litteratus, qui nondum præfectu-*
— , ⎰ *du ram adeptus est.*
Legitur etiam tsŭh, *centuria, centum homines.*(K.h.).

倆 Liáng. A. *lu'o'ng*. En compos. Ki-liáng:
(415) *Calliditas, habilitas* (*k'iáo yè*). Astutus. Ruse, adresse, habileté. Astucieux. [fig. s.].

俲 Ts'iú. A. *tu*. C. F. *tchĭ*. J. *chii*. [fig. s.].
(416) *Proximus. Exstimulare; sollicitare; urgere* (*t'soüh yè*). Proche. Prochain. Aiguillonner. Stimuler.

㑉 Kiĕh. *Rapere; vi auferre.* Syn. de 刦
(417) Voler; enlever de force. Voy. 刦

俒 Youen. A. *uyén. Lætari; gaudere* (*hōan
(418) löh*). *Excitare* (*k'ioüan yè*). Se réjouir. Exhorter. [fig. s.].

倈 Laï.A.*id.* Le même que le car.R. 60 徕
(419) *Pronepos.* Petit-fils.Voy. ce car.

倉 Tsāng.A.*thu'o'*.C.*ts'ong*.F.*tch'ong*.J.*soŏ.*
(420) *Reponere; recondere* (*t'sáng yè*).
Horreum. Déposer; mettre en réserve. Grenier d'abondance. Magasin de construction carrée.

廩 = lǐn, 房 — fáng, *Horreum.*
= *lǐm,* — phong, Grenier public.

宰 tsāng-tsoŭh, *urgentibus negotiis perturbatus.*
— *thŏt,* troublé par des affaires urgentes.

人 — jǐn, ⎱ *mandarinus seu præfectus ad vec-*
— nho'n, ⎰ *tigalia percipienda præpositus.*

Étym. Le Chöue-wèn définit ce caractère ' Trésor (ou magasin, réserve) de grains ' (*koüh tsáng yè*). Le souverain les recueille, les réunit et les met en magasin, en réserve : *tsáng* 壮; c'est pourquoi on les nomme *Tsáng*. Ce 臧 dernier caractère est dérivé du 倉 signe *chĭh.* ' manger ' (R. 84) et du signe 口 ' bouche ' (R. 30).

傱 Tsoúng. *Lassus, fatigatus* (*koüan máo*).
(421) Las, fatigué. Affligé. [fig. s.].

個 Kó.A.*ca.*C.F.*ko.*Forme vulgaire de 箇
(422) *Particula numeralis nominibus* 固
addita. Particule numérale ajoutée aux noms. (Voir le n° 27). De plus : *Inclinatum; propensio* (*p'iĕn yè*). Qui a du penchant pour. (Ts. w.). [f. s.].

倌 Koüan. A. *quan.* C. *kŭn.* F. *kivan.* J. *kön.*
(423) *Qui curruum imperatoris curam gerit* (*koüan jĭn tchŭ kiá tché*). Celui qui est le chef des attelages impériaux.

Étym. Selon le Chöue-wèn, c'était ancienne-ment un petit ministre (*siáo tc'hĭn yè*). Ce caractère est fig. s.

倍 Pëï.A.*bŏï.*C.*pŭi.*F.*poéy.*J.*bai.* [f.s.]. 俖
(424) En écriture antique (n° 372)
Rebellare (*făn yè*). *Abjectus, animi abjectio* (*pĭ soüh yè*). *Res binæ. Duplicare, geminare.* Se révolter. (Chöue-wèn). Abject, vulgaire. Abjection. (Lŭn-yŭ). Choses doubles ou paires. Doubler.

加 | kiā-pëï, *addere, multiplicare, v. gr.*
三 | gia —, faire une addition, multiplier, p. ex. :
五 | sān —, *ter magis.*
百 | tam —, trois fois plus. (Chi-K.).
敏 | Où —, *quinque magis, vel quintuplex.*
ngu' —, cinq fois plus ou quintuple.
pĕh —, *centuplex.*
bach —, centuple; cent fois autant.
pi —, *vilis et irrationalis.* [raison.
俗 | ti —, qui a l'âme basse et opposée à la
文 | pëï-soŭh, *solitus, vulgaris, vilis.*
— *tuc,* homme ordinaire, vulgaire, abject.
— wĕn, *aversus libro memoriter recitare.*
— văn, réciter (un texte, une leçon) sans voir, en tournant le dos au livre (*pëï pèn 'an ki yè*). (Khâng-hi).

阿 | — 'ŏ, *spiritûs nomen.*
— *á,* nom d'un esprit qui habite dans la partie orientale d'une maison. (Tchouang-tseu).

俌 T'iĕn. *Abundantia, copia.* Syn. de 興
(425) Abondance. V. le car. (R. 130).

倏 Choŭh. A. *thuc. Derepentè. Canis velo-*
(426) *citer currens.* Soudain. Chien qui court rapidement. [fig. s.].

倐 Choŭh. Forme vulgaire du caractère
(427) précédent.

侲 Li.A.*lé*.F.*lëy.* [f.s.].Forme.vulg. anc. 戾
(428) *Irasci* (*nóu yè*). S'irriter.

們 Mèn. A. *mŏn.* C. *mŭn.* F. *bŭn.* J. *bŏn, hon.*
(429) *Verbum quod nunc pronominibus additum facit pluralia* (*kin t'iĕn t'sé kiá*). Mot qui

maintenant est une ' articulation ' ajoutée. aux pronoms, dans la conversation, pour indiquer le pluriel. (Kh. hi). Exemple :

我亻俺亻 *'ŏ-mén, nán* ou *yĕn-mén. Nos. Nous. Nĭ-mén, Vos. Vous.*

爺亻 *yă-mén,* on nomme ainsi la résidence d'un grand mandarin, et les gens de sa suite. Lu **moên** : *pinguissimus.* Très-gras.

倒 **Taŏ.** A. *d'ao.* C. *tŏ* F. *tŏ.* J. *too.* [fig. s.]. (430) *Prosternere, cadere (foŭ yè). Deturbare.* Se prosterner. (Ch. w.). Tomber. Renverser.

亻退 tào-t'oŭï, *retrocedere.* | 撞 *in lectum sese* — *thŏi,* rétrograder. 身 dejicere.

倾 亻 k'ĭng-táo, *prosternere.* | 身táo-chĭn, } *Id.* kuĭnh —, se prosterner | — *thăn,* }

潦 亻 laŏ —, *valdè senex.* laŏ —, vieillard très-âgé.

顚 亻 tiĕn-táo, (*invertere, subvertere, physicè et d'ien d'áo,* moraliter, Renverser, détruire.

侁 **T'ăn.** A. *d'ăm.* C. F. *tăm.* J. *tan.* [fig. s.]. (431) *Quietus ('ăn yè). Tranquillè vitam agere (tiĕn yè). Adhuc. E contrà.* Qui est en repos. (Ch. w.). Mener une vie tranquille (*poŭh i yè; non dubitare).* De plus, Encore (dans le style vulg).

|然 t'ăn-jăn, *attentè, diligenter.* |無 — *nliĕn,* attentivement, diligemment. |靜 — tsing, *a negotiis non perturbatus.* [res. — *tinh,* qui n'est pas troublé par les affai-

|然能足以託國也 t'ăn jăn nĕng tsoŭh i t'ŏh koŭe yè. Qui *non dubitat potest sufficere ad fideliter-regere regnum.* « Celui qui a 'dissipé tous ses doutes' peut être capable de gouverner fidèlement un État. » (Siun-tseu). [fig. s.].

倔 **K'iŭeh.** A. *khudt.* C. *kwat.* F. *kwut.* J.*kyo.* (432) *Perversus, damnum inferens (kĕng li máo).* Pervers; homme disposé à commettre tous les méfaits.

|彊 — k'iâng, *pertinax, obstinatus.* — *cu'o ng,* obstiné, opiniâtre.

倕 **Tch'oŭï.**A.*thŭy,*C.F.*săy,*thŭy.J.*szi.*[f.s.] (433) *Grave; ponderosum (tchoŭng yè). Iterare; repetere.* Pesant; lourd. Répéter, renouveler. Voy. l'anc. forme, n° 635. Lu **choúeï,** nom d'un habile artisan du temps de l'empereur Hoangti (I-wen-pí-lan).

倖 **Hing.**A.*hánh.*C.*hang.*F.*hĕng.*J.*kaŏ* [f.s.] (434) Ce caract. ne s'emploie qu'en comp.

徼 亻 k'iáo-hing, *inopinatus et felix casus.* kieŭ —, chance heureuse et inopinée.

|得 hìng-tĕh, *consequi quod quis non deberet consecd'ac,* obtenir ce qui n'est pas mérité. [qui. |免 — mièn, *evitare quod quis non deberet evitare.* — *mièn,* éviter ce qui devrait être subi.

佞 亻 ning —, (*superioribus adulari ad aliquid nghĭeŭ —,*)*præter meritum assequendum.*

倗 **Pĕng.** *Adjuvare; auxiliari (foŭ yè).* (435) *Committere (wĕï yè). Alicui fidere (t'ŏh yè). Collegæ vel consortes (p'ĕng t'oŭng lóuï). Nomen propr.* Aider, assister. (Ch. w.). Se confier en quelqu'un. Amis qui s'aident et se se-

courent mutuellement (*pĕng ts'oŭng siăng foŭ yè).* Collègues, confrères. Nom propre.

ÉTYM. Caractère composé du signe ' homme ' et du *gr. phon.* pĕng, lequel, pris isolément , signifie lui-même : ' amis, compagnons, collègues '.

俵 **Hiĕh.***Contemnere.Derelinquere.*Id.q.亻僷 (436) Dédaigner. Abandonner.V.505.

倘 **Tch'ăng.** *Derepentè sistere (hoŭh tchĭ* (437) *máo). Legitur etiam* **T'àng** *in eodem sensu. Particula Si; quod si.* S'arrêter tout à coup. (Kh. hi). Particule conditionnelle Si, Supposé que, etc. V. la forme prim. de ce car. n° 798

候 **Héou.** A.*hău.*C.*hau.*F.*hoē.*J.*chiyō.* [f.s.]. (438) *Exspectare (szé wáng yè). Inquirere (fàng yè).* Vivre dans l'espérance. S'enquérir de.

亻人 héou-jĭn.) *Præfectus ad hospites in itinere* — nho'n,) *excipiendos missus.* (Kh. hĭ).

亻守 — cheôu,) *Præfectus ad territorium guber-* — *thŭ,*) *nandum provectus.*

亻斥 tc'hĭh-héou, *è speculà observare.* xich —, être aux aguets pour épier quelqu'un.

亻時 chĭ —, *tempus, hora.*

亻氣 k'hĭ —, temps, heure du jour.

亻氣 k'hĭ —, *quindecim dierum periodus.* khí —, période de quinze jours.

甚麼時 chĭn-mŏ chĭ héou, *quà horà? quo tempore?* Quelle heure est-il ?

Legitur etiam **Heôu :** *secundus gradus dignitatis ex his quos olim imperator dabat. Vide antè, numerum* 324.

倚 **I. yì.** A. *y.* C. *i.* F. *é.* J. *i.* [fig. s.]. (439) *Inniti (i yè, szé yè). Confidere in aliquo. Inclinare.* S'appuyer sur (moralement et physiquement). Se reposer sur l'amitié de quelqu'un. Incliné d'un côté. Nom propre.

中立而不 亻 tchoŭng lĭh eŭlh poŭh-ì. Se tenir droit dans le milieu sans *pencher* d'aucun côté.

偏 亻 piĕn-yì, *non rectum; doctrina malesana.* thìen —, non droit; doctrine mauvaise.

Legitur etiam **kĭ,** *id omne ad cujus integritatem aliquid deest.*

俱 **K'hì.***Facies lata, irregularis.* Ch. w. 頎 (440) Visage large, difforme. [f. s.]

個 **T'ĭh.** A. *thich.* En comp. **t'ĭh t'àng;** *non* (441) *frenatus (poŭh kĭ yè), id est : animi dotibus alios superans.* (V. n° 798). Lettré d'une telle ardeur, qu'il surpasse tous les autres par ses talents.

倝人 **Kán.** *Solis exorientis sicut lux.* (442) Qui ressemble à l'aube du jour.

倞 **Liáng.** A. *lu'o'ng. Remotum (roŭan yè).* (443) *Distans. Longinquum. Fidelis, verax (sŏh yè).* Éloigné. Distant. Fidèle, sincère, véridique. (Li-ki). *Legitur etiam* **king** : *Fortis; crudelis (kiáng yè).* Fort, cruel. (Choŭe-wèn).

借 **Tsie.** A.*thá.* C.*tsé.*F.*tchĕk.*J.*chiya.* [f.s.]. (444) *Falsum, simulatio (kià yè). Mutuum dare seu accipere (tăï yè). Adjuvare (tsoŭ yè). Commodare. Laudare (tc'hoŭï tsiáng yè). Particula proponendi causam (chĭh-t'seŭ) , ut :* Hoc posito, Sic posito quod... Faux; chose feinte. Prêter ou emprunter. Aider quelqu'un de ses moyens. Faire l'éloge de quelqu'un; déposer en sa faveur. Particule déterminant un Cas posé sur lequel s'appuie le reste de l'argument, comme : Supposé que, etc.

| 書 tsié-choŭ, *commodare librum.*
— tho', prêter un livre. Les Chinois disent proverbialement : « *prêter un livre*, c'est comme *prêter King-tchéou* » (place forte qui ne fut jamais rendue). Un poëte français a dit aussi :
« Un livre que l'on prête est rarement rendu ;
« Souvent il est gâté, mais plus souvent perdu. »

| 來 tsié-läï, *mutuum accipere.*
— laï, emprunter de l'argent à intérêt.
| 去 — k'iù, *mutuum dare.*
— khu', prêter.

Le sens de ces deux expressions composées est déterminé par les deux derniers membres, dont le premier, *läï*, signifie ' venir ', et, au causatif, ' faire venir à soi '; et le deuxième, *k'iù*, signifie *abire*, ' sortir ' : sortir de sa caisse.

| 名 tsié-ming, *alterius nomen usurpare.*
— dunh, usurper le nom d'un autre.
| 意 — i, *translatitius sensus*
— ŕ, sens métaphorique; métaphore.

不 | poŭh —, *calcei straminei.* [chez les Chin.).
bát —, chaussure en paille tressée (très en usage chez les Chin.).

佳 **Hōeï.** En (445) comp. 他 | pi —. *deformis.* Femme ou fille laide. (Hoaï-nan-tseu).' [fig. s.].

倡 **Tch'āng.**A.*xu'o'.*C.F.*tch'eāng.*J.*chiγāo.* (446) *Musica* (γŏh yè). *Meretrix, cantatrix.* Musique. (Ch. w.). Femme de mauvaise vie, chanteuse.

| 優 tch'āng-yeòu, *meretricis maritus.* [en gén.
— u'u, mari d'une comédienne. Comédiens
| 和 — hó, *alternâ vice cantare, recitare.*
— hòa, chanter ou réciter alternativement.

Legitur etiam **Tch'áng** : *Præire. Conducere; aliorum dux. Præire alios doctrinâ et exemplo.* Au ton ' . Précéder; conduire. Précéder les autres hommes par ses doctrines et ses exemples. Se prend aussi pour 唱 tch'āng. Voir au Rad. 30, 8 tr.

健 **Tsiĕh.** En (447) comp. | 仔 — yú, *Muliebris magistratura sub dynastiâ Han.* Magistrature de femmes sous la dynastie des Han (Hăn foŭ kouán ming). Le même groupe phonétique *tsiĕh*, joint au radical de la ' femme ' (38), a le même sens. Le caractère ci-dessus se prend aussi pour Tsiĕh (même groupe phonétique avec le radical ' main ', 64), et il signifie alors : *Celeriter; festinare* (tsĭh yè). *Gaudium, lucrum* (lì yè). *Opportunum; commodum* (pién yè). Promptement. Se hâter. Joie. Profit. Favorable; avantageux.

ÉTYM. Ce caractère est comp. du signe ' homme ' et du groupe phonétique tsiĕh.

做 **Fàng.** A. *phóng.* F. *hong.* J. *hōo.* [f. s.]. (448) *Imitari* (hiáo yè); *exemplar. Inniti* (i yè). Imiter; modèle que l'on se propose de suivre. S'appuyer sur. (Tseu-'wéï)

微 fàng-hiáo, *imitari.* | On écrit 仿 et 放
— hiĕu, imiter. { aus i : fàng.

值 **Tchí.** A. *trí.* C. *tchí.* F. *tē.* J. *tchi.* [fig. s.]. (449) *Alicui occurrere* (yú yè). *Obvium habere* (foüng yè). *Collocare* (tāng yè); *recondere* (t'soú yè). *Rei pretium* (wĕh kía). *Item : Manu apprehendere* (tc'hí yè). Rencontrer quelqu'un. Disposer de quelqu'un ; le placer dans un lieu sûr (Ch. w.). Prix d'une chose. Prendre avec la main.

不 | 得 poŭh tchí tĕh, *non est operæ pretium.*
bát — dác, ce n'est pas le prix de la chose.

倥 **K'oŭng.**A.*khong.* | 侗 —thoüng, *Rudis* (450) En compos. *ignarus.* Ignare.

傯 —tsoüng, *fessus, lapsus; negotiis distentus.*
—töng, fatigué, las; accablé d'affaires.

倦 **K'ioúen** A. *quyen.* [fig. s.]. (451) *Piger, lassus; defatigatus* (p'í yè). *Molestia* (kiáï yè). *Lassitudo* (láo yè). *Superbus.* Peine; lassitude. Paresseux, indolent; las; fatigué. Orgueilleux. (Hoaï-nân-tseù).

誨人不 | hoéï jìn poŭh —, *in docendo homines non fatigatus.* (Lûn yŭ).

倧 **Tsoùng.** Homme de nature spirituelle (452) de la haute antiquité; (chàng koü chin jìn). Khàng-hî. [fig. s.].

倨 **Kiú.** A. *cu'.* C. *kü.* F. *kè.* J. *kiγo.* [fig. s.]. (453) En comp. *kiú-gáo : Superbus, arrogans* (poŭh sún yè). *Confidens.* Qui n'est ni humble ni soumis. (Ch. w.). Orgueilleux; arrogant. Effronté. *Kiu-ya,* nom d'un quadrupède.

倩 **T'siĕn.** A. *thién.* C. *sín.* F. *tch'ëen.* J. *sen.* (454) *Litteratorum commendabile appellativum* (ssé tchí mĕï tc'híng). *Pulcher; venustum, Bonum* (mĕï háo yè). *Loco alterius.* Épithète laudative appliquée à un lettré pour ses productions, comme si l'on disait : bien, très-bien ; beau, très-beau. Beau. Belle conformation de la bouche dans le sourire. (Chi-K.). *Tái* —, où alter.

倪 **I, N1.**A.*nghé.*C.*ngai.*F.*géγ.*J.*ngei.*[f.s.]. (455) *Utilitatem addere; offerre* (peï yí yè). *Rei parvæ seu debilis appellativum* (jŏh siáo tchi tc'híng). *Parvuli. Distinguere* (fĕn yè). *Terminus, limes* (tsí yè); *extremitas* (kĭh tsi). *Principium* (touán yè). *Nomen proprium.* Qui est utile, qui s'ajoute. (Ch. w.). Appellatif des petites choses, animées ou inanimées. Enfants. Distinguer. Terme, limite. Principe; commencement. Nom propre. I : pĕï-i, (V. n° 405) *non rectis oculis* (torvè) *adspicere.* Regarder de travers.

倫 **Lûn.** A. *luán.* C. F. *lún.* J. *rin.* [f. s.]. (456) *Ordo naturalis* (tc'hàng yè). *Species* (loŭ yè, pĕï yè). *Justitia* (í yè). *Ratio* (lì yè). *Similitudo* (pí yè). *Seligere* (tsĭh yè). Ordre naturel des choses. Espèces. (Ch. w.). Justice, raison naturelle. Ressemblance. Choisir. Nom propre.

五 | où —, *præcipuarum virtutum ordo.* V. n° 95 ngu'—, l'ordre des cinq grandes relations sociales. 1° *Inter regem et subditos* ; 2° *inter patrem et filios;* 3° *inter maritum et uxorem;* 4° *inter fratres majores et minores;* 5° *inter socios et amicos. Hi respectus vocantur: Magni ordi—* 大 | tá —, où 五 | tá —, hu'u' —, *nes; quinque ordines*

偉 **Tchŏh.**A.*trác.*C.*tch'éuk.*F.*tok.*J.*tok.*[f.s.]
(457) *Manifestare, prodere* (*tchú yè*). *Supereminens* (*tá yè*). Manifester au grand jour.
(Ch. w.). Vaste. Éminent.

| 然 —*jàn, valdè clarum; clarissimum* (*káo ming*).
—*nhun,* qui brille au plus haut degré.
明 | 汝 罪 *ming—joútsoü; tuum crimen os-
tende :* fais connaître ton crime.
道 行 | 著 *táo hing—tchú; lex naturalis di-
latat et manifestat se.* La loi ou
raison naturelle se propage d'elle-même et se manifeste au grand jour. *Tchŏh pì yún hán;* «vaste
et *étendu* comme la voie lactée » (Chi-King).

佳 **Koúang.** *Remotum.* Éloigné. [fig. s.].
(458) Synonyme du n° 351. q. v

倭 **Wèi.Wŏ.**A. *uy.*C.*wo.*F.*woëy.*J.*i.*[f.s.].
(459) *Obsequens* (*chin máo*). Docile.
(Ch. w.). En composition :

| 遲 — *tch'i. E longinquo redux, seu ad re-
mota pergens* (*hoëi yoùan tchí máo*). Lu
wŏ, ce caractère désigne le royaume du Japon. On
lit dans l'histoire des Han (*Hán chou*) : « Au mi-
« lieu de la mer de Lo-lang il y a les populations
« que l'on nomme Wŏ (*Wŏ jín*), lesquelles se di-
« visent en plus de cent États. En outre, les ha-
« bitants des États avoisinants, situés en terre
« ferme, sont tous de la même race des Wŏ ou
« Japonais. » (Section géographique de l'Histoire
des premiers Han, par Pan-kou).

倮 **Lŏ.** Forme vulgaire de (Rad. 145) 裸
(450) Nom d'un ver ; d'un royaume.

傱 **Soŭng.** Ce caractère n'est employé que
(461) dans certains dialectes locaux, où il
signifie *ineptus ; lentus, piger* (*làn*). Inepte, paresseux ; de plus : *kioung-soŭng : Conviciis aliquem insectari* (*má yè*) ; accabler quelqu'un de railleries et d'injures.

倰 **Líng.** Dans le 夌 *Prætergredi* (*hiŭh yè*).
(462) Ch. wên : 夌 Dépasser les bornes.

倱 **Hoèn.** En | 㑃 *hoèn-tùn, impervius*
(463) comp. (*poŭh k'áï toŭng
máo*). Impénétrable ; le Chaos. L'une des 4 calam.

倰 **Toŭng.** En 儱 | *loùng—, debilis ; las-
(464) comp. sus;* débile, faible.

倳 **Tsé.** *In terram figere. Collocare.* [fig. s.].
(405) Ficher en terre. Établir une chose.

俄 **Woú.** Nom d'homme du temps des
(466) Trois Royaumes (221-264). [f. s.].

9 TRAITS.

偋 **Ping.** *Omnes. Simul. Conjunctim.*
(457) Tous.Ensemble.Avec.F.vulg.de 併

偀 **Ying.** Forme vulgaire de (Rad. 140) 英
(468) *Herbæ florescentes.* Voy. à 5 tr.

偁 **Tchīng.** *Laudibus extollere* (*yáng yè*). F. vulg. de 稱
(459) Elever par des éloges.

偂 **Tsiēn.** *Præire* (*tçín yè*). Précéder.
(470) ÉTYM. ' homme', + *gr. ph.* signifiant : *avant, qui precède.*

偃 **Yèn.**A.*yén.*C.*in.*F.*yeen.*J.*yen.* [f. s.].
(471) *Dejicere. Deturbare. Prosternere.*

Humi procumbere (*foú yè*). *Dormire* (*ngó yè*).
Renverser. Jeter en bas. Prosterner. Se coucher
par terre. Dormir. Nom d'un pays.

| 息 —*sïh, cessare ; procumbere.* [terre.
— *tú'c,* çesser tout travail ; se reposer par

偄 **Noúan. Loùán.** *Debilis; invalidus* (*jŏh
(472) yè*).Débile; faible. Ch. w. Impotent.

偅 **Tchoúng.** En 儱 | *loùng —, qui nou
(473) composit. inveniendum vide-
tur.* Qui parait ne pouvoir être rencontré 憧
ou trouvé. Synonyme par phonétisme de

偆 **Tch'ún.** A. *xuân.* C. F. *tch'ún.* J. *chiyun.*
(474) *Dives* (*foú yè*). *Locuples* (*héou yè*).
Riche. (Ch. w.). Opulent. (Kh. hi. I-wen-pi-lan).

假 **Kia.** A. *giă.* C. *ká.* F. *kay.* J.*ka.*[fig. s.].
(475) *Non verum* (*féï tchīn yè*). *Et, Quia*
(*t'siєú yè*). *Commodatum accipere* (*tçie yè*). *Grande*
(*tá yè*). Qui n'est pas vrai, conforme à la vérité.
(Ch. w.). Fictif. Et; à cause de. Recevoir un
prêt. Grand. *Pe-kia,* nom d'un pays.

| 如 *kia-joú, quod si... Verbi gratiá...*
— *nhu',* que si... Par exemple...
| 然 — *jàn, per exemplum.*
— *nhiên,* par forme d'exemple.
| 借 — *tçie, mutuum accipere, dare.*
— *tá,* recevoir en prêt ou en faire un.
| 道 — *táo, commentitia verba; falsa doctrina.*
— *d'áo,* paroles mensongères ; fausse doct.
| 手 於 我 *kia-cheòu yù ò, hoc mihi imposuit.*
Cela m'a été imposé.
告 | 令 *káo—ling,* | *ministerii aliquandiù relin-
cáo—lành,* | *quendi licentiam à superio-
ribus petere.* Demander un congé à ses chefs.
真 | 難 分 *tchīn kia nán fēn: Veritatem à fal-
sitate difficile est distinguere.*

偈 **Kïeh.** A. *ké.* C. *k'it.* F.*këet.* J.*kich.* [f. s.].
(476) *Fortis, strenuus* (*woù yè*). Fort,
vaillant, vigoureux.

| | —, *fortiter, vehementer. Conari.* [de.
| | —, fortement, vigoureusement. S'efforcer
| 句 *kïeh-keóu,* | *verba sententiosa quibus utuntur
— cu',* | *religiosi sectæ* Fŏh *quum precan-
tur.* Hymnes ou stances rhythmiques des livres bouddhiques, chantées par les prêtres bouddhistes, dans
lesquelles on y a conservé beaucoup de termes
sanskrits. Ces hymnes ou stances rhythmiques sont
nommées *gáthas,* en sanskrit, mot qui signifie
Chant, dérivé du verbe *gae* (*gáyámi*), chanter,
dont le caractère chinois, *kïeh,* n'est que la simple

偉 **Wèï.** A. *vi.* C. *waï.* F. *way.* J. *i.* [f. s.].
(477) *Admirabile* (*kï yè*). *Rarum. Homo
habilitate aliis præcellens. Magnus* (*tá yè*). Admi-
rable, extraordinaire. (Ch. w.). Rare. Homme qui
surpasse tous les autres par son habileté et ses talents. Grand ; élevé. Nom propre.

偊 **Yŭ.** A. *vu.* C. *ngau.* F. *é.* J. *ngoō.* [f. s.].
(478) *In ambulando corpus curvare* (*k'ŏh
koŭng máo*). Avoir le corps incliné en marchant.

| | *yù-yù, Hominis incessus.*
Démarche d'un homme.

偋 Ping. Forme vulgaire abrégée de 屏 (479) Voir, pour l'explic., à 11 tr.

偛 Jó. A. *nac. Cognomen.* Nom propre. En (480) comp.Jó-tá, *magnum.* Grand.[f. s.].

偍 T'ì. A.*dé.* F. *téγ.* J. *téi.* [f, s.]. Syn.徥 (481) *Difficile egredi; ingressu difficile (nàn tsin γouĕh t'ì). Difficile obtentu.* D'une marche ou d'un mouvement difficile. (Siun-tseu). D'une acquisition difficile.

偉 Hoĕn. *Nomen proprium.* [fig. s.]. (482) Nom propre d'homme. (Ch. w.).

偎 Wĕï. A.*o'ì.* C. *wai.* F. *oéγ.* J. *wai.*[f.s.]. (483) *Approximare, plurimi facere (nĭh kin γè). Amare; diligere ('äi γè).* Faire grand cas de. Aimer, affectionner. (Lie-tseu. Chân-haï-king).

偩 Chóu. *Erigere, constituere (lĭh γè).* (484) Ériger, établir. (Khàng hì).

偉 Siún. A. *tuán. Infirmus (tsĭh γè). Omni-* (485) *bús destitutus. Celeriter.* V. n° 314.

㑗 K'iŏh. *Fessus, lassus.* Las, fatigué. [f. s.]. (486)kiáo-k'iŏh : *Malè assuetus.* Mal acc.

偏 P'iĕn. A. *thiĕn.* C. *p'ín.* F. *ph'ëen.* J. *ben.* (487) *Caput inclinatum (p'ò γè). Inclinatum, non rectum (t'sĕh γè). Qui non tenet medium (poŭh tchoŭng γè). Pravum, vile (siè γè). Dextrum vel sinistrum latus (tchoŭng tchì liàng p'äng). Dimidium (pán γè). Clam pertinere (choŭh γè). Quinquaginta homines. Quinque et viginti currus. Nomen proprium.* Qui a la tête ou le corps incliné. Qui n'est pas droit. (Choŭ-K.). Qui ne tient pas le juste milieu. Homme vil, dépravé. Les deux côtés ou parties d'un tout. (Ts. tch.). Moitié. Qui appartient secrètement à quelqu'un par quelques motifs, ce qui le rend ' partial ' en sa faveur. Cinquante hommes. (Tcheou-li). Vingt-cinq chars de guerre. Nom propre. [fig. s.].

亻衣 — p'iĕn-ī, *vestis bicolor.* — , vêtement de deux couleurs différentes.

亻見 — k'iĕn, *præjudicium.* [conçue. — kiĕn, jugement précipité, opinion pré-

亻情 — t'sing, *animi motus.* — tinh, mouvements passionnés de l'âme.

亻駕 — k'ia, *Regulorum currus.* — gia, chars des souverains chinois.

面 *Miĕn-p'iĕn, dicitur de eo, qui coram aliis manducando nil eis dat.* (Bas.)

偆 K'iĕn. A. *khám.* Répété ; *kiĕn-kiĕn :* (488) *Non contentus (i poŭh 'àn γè).* Qui n'a pas l'esprit tranquille, satisfait. [f. s.].

偨 Yén. A.*ngan.*C.F.*gân.*J.*ngan.* [fig. s.]. (489) *Res falsa, adulterina. (wĕï wĕh γè).*

偑 Foûng. *Nomen loci.* [fig. s.]. (490) Nom de lieu, de pays.

偒 T'àng. A. *thang. Rectum (tchŭh γè).* f. s. (491) Long. **T'àng-t'àng,** *longum (tchàng máo).* Qui paraît long, étendu. Le P. Basile dit de ce caractère : « *Communiter : è lassitudine dormire,* dicitur : *t'àng.* » Ce sens n'est pas donné dans le dictionnaire de Khàng-hì.— Ce car. se prend aussi pour un homonyme appartenant au R. 140, 12 tr.

偓 Wŏh. A. *acc. Nomen genit.* [fig. s.]. (492) *Wŏh-tsioŭan,* nom d'un immortel.

亻促 wŏh-tsoŭh, *refrenare, cohibere.* — *thúc,* refréner ; réprimer ; contenir.

偊 Ngŏh. *Multum (tŏ γè). Errare.* (493) Beaucoup. [fig. s.]. Errer.

偕 K'iáï. A.*giui.*C.*kái.* F. *kai.* J. *kai.* [f. s.]. (494) *Omnes (kiä γè). Unà; simul; conjunctim. Fortis (kiäng γè).* Tous. Ensemble ; de compagnie ; conjointement. Fort. (Ch. w.). Celui qui réunit mille hommes, dit Siu, est fort, puissant. **K'iáï-k'iáï,** *fortis.* Fort, fortement.

偖 T'chè. A.*giá.* Ce car. est une abré-撦 (496) viation erronée et faut. du car.

偛 Sèng. *Quod rectum, longum videtur (tchĭh* (496) *máo; tchàng máo).* Qui paraît droit, long. [fig. s.].

儌 Meóu. *Avarus; sordidus. Rudis.* [fig. s.]. (497) Avare ; sordide. Grossier.

偙 Tì. A. *d'é. Aliquid erigere, manibus ali-* (498) *quid ferre (hì γè). Item : Infirmus, debilis, fractus viribus (k'ouän lĭh γè).* Élever quelque chose. Porter avec les mains. De plus : Infirme, débile, qui a perdu ses forces. (Kh. hì). [f.s.]

做 Tsó.A.*tó.*C.*tsò.*F.*tchò.*J.*tsz.* F. v. de 作 (499) *Facere; attento animo aliquid perficere (lieŏu sīn tsáo tsieŏu).* Faire ; achever, parfaire une chose avec soin. **Kiáo-tsó,** *appellari.*

亻人 tsó-jin, | *perficere hominis partes; probum* — nho'n, | *virum fieri.* Devenir homme.

亻官 — kouän, | *præfecti ministerium implere.* — quan, | Remplir les fonctions de préfet.

傻 Soû A.*täu. Nomen appellativum seniorum.* (500) Nom générique donné aux vieillards.

偛 Tch'ăh. A. *d'ap.* En comp. **Tch'ăh-** (501) **tiĕh** (v. n° 337) : *Homo malus. Vilis.* Homme méchant. Vil. [fig. s.].

停 T'ìng.A.*dính.*C.*t'ing.*F.*th'éng.*J.*tei.*[f.s.]. (502) *Sistere. Quiescere (tíng γè). Cessare (sĭh γè).* S'arrêter au milieu d'une marche, d'une action (hìng tchoŭng tchĭh γè). Se fixer dans un endroit pour y demeurer (tíng γŭ ssò tsäi γè). Cesser tout travail, toute poursuite de l'esprit.

亻當 t'ìng-táng, *negotium statutum, fixum.* — d'ang, affaire conclue, fixée, terminée.

亻條 — t'iáo, *negotium concludere.* — d'ieú, conclure une affaire.

亻升 — ching, | *promotiones ad gradus superio-* — thang, | *res differre (quod est pœna præfectorum).* Suspendre les promotions.

亻工 — koŭng, *ab operibus cessare; detinere.* — cóng, cesser tout travail manuel.

偝 Pěï.A.*bói.Abjicere; derelinquere (k'í γè).* (503) Rejeter ; abandonner. Retourner.

偁 Koùa. En 亻滴 | tĭh —, *qui ambulare* (504) comp. | *videtur.* Qui paraît marcher. [fig. s.].

偞 Yĕh. A. *γép. Despicere (k'īng γè). For-* (505) *mosus (mĕï γè).* Mépriser. Beau (selon quelques-uns). [fig. s.].

偟 Hoàng. En 亻彷 | fàng —, *perturbatus.* (506) comp. | troublé, agité comme par une attaque. [fig. s.].

傍| pāng-hoàng, *sine consilio*. Ex. *Ssě háï pāng houàng : Totum Sinense imperium in consternatione erat ' sine consilio '*. Tout l'empire situé entre les quatre mers (l'Empire chinois) était dans la consternation ' sans conseil '.

傜 **Yào.** En (507) comp. |襃 *yào-niào, levi veste contectus.* Couvert d'un vêtement léger. *Yào tcháo pien k'ioüen.* Cette phrase signifie : Des groupes de jeunes garçons et de jeunes filles, légèrement vêtus, en promenade printanière. (Khāng-hï).

傪 **Tchàn.** A. *khám. Rectá lineá ordina-* (508) *tum (t'si tching máo).* Mis en ordre en ligne droite et plane.

偢 **Tsiao.**A.*thu'u.* |傁 *chăh—, crudelis;* (509) En comp. inhumain.

候 **Héou.***Exspectare.*Autre forme du n° 438. (510) Voir ce numéro pour l'explication.

偝 **Yèn.** *Purum; nitidum (tsing yè).* [f. s.]. (511) Pur; net; propre. Avec le Rad. 38, celui de la femme : Impur.'

偰 **Yeòu.**'*Adsistere; ad latus sedere (chí yè).* (512) Assister; accompagner. (D'un emploi douteux), Khāng-hï.

健 **K'ién.**A.*kièn.*C.*kin.*F.*kéèn.* J. *ken.* [f. s.]. (513) *Fortis, robustus* (kiáng yeòu lĭh yè). *Indefessus* (poŭh k'ioŭan). *Durum, durabile seu res quæ diù durat nec facile rumpitur et consumitur. Legitur etiam* **K'ièn** : *Difficile* (nàn yè). *Erigere; elevare, physicè et moraliter* (k'iù yè). Fort; robuste. Infatigable. « Le Ciel accomplit « toutes ses opérations *d'une manière infatiga-* « *ble, qui ne se ralentit jamais;* le sage, à son « imitation (*i tséu*), s'emploie fortement et sans « relâche (à la pratique du bien). » (Y-King). Dur, durable, ou une chose qui dure longtemps, et qui n'est pas facilement rompue ou consommée. Élever physiquement et moralement. [gans.

傀 **T'oŭ.** A. *d'öt.* (513) En comp. |傥 *t'àng-t'oŭ, arrod'àng—,* arrogant. [gant.

傁 **Soū.** *Nomen proprium.* (515) Nom propre.

便 **Pián.** Forme primitive du caract. 便 (516) Voir, pour l'expl., le n° 342.

偦 **Siù.** A. *tu'.* F. *se. Sapiens; ingenio pollens. Sapientis et habilis appellati-* (517) *vum (yeòu t'säi tchi tchè, tchí tching). Legitur etiam* **Soū;** *Rarum.* Homme sage et prudent, qui est doué de grandes qualités. Nom commun donné aux personnes qui possèdent ces qualités. Lu **Soū** : Rare. (Khāng-hï).

傺 **Hóei.** *Defatigatus.* Atteint d'une (518) grande débilité. Car.douteux p. 瘝

傻 **Tchă.** *Extendere; jactare se (tchăng yè).* (519) Étendre. Fig. se vanter. [fig. s.].

俑 **Tŏh.** *Inniti; fidere (K'i yè).* [fig. s.]. (520)S'appuyer sur; se confier à. (Ch. w.).

傛 **Ying.** *Conducere; comitari.* Con-(521) duire; accompagner. Syn. de 媵 膝

偵 **Feòu.** A. *phu. Imitari; juxta imaginem* (522) *(prototypum).agere (i siáng yè). Inniti (chi yè).* Représenter : prendre pour modèle ou prototype quelqu'un ou quelque chose. (Li-ki). S'appuyer, se reposer sur qqn. (Hoaï-nân-tseu).

言|心之華 *yàn—sin tchi hóa; Verba sunt sicut cordis flores.*« Les paroles sont « comme les fleurs du cœur (ou de l'intelligence). » ÉTYM. Fig. et son. + *Groupe phonétique.*

偪 **Pĭh.**A.*bu'c.*C *pik.*F.*pek.*J.*biok.*Syn. 逼 (523) *Urgere; vexare; comprimere.* Presser; tourmenter; opprimer.

|馬 *pĭh-mà, equo calcaria addere.* [son cheval — *mà,* enfoncer ses éperons dans les flancs de 君子不偪上不|下 *K'iùn-tseu poŭh tsien chàng, poŭh pĭh 'hià.* « Le sage ne s'immisce pas dans les affaires de ses « supérieurs, ni n'exerce aucune ' pression ' sur « ses inférieurs. » (Li-ki).

偫 **Tchì.** *Exspectare (tái yè).* [fig. s.]. (524) Espérer qqc., attendre. (Ch. w.). Ce caractère, employé comme synonyme de 偫 signifie : *providere, suppetere;* pourvoir.R.60.

傯 **Tsoùng.** En (525) comp. |傯 *k'úng-tsoung, negotiis distentus.* Accablé d'affaires.

価 **Mien.** *Antè; coram (hiàng yè). Conjunc-* (526) *tim (kiāi yè). Item : Contrà, adversus (pěi yè).* Devant; en présence. [Quelques-uns lui donnent aussi le sens de] Ensemble. De plus , Opposé. Contraire.

偁 **T'síh.** A. *tap. Hominum multitudo.* [f. s.]. (527) Qui ressemble à une multitude d'h.

傶 **I.** A. *y'. Suspiria post luctum.*Soupirs après (528) les pleurs. On lit dans le Li-ki : 童子哭不| *t'oùng tsèu k'oŭh poŭh ì, Adolescentes magna voce lacrymant sed non suspirant.* Les enfants (à la mort et sur la tombe de leurs parents) se lamentent à haute voix, mais ils ne ' soupirent ' pas.

偦 **Sĭh.** A. *khiét. Nomen cujusdam antiquis-* (529) *simi avi regis* Chang 商 Nom de l'ancêtre des rois de la dynastie 商 Chàng qui régna de l'année 1783 à l'année 1134 avant notre ère.

循 **Siùn.**A.*tuàn.Enarrare; referre (chăh yè).* (530) Raconter. Rapporter. [fig. s.].

偲 **Szě.** A. *tu'. Szě szé : Mutuo sese excitare,* (531) *corrigere, animare (siàng t'sièh tsĭh yè).* S'exciter mutuellement, entre amis, à se corriger de ses défauts et à pratiquer le bien. (Lùn-yù).

傗 **Toŭan.** En |傗 *tcháo-toùan, parvum* (532) comp. |少 *(siào yè).* Petit, ténu.

側 **T'sĕh.**A.*trac.*C.*tchack.*F.*tch'ek.*Syn. 仄 (533) *Inclinari (k'ing yè). Non rectus)* (poŭh tching yè). *Ad latus adsistere (páng yè). Sternere, proclinari (ngó yè).* Incliné, qui n'est pas droit (au physique et au moral). Être placé à côté. Coucher, prosterner. Incliner.

|室 *t'sĕh-chĭh, concubina, seu uxor secundaria.* —*tháh,* concubine, ou femme de second rang.

|陋 —*leòu, vilis, abjectus.* |反 *fàn—, factio;* —*lau,* vil, abject. *rebellis.*

偵 **Tch'ing.**A.*trnh.*C.*tching.*F.*tcheng.*J.*tei.* (534) *Inquirere; investigare (wén yè).* Cir-

cuire ad exploranaum (lo heou yè). S'enquérir; prendre des informations. (Ch. w.). Faire le métier d'espion. Lu **toh'ing**, même sens. [f. s.].

偶 **Où, ngòu.**A.*ngaù.*C.*ngao.*F.*gnœ.*J.*ngoō.* (535) *Statua lignea (t'oùng jin yè).* Duplex seu par numerus (sóu chouáng; numerus impar dicitur kĭ). *Connectere, unire (hó yè).* Nomen proprium. Statue (*litt.* homme) de bois. (Ch. w.). Et aussi · Statue de terre. Double, ou nombre pair. Joindre, unir. Se réunir. Nom propre.

非我 亻也 *fëï* ngò—yè, *non est mihi æqualis.* *phi nga—dd,* il n'est pas mon égal.

亻然 ou-jān, *fortuitò.* —*nhiēn,* par hasard.

佳 亻 kià-où, *felix par.*

亻人 — jīn, *statua humana.* —*nho'n,* statue d'homme.

亻木 —moŭh; —mōc; } *id.*

俵 *Res accumulatæ (hóeï wĕh yè).* (536) Choses, objets accumulés, réunion.

偷 **T'eōu.**A.*thaù.*C.*t'au.*F.*th'oé.*J.*toō.*[f.s.]. (537) *Inconsideratus (p'ŏh yè). Præter fas (koùtsiè yè). Furari (táo yè). Furtim. Aliquid alicui subripere.* Inconsidéré. Négligent. Agir contre tout droit. (Ch. w.). Voler. A la dérobée. Soustraire quelque chose à quelqu'un.

亻得利而後有害者聖人不爲一 *tĕh* lĭh eŭlh héou yèou 'háï tchè, ching jin poŭh wèï. *Furto acquirere lucrum et postea habere damnum : sanctus vir non facit.* « Acquérir un gain par des « moyens illicites, qui sont toujours suivis de la « peine méritée, c'est ce que le saint homme (le « sage) ne fait pas. » (Kouan-tseu).

亻看 t'eōu-k'án, *furtim oculos conjicere.* [bée. — *khán,* regarder furtivement, à la déro-

苟且以 亻安 keòu tsiè 亻— 'án, *præter fas agere ad subripiendum (cujusvis) otium.* Employer toutes sortes de moyens pour *ravir* le repos à quelqu'un.

10 TRAITS.

傀 **K'oùeï.**A.*khöi.*C.*faï.*F.*kwuy.*J.*koi.*[f.s.]. (538) *Magnum (tá máo). Pulchrum (mĕï yè). Abundans (ching yè). Prodigiosum; monstruosum (koùaï i yè).* Legitur etiam *kóeï.* Grand d'apparence (comme le ciel). Beau. Abondant. Prodigieux (comme les éclipses de soleil et de lune aux yeux des Chinois). Monstrueux. Lu aussi **koùeï,** il signifie maintenant ' une statuette ou mannequin en bois, qui joue un rôle sur certains théâtres ' (comme nos marionnettes). On les appelle alors :

亻儡 — loùï, { *imagines ligneæ quibus utuntur* — lui, { *in comœdiis.* ' Marionnettes ' qui étaient très en usage en Chine au commencement du septième siècle de notre ère.

傁 **S'óu.**A.*táu.*C.*sau.*F.*soé.*J.*choo.*Syn.de叟 (539) *Senex; honoris gratia hoc nomine seniores appellantur.* Épithète honorifique donnée aux vieillards. Nom propre.

偢 **Tséou.** *Seipsum conducere (jin chŭn* (540) *yoŭng).* S'engager pour servir un maître

儚 **Tchì.** En comp. *tchi tchì : Incompositus* (541)(*(poŭh t'si yè).* Sans ordre. *Tchì-k'i,* nom de lieu.

傸 **Sóu.** A. *tó. Muneri suo fidelis (hiang yè).* (542) *Secundum statum suum vivere.* Être tout à son devoir. Vivre selon sa position.

偛 **Höah, hăh.** A. *hoat.* En comp. **măh—** (543) **hăh.** *Fortis (kiàn yè). Impavidus (woù tán yè).* Fort. Intrépide ; sans crainte.

偪 **Sièh.** *Vox tenuis.* Voix faible.Ce car. (544) est le même que le nᵒ 620. V.傺

傺 **ChYh.** En 亻啇 *tĭh—,vitiosus('ŏ yè)·* (545) comp. 亻啇 vicieux, méprisable.

傲 **Ki.** *Sinistrorsum, dextrorsumque adspicere* (546) *(tsò yéou liàng chi).*Regarder à droite et à gauche. (Ch w.).

倒 **T'ân.** *Quies ; pax ('án yè).* Var. du 431. (547) Repos ; paix ; tranquillité. (Ch. w.).

傅 **Foú.**A.*phú.*C.*foù.*F.*hou.*J.*fou.* Syn.附 (548) *Annectere (siáng yè). Super-* 附 *inducere, v. g. colores. Magister. Nomen propr.* Annexer, adjoindre. (Ch. w.). Nom d'une fonction. Nom pr. Foú-sioūan ; *Edictum tribunalis.* [tutor. — szē-foú, *Regius adsistens, filiorum regis insti-* thó'i —, Nom d'une fonction à la cour ; précepteur des fils du souverain. « Anciennement, « disent les rédacteurs du Diction. de Khâng hi, le « Fils du Ciel (l'empereur) avait à sa cour de hauts « fonctionnaires du titre de ' Grand Maître de la « doctrine ', (大師 *t'àï szē*), de ' Grand As- « sistant précepteur ' (太 亻 *t'àï foú*) ; de ' Grand « Protecteur ' (太 保 *t'àï paò*). C'étaient trois « grandes charges de cour. Celle de *foú* est de « même nature. »

亻會 foú-hóeï, } *cogere aliquos ad conveniendum* — hóï, } *consultationis gratia.*

傆 **Yoùen.** *Fraudulentus (kĭh yè). Vafer* (549) *(kiēn tchi yè).* Fourbe, menteur. Homme dont les connaissances et les talents sont employés à servir le vice et tous les mauvais desseins.

傮 **Young.** *Multitudo: omnes (tchoùng yè).* (550) Multitude. Tous. Luxuriant. [f. s.].

傈 **LYh.** A. *làt.* F. *lek.* J. *ritsz.* [îh. s.]. (551) *Tabellæ defunctorum in eorum templis seu memoriis (miáo tchù yè).* Tablettes des défunts, sur lesquelles sont inscrits leurs noms, lesquelles tablettes sont déposées, soit dans des temples spéciaux, soit dans une pièce de la maison qui leur est consacrée.

傉 **Noŭh.** Partie d'un nom formé de·trois (552) caract. : *Yeou-k'ou noŭh.* (Pĕh ssè).

傎 **Yùn.** *Superare, superabundans (yēou yè).* (553) Rempli d'abondance. Selon le Louhchoù, il n'y a point de· caractère ainsi composé.

健 **Kien.** En 健 liēn-kien, *eundo si-* (554) comp. *mul assequi (liéng siáng kĭh yè), vel, unum alteri insistere. Liēn-lièn,* dicitur de ambulantibus uno post alterum sine interruptione.* Foule d'hommes marchant en rangs et à la suite l'un de l'autre. [chrum visu.

傋 **K'iàng.** En 亻庖 — màng, *non pul-* (555) comp. 亻庖 —*màng,* déplaisant·

(Voir n° 348). *Legitur etiam* **hiàng**. Syn. de 佝

Sincerus, verax. Vrai, sincère.

傌 **Má**.A.*mà*.F. *mà*. J.*ba*. F. primit. de 罵
(556) *Conviciis aliquem insectari.* 馬

Vide cum R. 122. Poursuivre quelqu'un d'injures.
Injurier. **Li-má** : Souhaiter des malheurs à qqn.

傍 **Páng**.A.*bang*.C.*p'ong*,F.*peng* J.*'hō*.[f.s.].
(557) *Appropinquare (k'in tchῐ yè); proximus. Inniti (i yè). Legitur etiam* **p'āng**, *ad latus*
(*t'sĕh yè*). *Nomen proprium.* Approcher; proche.
(Ch. w.). S'appuyer sur. Lu **p'āng**, à côté, à
proximité. Nom pr. **P'āng-où**, *meridiè.* [*i yè.*

丨丨——, *coactè; aliquid invitè facere (poŭh tĕh
——,* faire quelque chose forcément, mal-
gré soi. (Chi-K.). [*tram.*

左右兩 丨 *tsò yéou liàng——, ad dextram et sinis-
à droite et à gauche, des deux côtés.

丨人門戶 *jin mĕn hòu, ex aliquá familiá pendere.* Dépendre d'une famille pour sa
subsistance.

傒 **Tsῐh**. *Adversari; invidia, malevolentia*
(558) (*hiài yè*). En vouloir à quelqu'un.
Envie, malveillance, (Ch. w.).

傂 **Hi**.A.*hi*. *Irasci, Ira, iracundia (nóu hi yè).*
(559) Se mettre en colère. Colère; empor-
tement. [fig. s.].

傎 **Tiĕn**.*Capitis vertex.Prosternere se*.S. 顛
(560) Sommet de la tête. Se prosterner. Voy. Rad. 181.

傂 **T'áï**.*Exterior figura.Symbolum*.Syn. 態
(561) Apparence extérieure. Sym-
bole. Voy. Rad. 61. [*sequens.*

傏 **T'áng**. A. *d'ang*. 丨傹——*t'oŭh, inob-*
(562) En compos. | Orgueilleux.

傐 **Hào**. *Septentrionalis terræ nomen*. [f. s.].
(563) Nom d'une région septentrionale.

傑 **K'iĕh**.A.*kiet*. C.*kit*. F.*kèet*.J.*kitsz*.[f. s.].
(564) *Superbus; arrogans (gáo yè). Dotibus eximiis aliis præcellens; præclaris dotibus ornatus (ts'ái koúo wén jin). Pertinax (tchῐh yè).* Orgueilleux, arrogant. (Ch. w.). Homme qui dépasse
les autres par ses talents et son savoir.

Hoai-nan-tseu a dit : « Celui qui dépasse dix
« mille personnes (tous les hommes) par son sa-
« voir, on l'appelle *yûng;* celui qui en dépasse
« mille, on l'appelle *tsiún;* celui qui en dépasse
« cent, on l'appelle *hào;* celui qui en dépasse dix,
« on l'appelle *k'iĕh.* »

英勇豪 丨 *yîng, yoúng, hào k'iĕh :* yîng,
*proprie et præ cæteris ingenio
valens;* yoúng, *viribus et audaciá præ aliis pollens;* hào et k'iĕh *denotant hominem in animi
dotibus; sed* hào, *minorem;* kiĕh, *majorem.*

英 丨 yῐng-kiĕh, *heros cæteros supereminens.* [leur.
ank——, héros qui surpasse les autres en va-

傫 **Ming**.A.*minh*. *Temulentus.* Syn. de 醉
(565) *Valdè ebrius (tá tsoúeï yè).*Ivre.日甲

傮 **Tch'én**. A. *xien. Homo ingentis staturæ.*
(566) *Gigas.* Homme de grande stature,
qui ressemble à un géant.

傒 **Hi**. A. *hé. Barbari exteri ex parte orientis*
(567) *hiberni.* Habitants de la rive droite

du Kiáng (*Kiáng yéou jin*). Nom propre. 傒
Se prend quelquefois pour son homonyme 傒

傮 **Chèn**. A. *thién. Ignis magnus.Incendium*
(568) Grand feu; incendie. (Ch. w.).

傔 **K'hien**. *Sequi (t'soùng yè). Comitari*
(569) (*t'soûng tchi yè*). Suivre. (Ch. w.).
Accompagner un envoyé. (Yu-pien).

催 **K'iŏh**. *Nomen proprium.* [fig. s.].
(570) Nom propre. Nom d'homme

傖 **T'sêng**. *Ignobilis seu inferioris ordinis*
(571) *denominatio (pi tsian tc'hing yè)*

傗 **To'hoŭh**. En 丨傂——*soŭh, non ex-*
(572) compos 丨傂*tensus.* Qui n'est
pas étendu.

傘 **Sàn**. A. *tan*. C. *san*. F. *sán*.Syn.繖幑
(573) *Operculum; operire (kái yè). Umbraculum portatile.* Couvert; couvrir. Ombrelle. **Sàn-ting**; nom de pays.

雨 丨 *yù-sàn, umbraculum contra pluviam.* [pluie.
vu'——, ombrelle pour se préserver de la

張 丨 tchāng——, *umbraculum extendere, operire.
tru'o'——, ouvrir son ombrelle, son parapluie.

備 **Pi**. A. *bi*. C. F. *pē*. J. *bi.* Synon. 備
(574) *Qui res prævidet et parat
(chin yè). Complere, perficere (tc'hing yè). Simul;
auxiliari (hièn yè, foú yè). Providere (yŭ pien yè,
fáng yè). Dux exercitus (tcháng ping). Nomen
proprium.* Qui prévoit les choses qu'il convient de
faire et les prépare. (Ch. w.). Compléter, parfaire
(Tchéou-li). Ensemble, en totalité; aider. Se pré-
munir, se pourvoir contre. Chef d'armée. Nom pr.

告 丨 káo-pí, *significare rem ' completam ' esse.*
cáo——, annoncer qu'un fait est accompli.

齊 丨 *t'si——, perfectè comparatum.
te'——, complètement préparé, disposé.

凡事齊 丨了 *fàn szé t'si pí liào;* Toutes les
choses sont déjà préparées.

傞 **Sáo**. A. *tao. Superbus (kiáo yè). Legitur*
(575) **hiāo**, *in eodem sensu.* Superbe
comme un cheval fringant. (Ch. w.).

傲 **Hiao**.A.*hieŭ*. C.*hao*.F.*haŏu*.J.*kō*.[f. s.].
(576) *Imitari exemplar (fà yè, fàng yè).*
Imiter. Règle; modèle.

傛 **Yoŭng**. A.*dòng*. 華 丨——hoà, { quædam
(577) En compos. | 華——hoa, { muliebris præfectura in regio palatio, regnante familiá
Hàn. Nom d'une fonction de femmes (*foŭ kouán
ming*). Le Choŭe-wèn définit ce caractère comme signifiant seul : *Sine quiete (poŭh 'án yè).* Sans repos.

丨丨——, *quam velociter; sine quiete.*
——, très-rapidement; sans repos.

傜 **Yáo**. A. *dao. Servus, servire (yĕh yè).*
(578) *Præfectorum ministri ad tempus
plebe assumpti. Curvum, non rectum (siè yè).* Serf;
servir. Employés provisoires des préfets tirés de la
classe servile. Courbe; tortueux. Nom propre.

莫 丨 moŭh——, *manumissi.* Affranchis. Selon l'Histoire de la dynastie des Soüï (581-617), il y
avait dans la principauté de Tchang-chà (province
du Hou-koûang) des peuplades barbares affran-
chies, du nom de Yen, qui étaient libres; *moŭh
ráo, ' non serfs ',* parce que, disaient-ils, leurs au-

cétres avaient été libérés de leur servitude pour des actions méritoires ; c'est pourquoi ils portaient le nom de *moŭ ɣáo*, ' non serfs, affranchis'. (Kh. h.).

偏 T'á. A. *tháp. Inquietus (poŭh tséu 'ăn* (579) *yè*). Toujours agité de sa personne. Lu t'ŏh, et en composition ，*t'ŏh-joùng* (écrit de plusieurs manières) : *homo ad omnia ineptus; inhabilis, inutilis, degener (poŭh t'saï ; poŭh siāo lĭh jín)*. Homme inepte, impropre à tout. (Kh. hi).

傞 Sŏ. A. *ta.* C. *ts'o.* F. *so.* J. *sa,* [fig. s.]. (580) *Dicitur de ebriorum saltationibus (tsoŭi woŭ máo)*. *Titubare.* Se dit des mouvements répétés et désordonnés d'un homme ivre. (Ch. w.). *Sŏ-sŏ,* id. (Chi-K.).

傯 Oùng. *Improbus. Perversus (li yè).* (581) Pervers, méchant. [fig. s.].

傻 Tꜱiĕh. *Parvus (siaŏ yè).* (582) Petit. De formes exiguës. [fig. s.].

侍 Foŭh. *Rebellare contrà jus-* **伐** Celui (583) *titiam (fàn i)*. Synon. 伐 qui se révolte contre la justice. (Yang-tseu). « Celui qui « est sans raison, sans principes de conduite (*woù* « *tao*), est un homme de rien (*tchoŭ*, nº 302) ; « celui qui viole la justice (*fàn i*) est un homme « sans foi ni loi (*foŭh*). Tous les vices et les mé-« faits des hommes (*tchoûng 'ŏ*) se résolvent dans « ces deux dénominations ; c'est pourquoi il con-« vient de cesser tous rapports, de rompre entiè-« rement (*k'iouĕh*) avec ceux qui ont une telle con-« duite. » (Yang-tseu).

11 TRAITS.

傪 T'ꜱān. *Suave conspectu (haŏ máo).* (584) D'un aspect agréable. (Ch. wên). Nom d'homme.

傫 Loŭï. *Piger. Ignarus.* Synon. de 傫 (585) Paresseux. Ignare. Voy. ci-apr.

偉 Pĭh.A.*tát. Ambulantem sistere.* S. de 踾 (585) Arrêter un voyageur.V. R. 157.踾

催 T'ꜱoŭï. A. *thoi.* C. *ts'ui. Sollicitare ; urgere ; exstimulare (ts'oŭ yè ; pĭh yè).* Presser ; stimuler ; exciter. [fig. s.].

偫 T'chî. A. *tri.In pejus ruere.* Syn. de 偫 (586) Devenir de plus en plus mauvais.

傭 Yoùng. A. *dang.* C. *yung.* [fig. s.]. (587) *Rectum ; æquale (k'iùn tchĭh yè). Nunc : Conducere operarios pacto pretio (kìn hŏu yĭh yù jin chéou tchĭh yè). Operarii conducti.* Droit ; égal. (Ch. w.). Maintenant : Louer des ouvriers pour un prix convenu d'avance. Ouvriers engagés.

傭工 yoùng-koŭng, *mercenarius. Operarius* — *cóng,* mercenaire. Homme de peine. 家 k'ià-yoùng, *servus domesticus.* *gia* —, ' serviteur, ou domestique à gages.

傯 Tꜱāo. A. *tao. Finis ; finire.* F. vulg. 遭 (588) Fin ; finir. (Ch. w.). Dans 遭 certains dialectes locaux, un tour, une marche circulaire accomplie, se dit : ' un *tsāo*'. (Kh. hi).

傲 Măh. En compos. măh-hăh ; *Fortis.* (588ᵃ) Fort. (V、 nº 543).

傸 Soŭh. *Ire, ambulare.* Synon. de 傸 (589) Aller ; marcher. Voy. R. 60.

傯 Tsoùng.*Multis negotiis distentus.*S. 傯 (590) Accablé d'affaires. V. nº 525. 怱

傯 Soùng.*Celeriter ; festinatio.Intentio.*[f.s.] (591) Promptement. Hâte. Intention.

傺 Tchĕ. En 亻僵— *lò, robustus ; rudis.* (592) comp. 亻僵— *la,* fort ; grossier.

傲 Gáo.A.*ngao.*C.*ngo.*F.*gŏ.*J.*ngo.*A.f.儌 (593) *Arrogans (Kiù yè). Superbus* 儌 (*mán yè*). *Indomitus (poŭh k'ŏ tcháng).* *Contemnere.* Arrogant. (Ch. w.). Orgueilleux. Qui ne peut être soumis à aucun frein. Mépriser. Accuser quelqu'un sans interrogatoire. (*poŭh wén eŭlh kào*). (Siun-tseù).

儞 Lí.A.*lé.Conjuges. Maritus et uxor.* S. 儷 (594) Conjoints, époux. Mari et 儷 femme. Voy. à 19 tr., le nº 791.

偮 Lio. *Spiritus nomen (chìn mìng).* [f. s.]. (595) Nom d'un Esprit ou Génie.

儗 Káï. *Suppositus dominus (kiáï tchù yè).* (596) Maître supposé. (Kháng hi). [f. s.].

傳 Tch'oŭan. A. *truyén.* C. *tch'ün.* F. *tw'an.* (597) *Communicare, tradere ut doctrinam (chéou yè) De manu in manum transmittere (tí yè). Transmittere. Participem facere (soŭh yè). Publicare, evulgare (póu yè). Ad posteros propagare, ut doctrinam, proventus, dignitates, etc. (póu yè). Circumire (tchouèn yè). Tono* '; **Tch'oŭan** : *Præcipere, docere ; præcepta, documenta (hiùn yè).* « *Sanctorum virorum (v. g. Confucii, Yao, Chun) documenta, dicuntur King* 經 ; *sapientium (lùăn jín) dicuntur tch'oŭan* 經 ' *commentationes'; libri historici qui comprehendunt rerum vestigia ad ea transmittenda posteris sæculis, etiam dicuntur tch'oŭan* ' *commentationes*'. *Omnes historiæ sunt commentationes ordinatim dispositæ.* » (Kháng-hĭ. I-wên-pi-làu). Communiquer, enseigner ; transmettre (comme une doctrine). Transmettre de main en main (comme de disciple à disciple), et formant tradition. (Ch. w.). Publier, mettre au jour. Transmettre à la postérité, comme une ' doctrine' des œuvres littéraires et autres. (Tchéou-li). Aller çà et là, d'un endroit à un autre. (Tso-tchouan. Meng-tseu). Au ton ' : Enseigner ; enseignement. Préceptes. (Voir l'explication latine).

|道 — *táo, docere, transmittere doctrinam.* | — *d'ao,* enseigner, transmettre la pure doct. « C'est par la parole et la lecture des livres révé-« rés que dans les quatre régions (de l'empire) on « propage la pure doctrine (*soùng ssé fâng tchí* « *tchouàn* ' *táo*. » (Tchéou-li).

|位 — wëi, *transmittere dignitatem, thronum.* — *vi,* transmettre une dignité, le trône.

|遞文章 tch'oŭan tí wên tchâng, *transmittere de manu ad manum scriptum, documentum.* ' Transmettre ' de la main à la main un écrit quelconque.

可|於後世 k'ŏ tch'oŭan yù héou chí, ' *transmittendum' est ad postera sæcula.* Il est digne d'être ' transmis' aux siècles futurs.

相|至今 siâng tch'oŭan tchí kīn ; *transmittere per traditionem usque nunc.* Transmis par la tradition jusqu'à nos jours

亻供 *tch'ouăn*-koŭng, *interpres apud Tribunalia.* Interprète officiel près des tribunaux pour les dialectes provinciaux.

亻食於諸侯 —ch'ĭh yŭ tchóu héou, ' *circumeundo* ' *ali ab omnibus regulis.* « En ' allant d'un endroit à un autre ' (avec « des chars et de nombreux disciples) se faire en « tretenir par tous les princes féodaux, (n'est-ce « pas une chose qui dépasse les convenances)? » (Meng-tseu, L. 3, p. 2, § 4).

偏 K'iŭ. Yŭ. A. *u'.* Gibbus (leoŭ *yè*). [*yè*]. (598) Bossu. (Ch. w.). Incliné (*poŭh chĭn*

債 T'sĕh.A.*trăi.*C.*tchai.*F.*tchné.*J.*tszi.*[f.s.]. (599) *Aliquid super humeros deferre* (*foŭ yè*). *Debere. Debitum. Accipientes et non restituentes dicuntur* t'sĕh (*chéou eŭlh weï tch'ăng, k'iăi 'weï chī* t'sĕh). Porter comme un fardeau sur ses épaules. (Ch. w.). Avoir une dette. Débiteur. T'sĕh se dit de personnes qui reçoivent des dépôts et ne les restituent pas.

亻主 — tchù, *creditor.* 負 亻 foŭ —, *debitor.* 亻 chŭ, créditeur. 亻 phù —, débiteur.

Étym. Dans l'origine (comme dans le Choŭewèn), ce caractère s'écrivait sans le Rad. ' homme', ajouté depuis.

偟 T'ăng. *Superbus.* Orgueilleux; vain. [f.s.]. (600) Ce car. est le même que le nᵒ 562.

儌 Tsoŭh. *Nomen proprium.* [fig. s.]. (601) Nom propre.

僖 Yáo. *Gaudium ; hilaritas* (*hì yè*). [f. s.]. (602) Joie, satisfaction. (Ch. w.). — Dans certains dialectes provinciaux, ce caractère signifie aussi : Différence ou manque d'égalité dans des objets qui devaient être semblables. Tromperie.

倜 Tchēn. *Stando ad latus adsistere* (*lĭh chĭ*). (603) Se tenir debout à côté de qqn. [*yè*].

倉 Tch'ăng. *Stare erectum videri* (*lĭh máo*). (604) Qui paraît se tenir debout.

傷 Chāng.A.*thu'o'.*C.*cheung.*F.*séang.*[f.s.]. (605) *Vulnus, vulnerare* (*tch'oŭăng yè*). *Dolor gravis* (*t'oŭng yè*). *Tristitia laborare ; dolere* (*yeŏu ssé yè*). *Pati* (*táo yè*). *Commiserari* (*kàn yè*). *Vulnerari* (*t'siăng hăi yè*). *Damnum inferre* (*siun yè*). *Nomen proprium.* Blessure, blesser. (Ch. w.). Douleur grave. Être accablé de tristesse. Éprouver des chagrins. Souffrir. Plaindre quelqu'un, éprouver de la sympathie pour lui. Causer des dommages. Nom propre.   [*est.*

我心憂亻 'ò sin yeŏu —, *cor meum valè tristis* mon cœur est ' triste, blessé '.(Chi-K.).

亻人名 —jin ming, *famam alicujus lædere.* Blesser la réputation de quelqu'un.

君子不重亻 K'iūn-tsèu poŭh tchoūng ' *chăng* '; Le sage ne renouvelle pas la ' blessure' qu'il a portée dans un combat. (Tso-tch.)

無亻 woŭ —, *non* (*est*) ' *damnum* '. Il n'y a pas lieu; ce n'est pas le cas.   [*lare.*

亻和氣 — hó k'ĭ, *concordiam seu amicitiam vio*Porter ' atteinte ' à la concorde, violer

傿 Niăo. *Debilis; mollis.* [f. s.]. — [l'amitié. (606) Débile; mou. Forme vulgaire du caractère *niăo*, R. 145, 10 tr.

俠 Choàng. *Malus, improbus* ('*ò yè*). (607) Mauvais, méchant, [fig, s.].

僵 K'iăng. A. *cu'o'ng. Prosternere se.* (608) Se prosterner; tomber. Syn. de 僵

傺 Tch'i, T'sí. A. *ché. Consistere, sistere* (609) (*tch'i yè*). S'arrêter; rester. En composition : Tch'a-tch'i, irrésolu.

傻 Chà. *Levis, alacer, solers* (*kĭng hoĕï máo*) (610) Léger ; dispos. *Chà-siáo,* inhumain.

僕 Hàn. *Nomen proprium.* [fig. s.]. (611) Nom propre.

奱 Hòa. *Florum abundantia.* Abondance 華 (612) de fleurs. Forme primitive de 華

偉 Tchāng.A.*tchu'o'. Idem*亻tchăng,*ma* (613) *ac* (R. 38, 11 tr.) 嬙 *riti socer,* beau-père du mari. [fig. s.].

亻惶 — hoàng, *timore concuti, contremiscere.* — hoàng, frappés de crainte; trembler. — On appelle, dans la langue vulgaire, le ' beaupère ' : *koung-koung,* et la ' belle-mère ' : *ba-ba.*

傾 K'ing.A.*khuinh.* C. *k'ing.* F.*k'eng.*J.*kei.* (614) *Caput non rectum, inclinatum* (*tsĕh yè*). *Prosternere se* (*foŭh yè*). *Interjectio cum laude admirantis* (*ĭ yè*). *Obliquè adspicere* (*perfidiam indicans*). *Eversus* (*siĕh yè*). *Dejicere* (*p'i yè*). *Vacuum, exhaustum* (*k'oŭng yè*). Posture d'un homme ayant la tête inclinée. (Ch. w.) Se prosterner en signe de respect. Émettre un cri d'admiration et de flatterie. Regarder obliquement, ce qui est un signe de perfidie. Renversé. Jeter à bas, précipiter. Ruiner. Vide, sans nuage . « Le ciel est ' vide, sans nuage ' au nord-ouest. » (Hoaï-nan-tseu).

西亻 sì —, *nomen montis.* (Choù-King].
tăi —, nom d'une montagne.

耳亻聽 — ting, *aures ad audiendum applicare.*
— thinh, prêter l'oreille pour entendre.

銀亻 — yin, *argentum aliquid mixtione vi*
— ngàu, *lius reddere.* Altérer l'argent.

財亻 — tsăï, *divitias profundere.*
— tăi, dissiper sa fortune.

刻亻 — k'ĕh, *instans temporis.*
— khác, un moment, une fraction de temps.

Nota. On lit dans le Li-ki (sect. Kiŏh-li) : « Tou« tes les fois que l'on regarde une personne, si on « porte ses regards ' au-dessus ' de son visage, c'est « un signe d'orgueil ; si on les porte ' au-dessous ' « de sa ceinture, c'est un signe de tristesse ; si on « la regarde ' obliquement ', c'est une marque de « perfidie. » [fig. s.].

亻Yên. *Qui reï pretium seu valorem æstimat.* (615) *Æstimator* (*yin weï koŭ yè*). Expert ou courtier pour estimer le prix des marchandises (Ch. w.). « Aujourd'hui, dit le Dict. I-wan-pi-lan, « dans les deux Kiàng (les provinces de Kiàng-soŭh « et de Kiàng-si) on nomme ces courtiers 市主人 « *chi-tchù-jên*); d'autres les appellent 市主人

白賴亻 *pĕh-lăi.* — Lu yên, ce caractère signifie : « *magnum,* grand. Nom d'un anachorète divinisé (*chin sién*)

亻 Tchĭh. *Aliquod ministerium assumere.* 執 (616) Accepter une fonction. F.vulg.de 執

儳 **T'sào.** A. *sao. Parvus (siaò yè)*. Petit.
(617) En composition · T'sào-t'sào, *longum videri*; qui paraît long.

俌 **Tí.** A. *d'é. Aliis præcellens. Ditior. For-*
(618) *mosus*. Supérieur aux autres. Plus riche. Beau. [fig. s.]

偢 **T'ïh.** A. *d'iéh. Audax (woù t'án yè).*
(619) Audacieux : entreprenant, [fig. s.]

偛 **Sïëh.** A. *tiét. Vox tenuis (siaò ching yè), ut*
(620) *avium*, etc. Voix légère. (Yu-pien).

僂 **Leòu.** A. *lau*. C. *lau*. F. *loé*. J. *roo.* [f. s.]
(621) *Contortus, gibbus (k'iòh peï yè).*
Curvus (k'iùh yè). Contourné. Bossu. Courbe; comme accroupi. Difforme.

手 | cheóu —, *uncam habere manum.*
| *thù* —, qui a la main crochue. (Kho-liang).
Lu leòu : qui paraît court. Leòu-kéou, même sens.

俻 **Pí.** *Præparare.* Synonyme 備
(622) Préparer. V. ci-devant, n° 574.

僄 **Piáo.** A. *tieù. Levis (kíng yè). Promptus.*
(623) Léger (au propre et au figuré).
(Ch. w.). Alerte. Pressant. [fig. s.].

僅 **Kin.** A. *cǎn*. C. *can. Parum potens (t'saï*
(624) *néng yè). Parum (siaò yè). Vix,*
aliquantulum (yù yè). Vix sufficit (liéh yè). Faible, ayant peu de force. (Ch. w.). Homme de peu de valeur. Qui suffit à peine. Féï-kin, *non solum*.

健 **Lién.** A. *lién. Gallinaceus pullus. Gemelli.*
(625) Poussin. Lu lièn : jumeaux.

個 **Yù.** *Qui vulneratus videtur (chǎng máo).*
(626) Qui paraît blessé. Lu sun. du n° 344.

僇 **Loùh.** A. *luc*. F. *luk. Dedecus; probrum;*
(627) *convicium (joǎh yè)*. Opprobre; honte; injure. [fig. s.].

傻 **Mán.** A. *man*. C. *man*. F. *bǎn*. J. *ban.* [fig. s.]
(628) *Lentus, tardus (chū tch'i yè)*. Lent, indolent. Pris comme ' synon. par le son ' de 漫
il signifie : *aqua stagnans*, eau stagnante.

俷 **Ping.** A. *binh. Abscondere se (yèn pĭh*
(629) *yè). Legitur etiam ping : Expellere; Auferre*. Se retirer dans l'obscurité, la retraite. (Ch. w.). Lu ping : Repousser; l'emporter sur quelqu'un.

僉 **T'siën.** A. *thien*. C. *ts'im*. F. *tch'eem*. J. *sen.*
(630) *Omnes (kiǎï yè, hián yè). Quod multitudo unâ voce clamat (tchoǔng koúng yèn tchï yè). Significat : ' universitatem, ut : omnes, simul '.* Tous. (Ch. w.). Ce que la foule proclame d'une commune voix; d'où le sens de : qualificatif de la ' pluralité ', de ' l'universalité '. — *Instrumentum è duobus lignis simul mobiliter compactis quo untur rustici ad excutiendas segetes è spicis, etiam dicitur t'siën*. Le ' fléau ' (lién kiá) qui sert à battre les blés (sò-ì tá kǒh tchè) se nomme aussi 't'siën '.
ÉTYM. Ce caractère, selon le Choūe-wèn, est composé des signes de deux ' bouches ' et de ' plusieurs hommes '.

傊 **Siën.** A. *tién. Homines immortales.* [f.s.].
(631) Hommes considérés comme immortels (poǔh ssè youëh siën). Siën-siën, *saltare videri (woù máo)*. Voir ci-devant, le n° 140.

偵 **T'án,** En | 俫 — *sán, stolidus.*
(632) comp. | Inepte, stupide.

儆 **Yïng.** *Regere; moderari (lì yè).*
(633) Diriger; modérer.

德 **Hoán.** Ce caractère, cité dans Khâng-hí,
(634) ne se trouve que dans l'ancien philosophe Siun-tseu, (Joǔ hiaó p'iēn, K. 4, fol. 13, v°, édit. *Chi tseù t'sioūan choǔ*), où il signifie adverbialement : *Hoán-jǎn,* ' comme relégué, confiné à l'écart '; « comme confinés, relégués à l'é-
« cart et captifs (loù) toute leur vie; n'osant pas
« avoir une seule autre volonté, former un seul
« autre désir ; voilà ce que sont les ' lettrés vul-
« gaires ' (chi soǔh joǔ tchè yè). »

12 TRAITS.

壂 **Tch'ouei.** *Grave; ponderosum,* etc. [f. s.].
(635) Pesant; lourd. V. ci-devant, n° 133.

儌 **Pïh.** A. *biét. Vestes nimium compositæ.*
(636) Vêtements très-recherchés. [f. s.].

俒 **Siùen. Tsūn.** A. *tón. Providere (k'iù yè).*
(637) *Numerus (soù yè)*. Pourvoir à. (Ch. w.). Nombre. Rendre droit. Au ton ', même sens. [fig. s.]. [yaō.
Duo adsistentes alicui seniori è populo, quandò à præfectis juxtà ritus Sinicos invitatur ad convivium.

像 **Siàng.** A. *tuong*. C. *tseung*. F. *siâng*. J. *chiāo.*
(638) *Figura; imago (siàng yè). Assimilare (siaò ssé yè)*. Figure, image. (Ch. w.). Imiter.

形 | hing-siàng, *similitudo.*
似 | hinh —, ressemblance.
| siàng-ssé, *assimilari; simile.*
| — to, rendu semblable à un modèle.
人 | jin —, *hominis pictura.*
nhon—, portrait d'homme. 容 youńg —, portrait, *id.*
ÉTYM. Le Choǔe-wèn dit que ce caractère est composé du Radical ' homme ' et du signe siàng, ' figure ', qui donne aussi la prononciation.

佽 **I.** *Auxiliari, adjuvare (foù ǐ yè).*
(639) Aider, assister. (Kh. hí). [fig. s.].

僐 **Chèn.** *Aliquod facere pulchrum (tsǒh*
(640) *tsē yè)*. Rendre beau, gracieux.

僑 **K'iáo.** A. *khieu. Altum (káo yè). In di-*
(641) *versorium se recipere. Nomen pr.*
Haut. (Ch. w.). Se loger dans une auberge, une hôtellerie. Nom propre. [fig. s.].

僝 **K'iún.** *Afflictus; valdè miser.* [fig. s.]
(642) Affligé ; très-malheureux.

僓 **T'ouei.** *Assuetus, assuescere (lién yè).*
(643) *Obsequi*. Habitué à. (Ch. w.). Docile.

僦 **Tsïh.** A. *táp. Hominum cœtus, congre-*
(644) *gatio (jin tsiù yè)*. Réunion d'hommes. (Khàng-hí). [fig. s.].

僺 **K'iù.** A. *ku'ù. Designatio pronominalis :*
(645) *Ille, illuc, illinc (hòu pi tchì tching)*.
Terme employé pour désigner les personnes et les choses éloignées. (Kh. hí). [fig. s.].

僔 **Tsùn.** A. *tón. Multi, congregare (tchoǔng*
(646) *yè, tsiù yè). Venerari (koǔng king*
yè). Multitude. Réunion d'hommes. (Ch. w.). Vénérer. Nom d'homme. [fig. s.].

僕 Pŏuh. A. *bŏc.* C. *puk.* F. *pŏk.* A. F. 㒒
(647) *Famulus, qui res providet (kĭh* 㒒
ssĕ tchè). Qui viliora domûs exercet ministeria,
pŏuh, *sic se ipsum appellat servus. Qui currum ducit*
(yú tch'ĕ yè). Aliquid alicui fidere (foú yè). Dis-
cipulus (t'oú yè). Recondere (yĭn yè). Nomen pro-
prium. Domestique qui pourvoit au service de la
maison. (Ch. w.). Les serviteurs s'appellent eux-
mêmes **pŏuh**. Selon le Li-ki, ceux qui sont au
' service public ' des petits princes *(koúng)* sont
appelés ' **tch'ĭn** ', et ceux qui ' servent dans les
familles ' sont appelés ' **pŏuh** '. Confier quelque
chose à quelqu'un. (Chĭ-K.). Disciples qui suivent
un maitre. (Tch. ts.). Cacher. (Ts. tch.). Expression d'humilité *(tsėu k'iēn tchí t'sėu).* Nom propre.

亻 pŏuh-pŏuh, *importunè inniti.*
| *bŏc-bŏc,* insister d'une manière importune.
奴 | noú —, *mancipium.* 虎 | hoù —, *quoddam*
家 | *nó* —, esclave. | *hŏ* —, animal.
| kiă —, *servus domesticus.*
| giá —, domestique à gages.

景 命 有 | kìng ming yeòu pŏuh, *clarum man-*
　　　　　datum habeat quod (illi) sit carum!
« Que le décret, le mandat du ciel, lui soit favo-
« rable! » (Chĭ-King, *tá yà*).

ÉTYM. L'ancienne forme en Koŭ-wên représente
deux mains qui tiennent les objets du service à
faire, avec le Radical 131.

僖 **Hî.** A. hi. C. *hí.* F. *hí.* J. *i.* [fig. s.].
(648) *Lætari (lŏh yè). Gaudium, delecta-*
tio. Se réjouir. Amusement. Timide, craintif. N. pr.

傝 **Lâo.** *Comitari.* Syn. de 僕
(649) V. son homophone R. 19, 10 tr. 勞
Làо-ssëh, *Præfectorum servi qui ipsos comitantur.*
Serviteurs accompagnant les mandarins.

傞 **Tch'àng.** A. *xu'o'ng.* *Amplum, spatio-*
(650) *sum. Dicitur de ædificiis.* Ample,
spacieux. Se dit des édifices publics.　　　*[máo.*

傤 **Koúang.** A. *quang. Bellicoso aspectu (woù*
(651) Quia une attitude belliqueuse. [f.s.].

傫 **Ján.** A. *nhuen. Debilis (i ts'òuï yé). Sol-*
(652) *licitus simul et pavidus (i k'ĭh eúlh*
kiú). Homme à la volonté faible, à l'esprit débile.
(Ch. w.). Inquiet et craintif; troublé. [fig. s.].

僚 **Liâo.** A. *liéu. Socius (p'éng yè). Qui*
(653) *simul munus gerunt; collegæ (kouán*
liáo yè). Legitur etiam **liáo** : *pulchrum, bonum*
(haò máo). Nomen proprium. Compagnon, ami.
Mandarins du même ordre, qui remplissent les mêmes fonctions dans une même magistrature ou un
même siège; collègues. Lu **liáo** : Bon, beau. (Ch.
w.). Nom propre.

百 | pĕh —, *omnes qui eodem tempore magistratum*
　　bá —, gerunt. Les mandarins en général.

傲 **K'hï.** A. *khi. Histrio ebrius (tsoù woù*
(654) *máo). Dicitur generaliter de quo-*
cunque ebrio qui modò ad dextram, modò ad lævam
se inclinat, nec potest rectè incedere. Histrion ivre.
Ce terme s'applique à tous les ivrognes qui s'en
vont le corps incliné, sans pouvoir se tenir droit
sur leurs jambes. (I-wan-pi-lan. Commentaire sur
le Chĭ-King).

僜 **Téng.** *Ægrè ambulare (hing. p'ï máo.)*
(655) Téng-téng, *aversari negotia (pŏuh*
tchú ssé). Marcher difficilement. Négliger ses affaires; les prendre en aversion. [fig. s.].

僝 **Tsèn.** *Videre (k'ián yè). Manifestare.*
(656) Voir, mettre en évidence.
| 功 — koūng, *manifestare alicujus facinora.*
Révéler, mettre en évidence les mérites de
quelqu'un. (Choū-King).

僞 **'Wèï.** A. *nguy.* C. *ngaï.* F. *guéy.* J. *ngi.* [f.s.]
(657) *Decipere (tchá yè). Falsum, men-*
dacium (féï tchīn yè). Mendax. Tromper, mentir
(Ch. w.). Faux; mensonge. Menteur.

作 | tsŏh 'wèï, *facere mendacium.*
| tác —, faire un mensonge; mentir
低 | tï —, *quod non verum est.*
| dé —, marchandises ou monnaies falsifiées
ÉTYM. Siu-kiaï, dans son Commentaire sur le
Choūe-wên, dit : « Ce qui est ' faux ' est l'œuvre
« des hommes, et non du ciel qui ne produit que
« des choses ' vraies ' *(tchīn)*; c'est pourquoi l'hom-
« me, dans ce qu'il fait, trompe souvent. »

儆 **K'ï.** *Diligens, attentus in eo quod (in*
(658) *nostro corpore) subtilius est (t'sing*
kin yè). Diligenter inquirere (t'siáng yè). Appro-
pinquare (kin yè). Être attentif sur ce que nous
avons de plus subtil et de meilleur en nous. (Ch.
w.). Rechercher soigneusement. Approcher de.
(Yuĕh-ling). *Propinquus.* Proche, voisin.

僠 **Pŏ.** *Mutare.* Synonyme de *fān :* 番
(659) V. pour l'explic. le R. 102, 7 tr. 番

僡 **Hóeï.** A. *hué. Beneficium; benefacere.* 惠
(660) Bienfait, etc. Forme vulgaire de 惠

襀 **K'ï.** A. *hé. Solvere, vel laxare vestis collare.*
(661) Rabattre le collet de son vêtement.
| pí —, *magnis gressibus incedere.* [vert
| bé —, marcher à grands pas, le collet ou-

儛 **Tch'òuen.** A. *xuyén. Contradicere (siáng*
(662) *peï yè). Tono* ' : *More barbarorum*
jacere (pedes intrà, caput extrà domum : Mán soŭh
ngó i tsoŭh hiáng néï). Contredire, être opposé à.
Se reposer et dormir à la manière des habitants
non civilisés (du midi de la Chine), les pieds à
l'intérieur, la tête à l'extérieur. [fig. s.].

儌 **T'ĭh.** A. *thiet.* | 倪 — tŏh, *astutus,*
(663) En comp. | 倪 — *astucieux, tromp*
儃 **Tán.** A. *d'an.* C. *t'an. Celer; festinus*
(664) *(tsŭh yè). Citò. Moveri; commoveri*
vehementer (toŭh yè). Tono ' : **youen-tàn**, *dicitur*
de Ambulante. Pressé, qui se hâte. (Ch. w.). Se
mettre promptement en marche. S'exciter d'une
manière véhémente. (Chĭ-King).

逢 天 | 怒 *foúng t'iēn tán noú; congredi cœ-*
　　　　　lum ' vehementer ' iratum. « Trou-
ver le ciel ' grandement ' irrité contre soi.» (Chĭ-K.).

儌 **K'iâo.** A. *kièu.* C. *iu.* F. *keao.* J. *ngeŏ.* [f. s.]
(665) *Falsum ('wèï yè). Legitur etiam*
Hiāo. Faux. Il se lit aussi *Hiāo;* en comp. : Tsiāo-
hiāo, *quidam exteri, ex parte meridianà-occiden-*
tali (si-nán) tribus pedibus solùm alti, scil. pygmæi.
« Certaine tribu particulière située au sud-ouest

« (de la Chine), dont les individus n'ont que trois
« pieds de hauteur. » (Ch. w.).

僎 **Hĭh.** A. *hap. Congregare, colligere.* 倉
翕 (666) Réunir. V. son Syn. hom. R. 124. 翕

傏 **Tsièou.** *Pro pretio conducere (jĭn yè),*
(667) *koŭ yè). Rem ad usum temporaneum
pretio accipere (koŭ yè).* Louer, prendre à bail.
(Ch. w.) Prendre en location (une maison, une
boutique, un navire, etc.) pour un temps déterminé
et à prix d'argent. [fig. s.].

憮 **Woù.** A. *vu. Hoc verbum significat : Er-*
(668) *rare et protinus advertere errorem.*
Synon. 憮 Ce caractère signifie : Reconnaître son
erreur 憮 aussitôt après l'avoir commise. Voy.
Rad. 61, 12 tr. [fig. s.].

僧 **Sĕng.** A. *tang.* C. *sang.* F. *tcheng.* J. *sō.*
(669) *Bonzii, Religiosi è sectâ* τοῦ Foĕ
qui servant quinque præcepta, 1° *Non occidere vi-
ventes quoslibet (poŭh chăh s'ing);* 2° *Non furari
(poŭh t'eŏu táo);* 3° *Non fornicari (poŭh siĕ yén);*
4° *Non mentiri (poŭh wăng yŭ);* 5° *Non bibere
vinum (poŭh yĭn tsieòu).* Prêtres et religieux qui
pratiquent la doctrine de Fŏh, ou Bouddha, et
qui suivent les cinq préceptes généraux suivants :
1° Ne tuer aucun être vivant; 2° Ne pas voler le
bien d'autrui; 3° Ne pas commettre des actes de
débauche; 4° Ne pas mentir; 5° Ne pas boire de li-
queurs fermentées. Nom pris aussi par les Nestoriens.

人亻 —jin, *Bonzius.*   俗亻 —soŭh, *Bonzii
亻—nho'n,* un Bonze.   *et seculares.*
尼亻 —ni, *Bonzias.*   家亻 —kià , *Bonziorum
亻—ni,* Bonzesses.   亻—gia, *communitas.*
貧亻 p'in—, }   '*pauper religiosus': sic humili-
亻 —, }   *ter se Bonzii appellant.*

Étym. Le Choŭe-wèn définit ce caractère en
disant qu'il désigne les sectateurs (*táo jĭn*) de Foŭ-
t'oŭ, Bouddha. Il est composé du signe ' homme '
et du groupe phonétique *sĕng*. Il est dit dans d'autres dictionnaires chinois que ce mot de *sĕng* se
prononce, dans la langue *fan*, ou ' Indienne ',
sĕng-k'ià, en sanskrit *sanga*, mot qui signifie ' réunion, assemblée '. Voir ci-devant, le n° 257.

徶 **Hién.** *Citò; velociter incedere videri*
(670) (*tch'ing máo*). Qui paraît s'avancer
rapidement.

償 **Fén.** A. *phan.* C. *fan.* F. *hwŭn.* J. *fun.* [fig.s.].
(671) *Prosternere, humi procumbere (k'iăng
yè). Perdere, evertere, cadere (yàng yen yè).* Se
prosterner, s'incliner jusqu'à terre. (Ch. w.). Se
perdre; se ruiner; et activement : ruiner, détruire.

一言事 ï yăn fén szé, } *unum verbum per-
亻 nhát nhon—ssu', } *dit negotium;* un
seul mot perd l'affaire. (Tá 'hiŏh. ch. 9).

Étym. Caractère composé du signe ' homme '
et du groupe phonétique *fen.*

俙 **K'iĕn.** A. *khiĕn.* F. vulg. de R. 61) 衍
(67) *Excessus; error; defectus. Gra-
vis infirmitas.* Excès; erreur; défaut. Grave infirmité.

傸 **Yáng.** A. *dang. Dicitur de Stante, ac se
(673) movente.* Se dit d'un homme debout
qui paraît marcher.

僩 **Hién.** A. *gàn. Audax (woù máo). Strenuus,
(674) formidandus (wĕï yàn máo).* Auda-

---

cieux. (Ch. w.). Sévère; qui inspire la crainte. [f.s.].

僪 **K'iuĕh.** *Rabidus; furens; amens; crude-
(675) lis (k'ouăng yè).* Furieux ; insensé.

儒 **Jòu.** A. *nhu. Litteratus.* Lettré. Syn. de 儒
(676) *Tchou-joŭ,* pygmée. V. n° 730. 儒

懤 **Cháng.** *Consternatio; consternare.* S. 怏
(676) *Non contentus.* Trouble ; troubler. Non satisfait. Voir au Rad. 61.

憸 **'Oh. Gŏh.** A. *ac. Vitium. Perversus.* S. 惡
(678) Vice; vicieux. Pervers V. R. 61. 惡

僬 **Tsiāo.** A. *tiĕn.* [fig. s.]. **Tsiāo-tsiāo :**
(679) *Clarè examinare (ming tchăh máo).
Vir intelligens.* Examiner attentivement quelque
chose. Homme intelligent. Au ton ' : *tsiáo-tsiáo,
dicitur de Homine festinanter incedente, et qui non
potest detineri.* Marche ordinaire du peuple affairé.
« La démarche du fils du ciel (l'Empereur) doit
« être ' majestueuse et imposante ' (*moŭh-moŭh*);
« celle de tous les princes, ' noble et digne '
« (*hoàng-hoàng*); celle des ministres et autres
« hommes d'État, ' grave et posée ' (*t'sí-t'sí*); celle
« des docteurs et lettrés, ' gracieuse et prévenante '
« (*t'săng-t'săng*); celle du peuple, ' volontaire et
« sans contrainte ' (*tsiáo-tsiáo*). » (Li-ki). **Tsiāo-
tsiāo,** peuple de 3 pieds de taille; Samoyèdes.

僭 **Tsién.** A. *tiĕm.* C. *tsim.* F. *tch'im.* J. *sen.* [f.s.]
(680) *Falsum (kià yè). Errare (ich'ă yè).
Sui juris limites prætergredi, i. e. indebita usurpare (ì yè). Tono ― : tsien : Perturbare (loùan yè)*
Faux, mensonger. (Ch. w.). Errer, se tromper.
(Choŭ-K.). Outre-passer ses droits, usurper. Troubler. (Chi-King).

天命弗 t'iĕn ming fĕh tsién, *Cœli man-
亻 *datum non ' errat '.* La volonté
du ciel ' n'erre ' pas, ne se ' trompe ' pas.

不當爲而爲曰 poŭh táng 'wĕï eŭlh 'wĕï
亻 youĕh —, *quod non licet
facere, facere; dicitur* tsién. « Faire ce qu'on ne
doit pas faire » s'exprime par le caractère *tsién.*

僰 **Péh.** *In exilium mittere.* Syn. de 棘
(681) Envoyer en exil. V. n° 686. 棘

儓 **Szĕ.** A. *tu'* C. *sz'.* F. *sou.* [fig. s.].
(682) *Famulus infimæ sortis.* Syn. de 斯
Domestiques du dernier ordre, employés à paître
les chevaux, à ramasser du bois, etc. Voy. R. 27.

儾 **Tchoúng.** *Omnes.* Forme vulg. de 從
(683) Tous. Syn. hom. de R. 143. 衆

僮 **T'oùng.** A. *d'ong.* C. *t'oung.* F. *tóng.* J. *too.*
(684) *Puer, qui pileum nondum obtinuit
(wĕï koŭan yè). Reverenter se habere (soŭng koŭng
máo). Hebes, rudis, stolidus (woù tchi máo). Nomen
proprium.* Selon le Choŭe-vèn : Jeune homme qui
n'a pas encore reçu le bonnet viril (lequel se don-
nait autrefois à l'âge de ' vingt ans ', et que l'on
accorde maintenant à l'époque du ' mariage '); se
comporter avec respect (en public ou vis-à-vis de
quelqu'un). (Chi-K.). Ignorant, rude, grossier. Nom
d'un district. Nom propre — Dans le langage vulgaire, on appelle ainsi les jeunes servantes et les
concubines : *concubinarum et ancillarum commune
appellativum (pí ts'iĕhtchi'tsoùng tch'ing).* (Kh. hi).

僯 **Lin.** A. *làn.* C. *lún.* F. *lin.* J. *rin.* [fig. s.].
(685) *Pudore, vel rubore suffusus (loùng*

tchĭ yè). Éprouver un vif sentiment de pudeur ou de honte. (Khăng hĭ).

爽 **Pĕh.** *Aliquem in exilio mulctare, in exi-*
(686) *lium pellere* (kĭh tchĭ youàn fâng sĭ).
Condamner qqn à l'exil; l'envoyer en exil à une grande distance dans les contrées barbares. (Kh. hĭ).

偝 **Tchăh.** En comp. **tchăh-tchĭh**, *inopinatè*
(687) *alicui damnum inferre* (hoŭh tch'oŭh jĭn yè). Offenser inopinément qqn.; l'injurier.

13 TRAITS.

僵 **Kiāng.** A. *cuo'ng.* C. *keung.* F. *këang.* J. *kiyŏ.*
(688) *Cadere* (fĕn yè). *Prosternere* (foŭ yè). *Dejicere* (yĕn yè). Tomber. (Ch. w.). Se prosterner. Renverser.

推而|之 toŭi eŭlh k'iăng tchĭ, *impellit et dejicit eum.* « Il le pousse, le frappe et le ' renverse ' par terre. » (Tchouang-tseu).

儷 **Min.** *Conari* (mièn yè). *Animos addere.*
(689) S'efforcer de. S'exciter à. (Kh. hĭ).

僕 **Yĕh.** A. *d'iĕp. Leve pulchrumque videri.*
(690) (k'ĭng lĭ máo). Qui paraît léger et beau. (Kh. hĭ). Depuis le passage frontière (koŭan) en allant à l'occident, on appelle yĕh tout ce qui a un ' aspect agréable ' (mĕi yoŭng). (I-wan-pi-lan).

僎 **Kĭn.** *Nomen musicæ* (yŏh míng). *Erecto*
(691) *capite suspicere* (yàng t'eŭu máo). Nom d'une musique ancienne de hordes barbares. Regarder en élevant la tête.

催 **Sŏh.** A. *căp.*
(692) En comp. 傝|t'an—, *negligens.*
thăp—, négligent.

價 **K'ia.** A. *giá.* C. *ká.* F. *kày.* J. *ki.* [f. s.],
(693) *Rerum pretium* (wĕh tchĭh yè). Prix ou valeur estimative des objets de commerce. (Ch. w.). « Koung-tseŭ (Confucius), ayant rempli
« pendant trois mois les fonctions d'inspecteur
« d'un marché de jeunes animaux de boucherie,
« ne permit pas qu'ils fussent vendus un ' prix
« fictif ou exagéré ' (coŭh chĭh k'ia), mais bien
« selon leur valeur réelle. » (Kia-yu).

田|t'iĕn —, *agri pretium.*
　d'un —, prix d'un champ.
屋|woŭh —, *domi pretium.*
　óc —, prix d'une maison.
時|chĭ —, *temporis pretium.*
　thĭ —, prix du jour, prix courant.
市|chí —, *fori pretium.*
　thí —, prix du marché.

ÉTYMOL. Ce caractère est composé du signe ' homme ' et d'un ' groupe phonétique ' qui signifie aussi ' marchand '. (Ch. w.). [tchĭh.

儥 **Hŏeï.** A. *húe. Rerum pretium* (méou wĕh
(694) Prix commercial des choses. (Ch. w.).

|交|kiáo, *post vinum epotum pretium ejus sol-*
—giao, payer le vin après l'avoir bu. [vere.

儌 **T'siáo.** En
(695) comp. 傲|yào —, *longum aspectu* (tch'áng máo).
Qui paraît long.

僿 **P'ĭh.** A. *tich.* C. *p'ik. Vilis, rusticus* (loŭ
(696) yè). *Malus, injustus.* Grossier, rustique. Dépravé, injuste. — Selon le Choŭe-wĕn :

fugere (pí yè). Fuir. Sens contesté. **P'ĭh** devrait être alors considéré comme ' verbe causatif '. ' Faire fuir ', et non ' Fuir '.

放|fâng —, *mala ' fugare ', declinare.*
phong —, bannir les vices, les écarter.

垂|邪|非|koŭai —, siè —, fĕi —,
quai —, tai —, phi —,
expressions qui signifient : *Profligatæ conscientiæ homo; qui nil mali non perpetrat.* Homme d'une conscience dépravée; qui est disposé à commettre tous les crimes.

|倪|— nî, *mœnium corona.* [les, de remparts.
—nghé, le faîte ou couronnement de murail-

儹 **Szĕh.** A. *sac. Amare* ('ăi yè). *Concupis-*
(697) *cere* (t'ăn yè). *Sumptibus parare* (sĭh yè). *Avarus* (k''iĕn yè). *Congregare* (tsĭh yè). *Nomen proprium.* Aimer. Désirer ardemment. Économiser. Avare. Réunir, accumuler. Nom propre. (Tseu 'weï).

儩 **Foŭng.** A. *phong.* Forme vulg. de 儹
(698) Nom pr. V. plus loin, à 18 tr. 儹

儵 **T'seóu.** A. *saŭ. Gravioribus verbis con-*
(699) *viciari. Contumeliâ afficere. Maledicere.* Insulter gravement par des paroles injurieuses. Outrager. Parler mal de quelqu'un. [fig, s.].

傁 **'Ăi, ngăï.** Forme archaïque du n° 701.
(700) Voir l'explication au car. suivant.

優 **'Ăi.** A. *ăi.* C. *oi.* F. *aè.* J. *ai.* [fig. s.].
(701) *Imitari, repræsentare* (fâng fŏh yè). *Vix adspicere* (k'iăn tchĭ poŭh míng yè). *Respirationis difficultas* (k''i poŭh choŭ yè). Imiter; mettre sous les yeux. (Ch. w.). Voir à peine, même en regardant attentivement. Difficulté de respirer.

然|— jăn, *veluti; ac si.*
— nhiên, de même; ainsi que; comme si.

咽|唈|— yĕn,—ychĭ, *singultus.* — *id.*
—yĕn,—ăp, sanglot, soupir. *id*

僿 **Săï.** A. *trai. Minutiæ; minutus* (lĭ soŭi yè).
(702) *Nimis scrupulosus, non sincerus* (voŭ k'ouàn tch'ĭng yè). *Infidelis.* Minuties; minutieux. (Kh. hĭ). Trop scrupuleux; non sincère; déloyal. [fig. s.].

儀 **I.** A. *nghi.* C. *í.* F. *gé.* J. *í.* [fig. s.].
(703) *Mensura, regula* (toŭ yè). *Justitia* (í yè). *Rectum* (tchíng yè). *Leges* (făh rè). *Conveniens rationi conforme* (í yè). *Figura; Adspectus, oris habitus* (yoŭng yè). *Nomen proprium.* Mesure. règle. (Ch. w.). Justice. Droit, droiture. Lois. Convenable, conforme à la raison. Figure. Aspect. tournure. Nom propre.

兩|liàng-i, *ambæ Figuræ,* i. e. *Cœlum et Terra.*
lu'o —, les deux Figures, c.-à-d. le Ciel et la
三|sân —, *Cœlum, Terra et Homo.* [Terre.
tam —, le Ciel, la Terre et l'Homme. (Kh. hĭ).
威|'wĕi —, *majestas, justum, æquum, conveniens.*
oai —, majesté, gravité, équitable, juste.
由|yeóu —, *omnium entium natorum quodcum-*
do —, *que attigit suam convenientiam* (wĕn wĕh tchĭ sĕng kĕh tĕh k''ĭ í yè). (Kh. hĭ).
禮|lĭ —, *ritus, cæremoniæ.*
li —, les rites, les cérémonies prescrites.

4

亻物 —wĕh, *munera.* 亻文 — wĕn, *orna-*
—vát, dous, présents. *menta exteriora.*

亻容 —yoûng, *agendi vivendique ratio conveniens.*
—dong, mœurs et conduite conformes à la justice. — Dans certains dialectes locaux (*fáng yán*), ce caractère signifie : *venire (láï yè).* Venir.

Éᴛʏᴍ. Le Choŭe-wĕn dit que ce caractère est composé du signe ' homme ' et du ' groupe phonétique ' *i.* Mais ce groupe phonétique porte aussi dans le composé son sens primitif ' idéographique ' de ' justice, droiture, équité, conforme à la raison ', etc.

亻僕 **Poŭh.** Forme primitive du n° 647.
(704) *Famulus.* Domestique, etc. V. ci-dev.

亻僭 **Tchŏh.** *Nomen proprium.* [fig. s.].
(705) Nom propre,

亻僽 **Tsiún.** A. *thuán.* C. *tsun.*
(706) Synon. homophone du n° 355, qui précède. Voy. De plus il signifie : *Custodire, tutari (wĕi yè). Valdè mirabile (tsiouĕh i yè). Superare (ching yè).* Garder, protéger. Très-extraordinaire. Surpasser, vaincre, se rendre maître de. (Tso-tchouan).

亻儂 **Noûng.** A. *nong.* Ce caractère est vulg.
(707) Pris pour le pronom personnel :
我 集 *'ò, ngò, Ego,* Moi, Je, Nous. De plus, en composition :
亻 k''iû —, *Ille :* 他也 *t'á yè.*
cù — Il, lui : *id.*

亻儃 **Chĕn. Tán.** A. *thiĕn.* C. *tchin.* F. *sĕĕn.* J. *sen.*
(708) *Quomodò, quandò (hó yè). Exterior figura, modus (t'áï yè).* Comment? quand? (Ch. w.). Tournure, manière. Lu **Chén** : *tradere, transmittere (tch'ouan yù yè).* Remettre, transmettre. « Yao ' transmit ' cette charge, cette fonction « à Chun. » (Yâng-tseu).

亻個 — hoĕï, *qui non progredi videtur.*
— hŏï, qui ne paraît pas avancer.
亻 tàn-tàn, *otiosus, vagus ; liber, contentus.*
Aller çà et là selon sa fantaisie (*chŭ k'iĕn máo*).

亻億 **I, yĭh.** A. *úc.* C. *yik.* F. *ek, yeĕk.* J. *yok.* [f. s.].
(709) *Quies ('án yè). Centum millia (chŭ wén). Magnum, elatum (tá yè). Considerare, arbitrari (toŭ yè).* Repos. (Ch. w.). « Quand on a le cœur en ' repos ' ou est satisfait (*sin ĭ, tsĕh lŏh*). » Tso-tch. Nom de nombre : Cent mille ; selon quelques auteurs : Un nombre indéterminé. (Kh. hî). Grand. Examiner, déterminer (par appréciation). (Lûn-yŭ. Tso-tchouan). *dere.*

亻供 k'oúng —, *considerare, perpendere; provicong —,* considérer, peser. Pourvoir.

« *Examinare quo aliquis indigeat, et illud ei sub-*
« *ministrare (liáo toú k'i ssò suï tchi tŏ-chaò eŭlh*
« *' k'oúng ' tchi).* Se rendre compte des besoins de « quelqu'un, grands ou petits, et y ' pourvoir '. »

萬 萬爲 亻也 wán wán wĕi — yè, *decies milies decem millia faciunt unum* ' yĭh '. Dix mille fois dix mille font un yĭh, = 100,000,000. Cette expression appartient à la seconde espèce de calcul des Chinois, comme on le lit dans le dictionnaire de Khâng-hî : « Selon les « ' principes de l'arithmétique ' (*souán făh*), le « nombre ĭ ou *yĭh* appartient à deux modes de « calcul, l'un ' grand ' et l'autre ' petit '. Ce der- « nier emploie le nombre 10 (十 *chĭh*) pour mul- « tiplicateur; alors 10 fois 10,000 font un *yĭh* = « 100,000; 10 fois *yĭh* = 100,000 font un *tcháo* « = 1,000,000. Le premier mode, ou le ' grand ', « emploie le nombre ' wán ', 10,000, pour multi- « plicateur, et alors 10,000 fois 10,000 font un « *yĭh* = 1,000,000,000. »
Chă-moŭh fait remarquer, à propos du sens de 'repos ' ('*án*) donné à notre caractère par Hiŭ-chin, que le ' groupe phonétique ' *yĭh* est un ' nom de nombre ', mais que Tso-chi (dans son *Tso-tchoŭan*), en disant que le « cœur qui éprouve du « repos est satisfait, » confirme aussi l'interprétation de Hin-chin.

亻僊 **T'á.** A. *that.* C. F. *th'at.* J. *tatsz.* [fig. s.].
(710) *Fugere; evadere (t'iáo yè). Rebellare (p'án yè).* S'enfuir. Se révolter. En comp., *máï-t'á, pinguefacere ; pinguis (féï máo).* Engraisser. Avoir de l'embonpoint.

亻儅 **Táng.** A. *d'ang.* Forme vulgaire de 當
(711) *Sistere, morari (tchi yè).* S'arrêter; cesser d'agir; demeurer. — *Legitur etiam* **Táng.**

亻伴 p'án —, *præfectorum satellites.*
ban —, cortége de grands dignitaires.

亻儌 **K'oŭĕï.** *Magnum. Pulchrum.* Grand.
(712) Beau. Le même que le n° 538.

亻儦 **P'iáo.** A. *phiĕu. Levis (k'ing yè).* Léger.
(713) *Legitur etiam* **p'iáo,** *in eodem sensu.*

亻偸 **Toŭh.** En 亻柬 —soŭh, *caput movere.*
(714) comp. — p'ĕh, branler la tête.

亻僭 **K'ioŭen.** A. *kiĕn. Superbus; arrogans.* 亻僽
(715) Orgueilleux; arrogant. F. vulg. de 亻僊

亻儆 **King.** A. *canh. Abstinere se. Prohibere*
(716) (*k'iăï yè).* S'abstenir de. Défendre.
亻戒 kĭng-kiáï, *corrigere ; reprehendere ; docere.*
—giáï, corriger ; reprendre ; avertir.

亻儇 '**Hoŭan.** A. *hoan.* C. *hün.* F. *hwán.* J. *wan.*
(717) *Solers, perspicax (hoĕï yè). Acutus* (*hoĕï li yè). Velox (tsĭh yè).* Industrieux, habile ; perspicace. (Ch. w.). Fin, subtil, prompt.

亻孖 — tseŭ, *qui suâ habilitate in malum abutitur.*
— tu', homme qui emploie son habileté à mal faire. — Nom de royaume. [fig. s.].

亻儈 **Koŭĕï.** A. *quáï.* 列 亻 yă-koŭĕï,
(718) En comp. *phá* —,
contractuum conciliator. Proxeneta ; qui suis verbis emptorum et venditorum commercia conciliat (hoĕï hŏh chi jĭn tchĕ). Agent, courtier qui s'entremet sur les marchés entre l'acheteur et le vendeur pour fixer le prix des marchandises. (Kh. hî). Dans les anciens temps de la Chine, il y avait de ces ' agents ' ou ' préposés officiels ' pour régler, sur les marchés, le prix des denrées alimentaires. Confucius avait rempli cet office public.

亻儉 **K'iĕn.** A. *kiem.* C. *kim.* F. *kĕĕm.* Syn. de 亻儉
(719) *Parcus (yŏh yè). E prodigo* 亻儉 *parcus fieri (k'iŭ chĕ tsoung yŏh). Parum (chaò yè). Annonâ defectus (soŭï k'iĕn yè). Nomen proprium.* Avare, économe. (Ch. w.). Se dit d'un ' homme

prodigue qui devient économe '. Déficit dans la récolte d'une année. — ' K'ien-niân ', *annus sterilis;* année stérile. Nom propre. [fig, s.].

僱 Yāng. A. *u'ong.* 亻佯—hiăng,) *non se* (720) En comp. 亻佯—giăng,) *subdere,* ne pas se soumettre.   [*strenuus.*

佝 Hiāi, k'iāi.A.*giai.*亻僑) tăi —, *fortis,* (721) En composit. 亻僑) trai —, fort, hardi, résolu.   [*yè.*

倲 T'soú. *Asper, non politus (poŭh hoăh* (721) Rude, grossier; non poli. [fig. s.].

倜 K'ō. *Pulchrum, bonum (mèi yè).* (722) Beau, bon; excellent. [fig. s.].

儋 Tān. A. *d'ăm.* C. *tám.* [fig. s.]. (723) *Humeris gestare (foŭ hŏ yè). Onus.* Porter sur ses épaules; porter. Fardeau.

— *Tān-eu<del>l</del>h,* nom d'une ancienne principauté, dont la population était appelée ' la tribu aux longues oreilles '. Elle était située dans la province actuelle de Canton. (Kh. hi). Nom propre.

不敢 | 當 poŭh kán—tāng,) *non possum humebát kham—d'ang,*) *ris ferre hoc onus.*

| 當—tāng, *alicujus rogatu in se aliquid recipere.*

| 當—*d'ang,* recevoir qqc. à la prière de qqn.

| 任—jin, *vas; sponsor pro alio.*

| 任—*nho'n,* répondant pour un autre.

儌 K'iào. A. *kieu. Ire; facere (híng yè).* (724) Marcher; faire. Lu k'iāo :

| 倖—hìng, | *valdè desiderare aliquid, sed — hanh,* | *non sperare (illud assequi) (kí feï wáng yè).* Désirer vivement quelque chose sans espérer de l'obtenir. (Kh. hi. I-w.-p.-l.).

儍 Tch'ing. *Auxilium ferre, supplere (pòu).* (725) Secourir. (Tseu 'weï). S. du n° 534.

14 TRAITS.

儐 Pin.A.*tăn.*C.*pan.*F.*pin.*J.*hin,fin.*[f. s.]. (726) *Deducere, abducere (táo yè). Auxiliari (siáng yè). Hospitem (seu spiritus) cum ritibus solitis excipere (tsĭh pin ì lì youĕh pin). Introducere (tsín yè). Disponere; res debito et convenienti modo disponere (tch'ín yè). Tono ⁻ : Pĭn, honorare (koŭng yè). Revereri, colere (k'íng yè). Cærimoniarum sive civilium sive religiosarum magister.* Emmener. (Ch. w.). Aider, assister. Recevoir un hôte avec le cérémonial prescrit. (Ce cérémonial est aussi pratiqué à certains jours et dans de certaines circonstances pour recevoir, par simulacre, les Esprits et les Génies des montagnes et des rivières). Introduire. (Tchéou-li), Disposer les objets selon l'usage prescrit. (Chí-K.). Lu **Pĭn** : honorer, rendre des honneurs à quelqu'un. Révérer; vénérer. Celui qui préside à une cérémonie civile ou religieuse. Syn. de 擯

絹 Miên. En comp. *miĕn—miĕn :* Humile (727) *adspectu(ti máo).*Humble d'aspect.

儑 Găn, 'ăn. *Non soleis, rudis (poŭh hoĕï* (728) *yè). Item : Balbus (k'iĕn yán). Non sui compos (poŭh tseú 'ăn yè).* Lu **gŏh** : *Aversari negotia (poŭh tchóu szé.* Inintelligent. De plus : Bègue. Qui n'est pas maître de ses mouvements. Lu **gŏh** : Négliger ses affaires.

儳 Hiái. *Fortis, etc.* Fort, etc. V. 16 tr. 儳

儶 (729) Forme vulgaire du caractère 亻

儒 Jóu. A. *nhu.* C. *ü.* F. *jé.* J. *jiyu.* [fig. s.]. (730) *Litteris excultus (hiŏh tchè tchí tc'hing).* Lettré; dénomination de ceux qui, en Chine, se sont adonnés ou s'adonnent exclusivement à l'étude et à la culture des lettres. (Tchouhi ; Commentaire sur le Lûn-yù). Le philosophe Yang-tseu a dit : « Ceux qui ont pénétré le Ciel, la « Terre et l'Homme (qui sont parvenus à connaître « leurs principes, les lois qui les régissent), sont « nommées Jóu. » Dans l'ancien Rituel des Tchéou (Tchéou-li ; Section *T'iĕn kouăn,* ou des ' Magistratures célestes '), il est dit : « La quatrième (ma- « gistrature) est celle des Joú, qui ont pour fonctions « d'instruire le peuple, de lui enseigner les bonnes « doctrines (*ssé youĕh Joú ì táo tĕh mín).* »

教 | —kiáo, *secta litteraria Sinensis.*
| —giao, secte des Lettrés Chinois.

大 | tá —, | *vir doctrinâ atque optimarum artium d'ai —,* | *studiis eruditus.* Grand lettré. [*nem.*

宿 | soŭh —, *sapientissimus sicut esse constellatiotúc —,* | homme dont le savoir le fait briller comme une ' constellation '.

名 | míng —, *clarus, insignis litteratus.*
| banh —, lettré renommé, célèbre.

非 | féi —, *sciolus, cujus nullus est usus.*
| phi —, prétendu savant ; bon à rien.

豎 | chòu —, *litteratus rudis, velut infans.* [fant. tho —, lettré qui n'en sait pas plus qu'un enfant.

| —k'iu, | *antiquis modernisque litteris vir*
| —khu, | *peritus,* lettré versé dans la littérature ancienne et moderne.

女爲君子 | 無爲小人 。 jóu, 'weï kiŭn-tsè

jóu, woŭ 'weï siáo jin joú. (CONFUCIUS alloquens Tsè-hiá ait) : *Tu unus esto de perfectis litteratis; hauquaquam sis de literatulis vilibus, improbisque literatis.* »(KHOUNG-TSEU dit à son disciple Tsèuhiá) . « Vous, soyez un lettré *(joú)* comme le sont les « hommes supérieurs par leurs principes et leur « conduite morale, et non comme ces hommes sans « principes qui ne méritent pas l'estime publique. » (Lûn-yù, K. 3, ch. 6, § 15). Un commentateur dit, sur ce passage, que « le ' lettré supérieur ' *(kiŭn- « tsèu)* étudie pour lui-même, c'est-à-dire pour le « seul amour de la science, tandis que le ' lettré « vulgaire ' *(siaò-jin)* étudie en vue des autres hom- « mes, pour flatter leurs opinions et en retirer des « profits. »

« Tous les lettrés *(joú),* dit Tchoù-hi, qui (de- « puis Khoùng-tsèu et Meng-tsèu jusqu'aux deux « Tching-tsèu, ses maîtres), ont disserté sur le « principe des choses *(li),* n'ont rien fait autre « chose que de s'égarer dans de pures rêveries « *(tch'ĭh chi chouĕh moŭng).* »

株 | tchóu —, *Pygmæus; columna lignea.* [bois. châu —, petit homme ; pygmée ; pilier de

ÉTYM. Le Choûe-wèn définit ce caractère par: ' doux, flexible ' *(jèou yè).* Chăh-moŭh remarque à ce sujet que la ' douceur, la flexibilité, doivent être amplement employées pour enseigner la doctrine des grands sages *(kiŭn tsèu tchì táo yè).*

僜 **Tchèng. Tsëng.** 儳 *Tchèng-t'sàn,*
(731) En compos. *qui vires suas et fortitudinem jactat ; malevolus ('ŏ yè).* Item : *Audax, strenuus.* Homme qui fait parade de sa force; méchant. De plus : brave, audacieux.

憖 **Yìn.** A. *an. Aliis inniti (ŭ jĭn yè). Legitur*
(732) *etiam* yìn *in eodem sensu.* Se reposer sur quelqu'un ou sur autrui (du soin de qqc.). Se lit aussi yìn, avec le même sens. (Kh. hi).

儓 **T'aï.** A. *d'aï.* 倍 péï—, *minister,*
(733) En comp. *bŏi —, famulus (tch'in yè).* Intendant de grande maison, d'un homme d'État. [minatio.

田 | *t'iăn —, mercenariorum agricolarum denod'in —,* nom donné à ceux qui sont engagés comme laboureurs mercenaires. [fig. s.].

儔 **Tch'eŏu.**A.*trù.*C.*tc'hau.*F.*téw.*J.*jiŏ.*[f.s.]
(734) *Cœtus, multitudo (tchoúng yè). Socii (liù yè). Ejusdem ordinis vel officii (tèng yè, loúi yè). Quis (choúi yè)? Homines quatuor dicuntur* tch'eŏu; *duo verò dicuntur* 匹 **pïëh.** Réunion d'une foule; plusieurs. Compagnons. Du même ordre ou rang. Pronom interrogatif Qui? On appelle la réunion de quatre hommes *tch'eŏu,* et de deux *pïëh,* une ' paire '.

翟 **T'iào.** *Stare solus (toŭh lĭh yè).* Se tenir
(735) quelque part isolé. (Kh. hi). Yù-pien).

儢 **P'ìng.** *Mittere, supplere.* Envoyer,
(736) suppléer.Syn.homophone de

儕 **Tch'âi.**A.*té.*C.*tch'ai.*F.*tchey.*J.*sai.*[f.s.].
(737) *Ejusdem ordinis vel officii (yeŏu pëï loúï yè).* Du même ordre ou rang de fonctions. (Ch. w.). Ce caractère forme aussi le pluriel des pronoms. Exemple :

吾 | *'où —, Nos.* NOTA. *Iste loquendi modus non est vulgaris, sed usitatus est apud mandarinos, sicut* 'où-mên, 'où-tèng. Expression de la langue mandarinique employée par Tso-chí.

吾 小人 *'où—siao jìn, Nos parvi homines.* « Nous, hommes de peu de vertu. »

聚 **Tsoúng.** *Multitudo; multi (tsíu yè).*
(738) Multitude ; nombreux. (Pien-haï).

儖 **Lân.** En 儳 — t'sàn, *deformis*
(739) comp. (hìng 'ŏ máo). Difforme, hideux de figure.

儌 **Toúï.** *Forum nundinarium (chí yè). Emere*
(740) *et vendere (hóu chi).* Marché. Acheter et vendre. Trafic. [fig. s.].

偀 **Yù.** A. *du'. Diligens, attentus (kìn yè).*
(741) *Inniti (i yè).* Attentif, diligent. S'appuyer sur. [fig. s.].

儗 **I.** A. *nghi.* C. *i.* F. *gé.* J. *ngi.* [fig. s.].
(742) *Congregare (tsàn yè). Sese mutuò suspicare (siàng i). Comparare (pi yè). Indebita usurpare.* (Id.). Réunir. (Ch. w.). Se soupçonner mutuellement. (Id.). [Avec ce sens, c'est celui du ' groupe phonétique ' qui domine ; aussi ce caractère se prend de même quelquefois pour le groupe seul]. Comparer. S'emparer de ce qui n'est pas à soi. (B.).
Ce car. se prend également pour (R. 64) 擬
Considerare, præcogitare. Réfléchir, penser. 擬

Lu i, 佁 ì—, *obstaculum, impedimentum.*
en comp. Forte constipation *(koŭ chí máo).*

Lu wâï, 儓 t'aï—, *stolidus, insanus (t'chï yè).*
En comp. Dépourvu de raison, insensé.

儘 **Tsìn.** A. *tàn. Penitùs, omnino (kiăï yè).*
(743) *Exhaurire (tsín tchĭ yè).* Entièrement. Épuiser.

徤 **K'ièn.** *Aperire ('aï yè).* [fig. s.].
(744) Ouvrir. (Dict. Yu-pien).

儚 **Moúng.** A. *manh.* moúng-moúng,
(745) Répété : | | *confuse.* Confusément *(hoēn yè).* [fig. s.].

儛 **Woù.** A. *vu.* C. *mŏ.* Synonyme de 舞
(746) *Saltare ; choreas ducere.* Danser, sauter en signe de joie. Conduire des chœurs. *Tchao-woù,* nom d'une montagne. *Woù-wéï,* sifflement d'une flèche lancée dans l'air. [fig. s.].

儜 **Nìng.** A. *ninh. Debilis (jŏh yè). Lassus*
(747) *(k'oùen yè).* Débile. Las, fatigué. | tsâng—, *modus invicem appellandi in lingua barbarorum meridionalium (màn yù siàng hoŭ ching).* Manière de s'appeler mutuellement dans la langue des Mân, au midi de la Chine.

儌 **Tàï.** *Audax, violentus (k'iàng máo).* 獷
(748) Audacieux, violent. S. phon. de 獷

償 **Tch'áng.**A.*thu'òng.*C.*tcheung.*J.*chyao.*
(749) *Restituere (hoàn yè). Debita solvere (hoàn ssŏ tchĭ yè).* Restituer. (Ch. w.). Payer ses dettes. Rétribuer (en bien ou en mal) ; appliquer la peine du talion.

| 命 —ming, } *sua morte mortem alteri illatam*
—mang, *compensare, juxtà talionis pœnam.* Appliquer la peine du talion. [fig. s.].

儡 **Lïëh.** *Fortis, robustus adspectu (tchàng*
(750) *tchouáng máo).* Fort, robuste d'aspect. (Ch. w.). [fig. s.].

儍 **Pïen.** A. *bièn. Corpore non rectus (chŭn*
(751) *poŭh tching yè).* Inclinatum. Legitur etiam p'ièn : *In comp.* p'ièn-sièn, *circuire, saltare.* Qui ne se tient pas droit ; incliné. Lu p'ièn, et suivi de ' sièn ', tourner, sauter.

儌 **Mïëh.** En 儌 — t'ïëh, *maxime*
(752) comp. | 借 *fraudulentus.* Trèsfourbe et menteur *(tŏ tcha).*

儡 **Loúï.** A. *lui. Sibi iuvicem nocere, destruere*
(753) *(siàng päï yè).* Se nuire mutuellement. En composition : k'oùeï—, *figuræ ligneæ quibus in comœqui' —,* diis utuntur. Figures ou statues de bois dont on se sert pour jouer des comédies. — On lit dans l'ancien philosophe Lie-tseu. « Du « temps de Moŭh-wâng, des Tchéou (1000 ans av. « notre ère), un artisan habile fit un homme de « bois (moŭh-jín) qui pouvait chanter et danser. « Le roi, accompagné d'un cortège des plus belles « femmes de sa cour, fut longtemps à considérer « ses mouvements dansants, lorsqu'enfin l'homme « de bois se porta vers lui, et avec ses mains il « appelait à lui les personnes de son entourage. »

C'est là l'origine des statues (ou marionnettes) de bois. (I-wan-pi-làn). On voit par là que les marionnettes ne sont pas de date récente. [fig. s.].

偑 **Tsiĕh**. A. *tié. Usus moderatus in quo non* (754) *est excessus, nec defectus. Temperantia, cobrietas.* Usage modéré des choses. Tempérance, sobriété. Ce caractère a le sens de son ' groupe phonétique'. V. Rad. 118, 9 traits.

億 **Liù**. A. *lu'*. || liù-liù, *invitus, qua* (755) Répété : || *non libenter aliquid facit (poŭh yŏh 'wéï yè). Nullum adhibere conatum (poŭh mièn k'iàng máo).* Mal disposé pour. Qui agit contre son gré. Ne faire aucun effort pour.

儶 **Kouàng**. A. *khoáng.* — liàng, (756) En composition | 很 *inæquale* (*poŭh p'ing yè*). Inégal. [fig, s.].

儤 **Páo**. A. *bŏc. Magistri vigiliarum palatïï* (757) *imperialis (kouán li lién tchĭh yè). Prætergredi, excedere (yuĕh yè). Qui præscrìptam diurnarum actionum seriem prætergreditur.* Officiers chargés de la garde du palais pendant la nuit. (Kh. h.). Outre-passer. Faire plus qu'il n'a été prescrit par une consigne.

儥 **Yŭh**. A. *duc. Vendere (mái yè).* [fig. s.]. (758) Vendre (Ch. w.). Vendre des marchandises. En composition.

徵 | tching —, *publicare mercimonia venumdanda.* Publier ; faire connaître au public que l'on a des marchandises à vendre.

Étym. Le Choŭe-wén dérive ce car. du signe ' homme ' et du groupe phonétique qui lui est associé. Mais ce dernier se prononce *mái* et signifie ' vendre '; c'est donc ' un homme qui vend '.

儽 **Chóu**.A.*tho.Nomen genii. Nomen propr.* (759) Nom d'un esprit ou génie. Nom pr. Synon. de 豊
V. R. 151. 豊

儦 **Piâo**. A. *phiĕu.* C. *piu. Ambulare videri* (760) (*hìng máo). Multi simul incedentes.* Piāo-piāo, *Multi; dicitur de multitudine.* Qui paraît marcher, être en mouvement. (Ch. w.). Foule en mouvement. Foule. [fig. s.].

儧 **Tsàn**. A.*tan.*C.*tsan.*F.*tchan.*J.*san.* [f.s.]. (761) *Congregare, accumulare (tsŭ yè).* Réunir, accumuler. (Ch. w.). Tsiĕh-tsàn, *paulatim coacervare;* accumuler petit à petit. Lu **tswán** : *accumulare et supputare res (tsiu eŭlh kí ssé yè).* Réunir des choses pour les compter. [fig s.].

儨 **Tchĭb**. A. *chat. Rectum (tching yè).* 質 (762) Droit. Ce car. est fauss. pris pour 質

儩 **Szé**. *Totum exhaustum (tsin yè).* (763) Complètement épuisé. [fig. s.].

優 **Yeōu**. A.*u'u.* C.*yau.* F.*yew.* J. *yoō.*[f.s.]. (764) *Concordare (hŏ yè). Magnanimus (k'oüan yù yè). Superare. Potens (ching yè). Superabundans, div-s (jáo yè). Urbanè excipere; Benè tractare (jáo 'hiĕlh yè). Otiari (yeōu yù lìh yè. id est : virium suarum habere superfluum, omninò vacare). Ad malum provocare. Nomen proprium.* Pratiquer la concorde. (Ch. w.). Généreux, magnanime. Puissant en force, vigoureux (l'opposé de ' débile, infirme ' (*lĭh yè*). Fastueux, riche. Trai-

ter grandement, abondamment, ceux que l'on reçoit. (Chĭ-K.). Avoir du loisir, étant éloigné des fonctions publiques. (Lûn-yú, K. 10, fol. 4). Provoquer au mal. Nom propre.

游 — yeōu-yeōu, *pro libitu vagari.*
| — *du,* se conduire à sa fantaisie.

劣 — *lĭh, vilissinus; irridere.*
| — *luyet,* très-méprisable; se moquer.

浮 — feoŭ, | *irresolutus ; qui modò hàc, modò* | — *phù,* (*illàc, se vertit.* Irrésolu; qui va çà et là sans motif et sans but.

佪 î —,) *Adulatoriè. Qui vultu et verbis adula-* | — y—,) *toriis alios exhilarat.* Aduler. Flatter.

倡 — tch'āng —, | *comœdi. Histriones masculi di-* | — xu'o'ng —, | *cuntur yeōu; fœminæ* tch'āng.

仕而則學 szè eŭlh yeōu, tsĕh 'hiŏh ; *qui magistratum-gerit et-tamen* otiatur, *tunc studiis-vacare-debet.* Celui qui, étant dans les fonctions publiques, a des loisirs, doit les consacrer à l'étude. » (Lûn-yú).

膠 **P'iāo**. *Abundans (ching yè).* [fig. s.]. (765) Abondant. (Dialecte local).

儺 **Pēï**. *Sistere, quiescere (t'íng yè).* (766) S'arrêter ; se reposer. (Kh. hi).

儌 **Soŭh**. En | soŭh-tchin, *nomen* (767) comp. | 俀 *regni.* Nom d'un ancien petit État de la province actuelle de Kiàng-nân.

儱 **Niào**. *Debilis, mollis.* Débile, mou. 裏 (768) C'est le sens que ce car. a, syn. de 裊 | yaò —, *puella, seu mulier eximiæ staturæ* On appelle ainsi (*yào-niào*) des danseuses qui se ceignent la taille comme dans un anneau (pour paraître plus belles). Kh. hi. Quelques auteurs disent que *yào-niào* signifie ' taille fine (*sí yào*).

儼 **Hān**. *Stolidus, insipiens (tch'ĩ yè).* S. de 憨 (769) Stupide, insensé. V. R. 61, 12 tr. 憨

儭 **T'sín**. A. *thàn. In, intrà, interior (lì yè).* (770) Dans; intérieur. Lu **t'sìn**, ce caractère composé est pris dans le sens de son ' groupe phonétique' 親 t'sín (R. 147) pour désigner le ' père et la 祝 mère ' de quelqu'un. (Kh. hi).

厯 **Lĭh**. *Hominis nomen.* [ng. s.]. (771) Nom d'homme.

儬 **Koŭeï**.*Mágnum.Pulchrum.*S.de 瓌 傀 (772) Grand. Beau. V. les R. ph. 瓌 傀 96, 9. De plus : *Abundans.* Abondant.

儔 **T'áng**. En 倭 | ling-t'áng, *longum* (773) comp. 倭 | (*tcháng - máo*). Qui paraît long. [fig. s.].

儢 **Hiáï**. *Generosus, magnanimus (k'iĕh yè).* (774) Grand, magnanime. En compos. : | 倮 hiáï-kò, *fortis, audax, impavidus.* — *qua,* fort, audacieux, intrépide.

儱 **Loùng**. A. *lung.* 侗 | — t'oŭng, *vas* (775) En compos. 侗 | *nondum completum (wéï tc'hing k'í yè).* Vase inachevé. Au fig. Chose inutile, propre à rien. (Préf. du Kin-kang King). Se dit aussi d'un ' homme qui commence tout et ne finit rien'. [fig. s.]. *Loùng-tchoúng ;* voy. ci-devant, le n° 473.

儴 **K'oûeï.** *Magnum. Pulchrum.* Grand. Beau.
(776) Variante du car. n° 538, q. v.

儚 **Mòng,** A. *ma.* Le même que le n° 745, q. v.
(777) De plus : *obscurus (poùh ming yè).* Obscur. Au fig., en parlant de quelqu'un : *Igna--us, rudis.* Ignorant, stupide. (Kh. hì).

儲 **Tch'où.** A. *tru'.* C. *tchü.* F. *té.* J. *tchió.* [f.s.].
(778) *Ex alicujus rei spe aliquid agere (chí yè). Colligere, accumulare, recondere ut suo tempore usui sit (tsǐh tsiú ì wěï foú í yè). Auxiliari (foú yè).* Faire quelque chose dans l'espérance d'en profiter. (Ch. w.). Amasser, thésauriser pour se servir de ce que l'on a recueilli en temps utile. (I.-w.-p.-l.). Aider; secourir. (Kh. hì).
— *kiùn, imperatoris filius regni hæres.*
— *quán,* fils de l'empereur héritier du trône. Cette qualification, selon le I-wan-pi-lan, vient de ce que 'l'héritier du trône aide et assiste les princes'. — Nom propre.

17 TRAITS.

儳 **K'ièn.** A. *kiēn.* 優 | *yèn—, arrogans,*
(779) En comp. | *superbus (gáo yè).* Superbe, arrogant. Voir sa forme vulg. n° 715.

伍品 **Lin.** En comp. 'lìn-chìn', *caput incli-*
(780) *natum.* Qui penche la tête en avant.

儰 **Kouéï.** *Mittere, delegare (szè yè).*
(781) Envoyer; déléguer. [fig. s.].

儞 **K'ï.** Le même pour le 'sens' et le 'son'
(782) que le n° 440. Face large, irrégulière. [fig. s.].

儳 **T'sàn.** A. *sam.* C. *tchám.* F. *sám.* J. *zan.* [f.s.].
(782) *Non benè compositus, inæqualis (t'sàn-hoú : poùh t'sǐ yè). Celer, festinus (tsǐh yè).* Irrégulier, inégal. (Ch. w.). Rapide, qui se hâte.

儴 **Jàng.** A. *tu'o'. Sicut prius; quia, causá*
(783) *(jǐng, yìn yè).* Continuer comme auparavant. Parce que ; pour cette cause. (Eùlh-ya). Cet ancien dictionnaire dit que les trois caractères

儴 。 仍 。 因 *jàng, jǐng, yǐn,* expriment le 'pourquoi' de la 'cause' (kidi 'wěï yoùan), c'est-à-dire que ce sont des 'conjonctions' ou 'particules conjonctives' qui indiquent, dans la partie de la phrase qui les suit, la 'suite logique' de ce qui les précède.

L'explication du car. *jàng,* donnée dans plusieurs dictionnaires, entre autres dans Basile (Voy. Deguignes, n° 553), de *lassus, debilis, viribus fractus, lassitudo, imbecillitas,* ne se trouve dans aucun dictionnaire chinois consulté.

儵 **Hoüng.** A. *hoang. Mente obcæcatus*
(784) *(hoën yè). Cæcus moraliter.* Aveugle d'esprit [fig. s.].

儋 **Choùh.** A. *d'ùh.* F. prim. du n° 427 侯
(785) *Cæruleus (t'sing hěh ssěh). Nomen regis maris meridionalis.* Gris azuré. (Ch. w.). Nom donné au roi de la mer méridionale. L'ancien philosophe Tchouang-tseu a dit : « Le roi « de la mer méridionale est de couleur 'gris azuré' « (choùh); le roi de la mer septentrionale est de

« la couleur de la 'soie écrue' (hǒh); le roi de la « région intermédiaire est un mélange confus de « ces deux couleurs (loèn tìn). »

ÉTYM. L'ancien dictionnaire Choüe-wên dit, sur ce caractère *choùh,* que le 'gris azuré' et le 'noir' étant mêlés ensemble dans la peinture, produisent la couleur 'blanche' (*t'sing hěh hoëï fǎh pěh ssěh*). Ce fait, signalé vers le commencement de notre siècle par le lexicographe chinois, est digne d'attention. [Car. fig. le son].

18 TRAITS.

儾 **Nêï.** *Dejicere; prosternere (yèn yè).*
(786) Renverser; prosterner. (Tseu-'weï). Selon Khàng-hì, ce car. serait identique avec 夒 *Species simiæ.* N. pr. Espèce de singe. N. pr. 夒
V. le Radical 94.

儑 **Tchǐh.** A. *nhiép. Sese ex animo subjicere*
(787) *(sin foùh yè).* Se soumettre volontairement à quelqu'un. (Ch. w.).
ÉTYM. Caractère figurant le son.

儷 **Hoëï.** A. *luie. Uná manu aliquid tollere*
(788) *(t'ì yè). Aliqui dicunt : Secedere, separari (li yè). Elevare (ti-hoëï).* Enlever qqc. d'une seule main. Quelques-uns disent que c'est : Se retirer à l'écart. Séparer, diviser. Élever. (Kh. hì).

儱 **Foüng.** A. *phong.* 偓 | *wǒh—,*
(789) En compos. | *ác—, cujusdam viri qui, medicinæ universalis virtute, immortalitatem assequi dicitur.* Nom d'un ermite *(siēn jǐn)* considéré comme ayant obtenu l'immortalité. (Kh. h.)

儽 **Loúï.** A. *luy. Summè lassus (kǐh k'ouén*
(790) *yè).* Fatigué; harassé. De plus :
Synonyme du n° 753.

19 TRAITS A 22.

儷 **Lì.** A. *lé.* C. *lai.* F. *léy.* J. *rei.* [fig. s.].
(791) *Vir et fœminæ quorum alter alteri mutuam opem præbet, alterque alteri in domo regendá innititur. Conjuges ; maritus et uxor.* Un couple d'époux, le mari et la femme.

ÉTYM. De ce car. est composé du signe 'homme' et du 'groupe phonétique' complexe *lí,* qui signifie 'deux, une paire', lequel est lui-même composé du signe 'cerf' (R. 108) surmonté de deux appendices qui se prononcent aussi *lí.* Le Choüe-wên définit notre caractère par : 'deux branches d'arbres qui croissent paires' (*tc'hín li yè*).

儷 **Lì.** Forme vulgaire du caract. précédent,
(792) le 'groupe phonét.' étant changé.

儸 **Lò.** A. *là.* En 麿 | *tchě—, viribus sed*
(792) comp. | *non virtute pollens* (*kién eùlh poùh tǐh tchě*). [*pellatio.*
婁 *leôu—, prudentis rerum administrationis ap-* Nom que l'on donne à une bonne administrat.

儒 **Siēn.** Forme primitive du car. n° 140.
(793) Anachorètes considérés comme devenus immortels.

儹 **Tsàn.** A. *toan. Congregare; accumulare.*
(794) Recueillir. F. primit. du n° 761. q. v.

儸 Tiĕn. *Humi sternere; cadere. Impedire,*
(795) *obstare (tchi yè).* Renverser; tomber. Empêcher. [fig. s.].

儺 Nŏ. A. *na.* C. *no.* F. *nŏ.* J. *da.* [fig. s.].
(796) *Sedatus incessus. In ambulando moderationem servare (hing yeòu tsiĕh yè). Qui se facilè aliis accommodat (jeoù chĭn yè). Quædam superstitio ad pestem tollendam.* Démarche calme, posée. Qui conserve du calme et de la gravité dans sa marche. (Ch. w.). Qui se plie facilement aux exigences des autres. Certaines cérémonies pour chasser de malignes influences. (Lûn-yù).

儱 Tch'oùng. A. *sung.* En composition : Siŏ-
(797) *tch'oúng*, *casum minitari.* K'ŏ-—, *fictè dormire.* Menacer d'une chute prochaine. Faire semblant de dormir. [fig. s.].

儻 T'ǎng. A. *thang. Sapientissimus, super-*
(798) *eminens (t'ĭh yè). Dummodò. Si, vel (particula conditionalis, hoĕ jĭn tchi tseŭ). Accidentale. Fortuitum.* Très-sage; éminent. (Ch. w.). Si, Ou. Pourvu que. (Cette particule n'est guère employée que dans les écrits de l'ancien philosophe Tchouang-tseu). Accidentel. Fortuit.

倘 *t'àng-t'àng, sicut chĕn-chĕn (nᵒ 708); liber, contentus.* Avoir l'esprit libre, satisfait. « Quand on a l'esprit libre, satisfait (*sin t'àng-t'àng*), les choses changent - complétement de « face. » (Kouan-yin-tseu).

倜 *t'ĭh* —, *aliis supereminere, seu ab aliis excellentiá et virtute totum differe.* Éminent. Voir la forme vulgaire de ce caractère nᵒ 437.

儼 Yèn. A. *nghiem.* C. *im.* F. *gëëm.* J. *ngen.* [f.s.].
(799) *Erecto capite adspicere (ngan t'eòu). Revereri, venerari (koúng yè). Valdè compositus.* Contempler en élevant la tête. (Ch. w.). Révérer; honorer; vénérer. Bien arrangé, disposé. Ce car. se prend aussi pour le 'groupe phonétique' seul (R. 30) *yèn*, qui signifie : *Severus, gravis;* sévère, grave, rigide.
[*yè.*

儌 Hiāo. A. *ngao. Arrogans, superbus (ngáo*
(800) *yè).* Arrogant; orgueilleux. (Kh. hì).

儽 Loùï. A. *luy. Pendere (tchoùï yè). Pi-*
(801) *ger, tardus (lăn hiăï yè). Infirmus (ping yè).* Pendre, suspendre; quelques-uns disent : paresseux, négligent. (Ch. w.). Infirme.

儾 Náng. A. *náng. Tardus; procrastinare*
(802) *(soûï yè).* Lent; indolent; différer, remettre. [fig. s.].

10ᵉ RADICAL, 儿 1 TRAIT.

儿 **Jìn.** A. *nhôn.* C. *yan.* F. *jìn.* J. *zin.*
(803) *Infrà litteram adjectitiam hoc modò scribitur; si ad latus vel suprà ut præcedentes* Autre forme du Radical précédent, se plaçant 丷亻 au-dessous du groupe dans lequel il entre en compo-

兀 **Wŏh.** A. *ngŏt.* C. *ngat.* F. *gŏut.* [sition.
(804) *Altum et planum (kăo eŭlh cháng p'ing yè). Homo cui præcisi fuerunt pedum digiti (youĕh tsoûh).* Wŏh-wŏh, *immobile (poŭh toúng*

yè). Nomen proprium. Hauteur dont la superficie est plane. (Ch. w.). Homme qui a eu les doigts de pieds coupés. Wŏh-wŏh, immobile. Nom propre.

山兀 — wŏh chán, *mons sterilis.*
尖兀 — sŏn, montagne stérile.
枭兀 — niĕh, *mens anxia, inquies.*
— nghiĕt, avoir l'esprit anxieux, agité.

2-3 TRAITS.

允 **Yùn.** A. *doàn.* C. *wan.* F. *wun.*
(805) *Fidelitas, sinceritas (sin yè). Velle (tàng yè). Concedere (k'ĕng yè). Nomen proprium.* Fidélité, sincérité. (Ch. w.). Vouloir. Accorder; consentir. Nom propre.

元 **Youèn.** A. *nghuon.* C. *ün.* F. *ghwán.* J. *gen.*
(806) *Principium, origo (chĭ yè, pĕn yè). Magnum (tá yè). Principium originale, causa originalis. Caput (cheòu yè). Extensum (tch'áng yè). Materia purior complectens materiam et formam substantiales simpliciter (k'í yè). Nomen proprium.* Principe, origine. (Ch. w.). Grand. Principe originel, cause première. (Y-King). Tête; qui est à la tête des autres hommes. Chef. (Choù-K.). Étendu. (Y-K.). Matière première, subtile, comprenant tout à la fois la substance et la forme. Nom propre.

氣元 youèn-k'i, *nativus calor; primum principium*
—khí, le premier principe originel. [*originale.*
日元 — jĭh, *primus dies primæ lunæ.*
— nhát, le premier jour de la première lune.
年元 — niĕn, *primus regni annus.*
— nién, la première année d'un règne.
祖元 — t'soú, *primus familiæ avus.*
— to', le premier ancêtre d'une famille.
一元 yĭh-youèn, *spatium* 129,600 *annorum.*
— nhát —, cycle de 129,600 années.
三元 sān —, *tres dies per annum;*
scilicet: 上元 cháng youèn, *est decimus-quintus dies primi mensis;* 中元 tchoùng youèn, *decimus-quintus dies septimi mensis;* 下元 hía youèn, *decimus-quintus dies decimi mensis.*
解元 kiăï-youèn, primus inter Kiù-jín doctores.
— giaï —, le premier entre ceux qui ont été promus au doctorat dans un examen.
會元 hoëï-youèn, *primus inter litteratos.*
— hŏï —, le premier entre les lettrés.
状元 choáng —, *quem inter Tsin-ssè, seu Doctorsang —, res, primùm eligit Imperator.* Le premier des Docteurs promu au grade de *Tsin-ssè*, choisi par l'Empereur. — Yuēn-yuĕn, *juvenis cujus capilli sunt adhuc nigri;* jeune homme dont les cheveux sont encore noirs.

Youēn est aussi le nom choisi par la dynastie mongole de Chine, qui régna de 1260 à 1368.

ÉTYM. Le Choŭe-wĕn dérive ce caractère du premier radical — yĭh, le Un, l'unité, et du caractère précédent. Siu-kiaï ajoute à cette étymologie que le caractère *youĕn* est ' l'extension du bien, de la vertu' (*chén tchí tch'áng yè*); c'est pourquoi il est dérivé du *Un*, de l'Unité. C'est aussi ce que dit le Y-King. L'auteur du dictionnaire

T‘sing-hoen dit que le caractère *Yoüen* exprime la « grande vertu du Ciel et de la Terre, par qui « tous les êtres vivants ont pris naissance et se per- « pétuent. Dans le ciel c'est le ‘ principe ’, *youen;* « dans l'homme, c'est ‘ l'amour du prochain, l'hu- « manité ’, *jin;* dans le corps, c'est son ‘ dévelop- « pement, sa croissance ’, *tch‘áng.* » (Kh. hi).

兂 Forme ancienne du car. Rad. 168 長 Cette forme, donnée dans Kh. hi, n'est pas usitée.

兄 **Hioüng.** A. *huinh.* C. *hing.* F. *heng.* (807) *Frater natu major* (siēn sēng tchè). *Primævus* (tch‘áng yè). Frère aîné. Terme de respect.

弟 hioüng-ti, ⎰ *fratres generatim. Qui prior* — *d‘é,* ⎱ *nascitur dicitur* hioüng; *qui posterior verò dicitur* ti. Freres, en général.

ÉTYM. Caractère dérivé du signe 口 *k‘eòu,* ‘ bouche ’ (R. 30) et du R. 10 (n° 803); ce qui signifie, dit le T‘oùng-lûn, que le ‘ premier-né ’, *hioüng,* doit ‘ instruire ’ son ‘ puîné ’, représenté par le signe ‘ homme ’ au-dessous de ‘ bouche ’.

兊 **Tch‘oùng.** A. *sung.* C. *tch‘ung.* F. *tch‘iüng.* (808) *Longum* (tch‘áng yè). *Altum* (kāo yè). *Plenum, implere* (mǎn yè). *Pulchrum* (mèï yè). *Obstruere* (sēh yè). *Replere* (chěh yè). *Quamplurimum. Nomen proprium.* Long; haut. (Ch. w.). Plein, remplir (au physique et au moral). Beau. Obstruer, obstrué (comme les oreilles qui n'entendent pas). (Ch. K.). Remplir; rempli à l'excès. (Li-ki). Beaucoup; le plus. Nom propre

人 tch‘oùng-jin, *qui victimas alit ut pinguescant.* — *nhón,* homme qui engraisse les victimes.

足 — tsoŭh, *opulentus (plenus divitiis).* — *tuc,* opulent, plein de richesses.

軍 — kiǔn, ⎰ *ejectus ad finem regni, ut ibi finem* — *quân,* ⎱ *agat (quod est quartus ex suppliciis Sinensibus).* Envoyé en exil.

ÉTYM. Caractère dérivé du R. 10, ‘ homme ’, et du groupe supérieur abrégé se prononçant *k‘ioung.* (Ch. w.).

4 TRAITS.

兆 **Tchào.** A. *trieŭ.* C. *tchiu.* F. *tiáo.* J. *teŏ.* (809) *Assatam testitudinem findere, et aliquo modo ostendere quod per ipsam quæritur. Prognosticon. Millia millium. Altar.* Présage obtenu en consultant les entrailles d'une tortue. Nom de nombre : Un million (chiffre souvent indéterminé pour indiquer un très-grand nombre, ‘ toute la population ’). Emplacement d'*autels* élevés en l'honneur de puissances surnaturelles.

先 ┃ siēn-tchào, *prognosticon; præsagium.* *thiēn* — ┃, pronostic, présage.

京 ┃ kīng —, *Regia aula (ubi ‘ magna multitudo’* *kinh* — ┃, *sedem habet).* Ville capitale.

宅 ┃ tsěh —, *loca sepulcris assignata.* *trach* — ┃, lieux consacrés aux morts.

兇 **Hioüng.** A. *hung.* C. id. F. *hiung.* (810) *Alicui molestiam præbere et timorem incutere (jaò k‘oùng yè). Legitur etiam* hioüng *in eodem sensu.* Faire du mal à autrui et lui inspirer de la terreur. (Ch. w.). Se lit aussi hioüng.

ÉTYM. Le caractère figure un ‘ homme ’ placé sous le signe de la terreur et de la crainte des maléfices. (Ch. w.).

先 **Siēn.** A. *tiēn.* C. *sin.* F. *siēn.* J. *sen.* (811) *Priùs, antè (t‘siàn yè, tsào yè). Incipere (chî yè). Antiquus (koù yè). Primus; prædecessor.* **Siēn :** *alius præcedere (t‘siàn tsin yè). Qui debet subsequi et præcedit (tāng héou eülh t‘siàn : youěh* **sièn**). Auparavant; avant, (Ch. w.). De bonne heure. Commencer; au commencement; d'abord. Sur le front. Anciens. Premier; prédécesseurs (ancêtres). Lu **siên,** au 3ᵉ ton : Précéder. Se dit aussi d'un homme qui précède les autres lorsqu'il devrait les suivre. Nom propre.

父 ┃ siēn-foú, *pater defunctus.* ┃ — *phu,* père décédé.

人 ┃ —jin, *ancestor.* — *nhon,* ancêtres.

知 ┃ — tchi, *præscitio; provisio.* — *trí,* pressentiment; prévision, perception.

馬 ┃ — mà, *antecursor; prænuntius; prodromus* — *mã,* éclaireur; courrier; messager.

君 ┃ —kiùn, *id* — *kouàn,*

生 ┃ siēn-sěng, *magister.* — *sinh,* maître.

當 ┃ táng —, *in fronte.* *d‘ang* — ┃, de front; placé de front.

後 ┃ —héou, *anteà et posteà.* [postérieurement et — *hâu,* avant et après; antérieurement et

天 地 生 ┃ *siēn t‘iēn ti sēng,* avant la naissance du Ciel et de la Terre.

ÉTYM. Le Choŭe-wén dérive ce caractère du signe ‘ homme ’ et du n° 50, pris dans le sens de ‘ marche ’.

光 **Koŭang.** A. *quang.* C. *kwóng.* F. *kong.* (812) ᵓ*Lumen, claritas, splendor (mīng yè). Illustrare; splendidum (hōeï yáo yè). Res levis. Nomen proprium.* Lumière, clarté, splendeur. (Ch. w.). Éclairer, illuminer; brillant. Glorieux. Chose légère. Nom propre.

照 ┃ koŭang-tch‘áo, *illuminare.* — *chiéou,* illuminer; rendre éclatant.

顯 ┃ — hiēn, *illustrare; decorare.* — *hiēn,* rendre illustre; décorer; décors.

棍 ┃ — kouēn, *qui arte et dolo vitam transigit.* — *cón,* qui vit de ruse et de fraude.

景 ┃ — kīng, *modus, figura.* — *cánh,* airs du visage; apparences extérieures; circonstances convenables.

明 ┃ — míng, *splendidum.* — *mính,* splendide.

射 ┃ — ché, *radii.* — *xa.* rayons lumineux.

華 ┃ — hôa, *pulchritudine splendens.* — *hoa,* brillant de beauté.

主 ┃ tchù-koüang, *dominus splendoris.* *chù* — ┃ le Régent du soleil ; le soleil.

都 ┃ 了 toŭ koüang liào, *omnia sunt consumpta.* *d‘o* —, tout est consommé.

ÉTYM. Car. dérivé du Rad. du ‘ feu ’ (86) placé au-dessus du signe ‘ homme ’, ce qui donne l'idée de ‘ brillant ’. (Ch. w.).

兊 **Toŭï.** *Lætari.* Se réjouir. F. vulg. de (813) Voir ci-après, le n° 815. 兑

TEXTES CHINOIS

ACCOMPAGNÉS DE TRADUCTIONS, PUBLIÉS PAR M. G. PAUTHIER.

大學 *Tá 'hiŏh*, ou la *Grande Étude*, ouvrage de Confucius recueilli par ses disciples, en *chinois*, en *latin littéral* et en *français*, avec la traduction complète du commentaire de Tchou-hi. Paris, 1837, in-8°. Prix (réduit de moitié pour les souscripteurs au Dictionnaire)... 6 fr.

道 德 經 *Táo tĕh King*, ou le *Livre de la Raison suprême et de la Vertu*, par Lao-tseu. Traduit pour la première fois et publié avec une *version latine littérale* et le *texte chinois* en regard; accompagné de la traduction complète du commentaire de *Sie-hoéï*, etc. Paris, janvier 1838. 1re livraison, in-8°. Prix (réduit id.)...... 5 fr.
Nota L'impression du restant du livre sera reprise.

大秦景教流行中國碑 *Tá T'sin king kiáo lieóu hing Tchoúng-Koúe pëï*. L'*Inscription Syro-chinoise* de *Sî-ngan-fou*, monument nestorien élevé en Chine l'an 781 de notre ère, et découvert en 1625; texte chinois accompagné de la *prononciation figurée*, d'une *version latine verbale*, d'une *traduction française* de l'*Inscription* et des *commentaires chinois* auxquels elle a donné lieu, etc. Paris, 1858, in-8°. Prix (réduit id.)......................... 6 fr.

Nota. Cette célèbre Inscription a été reproduite récemment en Chine, par des Lettrés chinois, dans les trois éditions successives (de 1844, 1847 et 1853) du *Haï koúe t'ou tchu*, à la partie qui concerne la *Judée* (Livre 26, folios 13-22, de l'édition de 1853). Les commentaires chinois que nous avons traduits s'y trouvent aussi reproduits. C'est là une nouvelle confirmation de l'authenticité de ladite Inscription.

Sinico-Ægyptiaca, ou Essai sur l'origine et la formation similaire des écritures figuratives égyptienne et chinoise. Paris, 1842, in-8°, etc. Prix (réduit id.)............ 6 fr.
Documents historiques sur l'Inde, traduits pour la première fois du chinois. Paris, 1840, in-8°... 2 fr. 50
Documents statistiques officiels sur l'empire de la Chine, traduits pour la première fois du Chinois. Paris, 1841, in-8°.. 2 fr.

AUTRES PUBLICATIONS DU MÊME AUTEUR, RELATIVES A LA CHINE.

Description historique et géographique de la Chine; 1er Volume : *Chine ancienne;* 2° Volume : *Chine moderne*. Paris, Firmin Didot frères, Éditeurs. 1837, 1853, in-8°.

Les *Livres sacrés de l'Orient*. 1 vol. gr. in-8° à 2 col. Paris, 1841.

Histoire des relations politiques de la Chine avec les puissances occidentales, depuis les temps anciens jusqu'à nos jours. Paris, Firmin Didot frères, Éditeurs. 1859, in-8°.

Le *Livre de Marco Polo, citoyen de Venise*, conseiller privé et commissaire impérial de Khoubilaï-Khaän; rédigé en français, sous sa dictée, en 1298, par Rusticien de Pise; publié pour la première fois d'après trois manuscrits inédits de la bibl. imp. de Paris, présentant la rédaction primitive du livre, revue par Marc Pol lui-même et donnée par lui, en 1307, à Thiebault de Cépoy, accompagné des *Variantes*, de l'*Explication des mots hors d'usage*, et de *Commentaires géographiques et historiques*, tirés des écrivains orientaux, principalement chinois. Paris, 1865. Firmin Didot frères; 2 vol. grand in-8°, avec cartes.

POLÉMIQUE CHINOISE.

1° Réponse à l'*Examen critique* d'un professeur de chinois. Paris, 1842, in-8°.

2° Vindiciæ Sinicæ. Dernière réponse au même. Paris, 1842, in-8°.

3° Supplément aux *Vindiciæ Sinicæ*. Paris, 1843, in-8°.

Nota. Auctor libelli fictè titulo honesto inscripti · *Exercices pratiques d'analyse, de syntaxe et de lexigraphie chinoise, etc.*, plusquam quatuor et viginti annos solus opus suum venumdedit. Nunc obtrectationibus suis, sine intermissione et ubique sparsis, responsa à me olim facta denuò sinologicis et præsertim omnibus qui sinceritatem et veritatem colunt, grato animo offeruntur.

CONDITIONS DE LA SOUSCRIPTION.

Ce *Dictionnaire étymologique Chinois-Annamite Latin-français* formera environ 12 *livraisons* de 5 feuilles chacune, au prix de 7 fr. 50 c. La *seconde livraison* ne sera mise sous presse que lorsque le nombre des souscripteurs aura atteint un chiffre suffisant pour couvrir les frais d'impression.

Les souscriptions peuvent être adressées à MM. FIRMIN DIDOT, imprimeurs-libraires de l'Institut de France, rue Jacob, n° 56.

EN PRÉPARATION :
LES LIVRES SACRÉS DE L'ORIENT
PAR L'AUTEUR DE CE DICTIONNAIRE

Nouvelle édition revue et très-augmentée, comprenant : 1° Les CINQ KING, ou Livres canoniques des Chinois, c.-à-d. le *Y-king*, le *Chûu-king*, le *Chi-king*, le *Li-ki* et le *Tchun-tsieou* de *Confucius;* ensuite les *Quatre Livres classiques :* le *Tá-hiŏh*, le *Tchoûng-yoûng*, le *Lûn-yŭ* et le *Meng-tseu;* traduits du chinois, avec des extraits nombreux des meilleurs commentateurs; accompagné de notes critiques et de gravures représentant les objets dont il est question dans les cinq Kîng chinois, tirées du *Lŏuh kîng thoŭ khào* et du *Sân li thoŭ,* etc.

Le *Táo têh Kîng* de Lao-tseu, fondateur de la Doctrine et de la Secte du *Táo,* ou de la Raison Suprême.

2° Le *Rig-vêda* et les *Lois de Manou,* traduits du sanskrit, avec des extraits des commentateurs indiens.

Le *Vadjratchêdika,* ou le Diamant tranchant, Exposé primitif de la Science transcendante du Bouddhisme.

3° Le *Zend-avesta,* de Zoroastre, traduit du zend, etc.

www.ingramcontent.com/pod-product-compliance
Lightning Source LLC
LaVergne TN
LVHW020948090426
835512LV00009B/1776